江苏省网球运动协会裁判培训推荐用书

U0656161

严肃 认真 公正 准确

——网球运动技术官员工作方针研究

王乔亮 黄 剑 著

东南大学出版社
SOUTHEAST UNIVERSITY PRESS

图书在版编目(CIP)数据

　　严肃　认真　公正　准确:网球运动技术官员工作方针研究 / 王乔亮,黄剑著. —南京:东南大学出版社,2022.11(2024.10 重印)

　　ISBN 978-7-5766-0353-8

　　Ⅰ.①严… Ⅱ.①王… ②黄… Ⅲ.①网球运动－运动技术－研究 Ⅳ.①G845.19

　　中国版本图书馆 CIP 数据核字(2022)第 218940 号

责任编辑:马伟　　责任校对:张万莹　　封面设计:王　玥　　责任印制:周荣虎

严肃　认真　公正　准确——网球运动技术官员工作方针研究
Yansu Renzhen Gongzheng Zhunque——Wangqiu Yundong Jishu Guanyuan Gongzuo Fangzhen Yanjiu

著　　者:王乔亮　黄剑
出版发行:东南大学出版社
社　　址:南京市四牌楼 2 号(邮编:210096　电话:025—83793330)
经　　销:全国各地新华书店
印　　刷:广东虎彩云印刷有限公司
开　　本:700 mm×1000 mm　1/16
印　　张:15
字　　数:259 千字
版　　次:2022 年 11 月第 1 版
印　　次:2024 年 10 月第 2 次印刷
书　　号:ISBN 978-7-5766-0353-8
定　　价:98.00 元

本社图书若有印装质量问题,请直接与营销部联系。电话(传真):025-83791830

序

    随着中国网球运动的发展，网球运动越来越普及，各类国际国内网球赛事越来越频繁，在极大推动竞技网球水平取得进步的同时，有力促进了网球裁判队伍的壮大和执裁水平的提高。

    中华民族，源远流长。几千年来，中国文化长续发展，在自我更迭中延绵，其发展更新的思想基础，成就了中国文化的基本精神。文化具有流动性和拓展性，有变化也有创新。个人作为一种文化的载体，在文化不断创新中成为变体，经个人进入集体创造成为社会的共识，使文化有了社会性。本书不仅具有较强的实践应用价值，还具备较高的学术理论价值，凸显出两位作者深刻的思想洞见、宽厚的理论涵养和扎实的实践能力。

    本书运用心理学和社会学的诠释学方法，这一全新研究视角，以丰富网球执裁工作实践经验。该书深度解析了网球裁判工作八字方针——"严肃、认真、公正、准确"，即重点解读和剖析了其内涵、知识观、真理观和践行观，让我们对此八字方针有了立体感知和深度理解。该书将来自西方的现代网球运动置于中国独特的社会文化场域来进行阐释并分析，是一次大胆而富有意义的尝试与创新。全文通俗易懂，言简意赅，图文并茂，案例佐证，不单纯就事论事、以"规则"论"规则"，而是以网球规则文化为切入点，以融通中西方文化为新视角，注重实践中的可操作性，对网球运动技术官员来说，无论是引领裁判入门，还是丰富执裁内涵，都是一本值得推荐的好书。

中国网球协会副主席

江苏省网球运动协会会长

前　　言

　　从心理学和社会学的视角诠释网球裁判"严肃、认真、公正、准确"的动机是推动网球运动的文化自觉。运用心理学和社会学间的诠释学方法充实文化自觉内涵，从而达到提升文化自信的目的。

　　"文化自觉"是费孝通先生(著名社会学家和人类学家)在2000年前后提出并倡导的概念。身处在西方网球文化中的中国人对网球文化应有"自知之明"，即对网球文化的起源、历程、特色和未来发展有一个明晰的认识。引发的文化自觉研究正是在新时代坚定文化自信，推动社会主义文化繁荣兴盛背景下进行的。本书从网球运动规则及其执行视角窥其中西方文化碰撞下网球运动中人们的相处之道。同时，文化自觉也强调在网球运动中，中西方文化互融理解的重要性，即对西方网球文化在中华文化中的名存与实存理解和东方文化对西方网球文化的容纳理解。"自觉"具有深刻的心灵与主体性意涵，"文化自觉"涉及的文化和心灵的关系，正是社会学和心理学深层理论需要阐释的。

　　全球化和信息化时代背景下，新时代中国特色社会主义和中国梦深入人心，社会主义核心价值观和中华优秀传统文化得到广泛弘扬，主流思想舆论不断巩固壮大，文化自信得到彰显，国家文化软实力和中华文化影响力大幅提升，全国各族人民的团结统一更加巩固。我们深知民族的就是世界的，这句话也适用于全世界各族人民。当我们极力把中国传统体育运动项目推向世界的时候，西方传统体育项目也悄然走进了中国，并在中国广泛开展，深受广大民众喜爱。起源于法国，诞生于英国，兴起于美国的网球运动就是极具代表性的一项。蕴含西方贵族气息和骑士精神的网球运动，自带高雅与时尚的标签，近30年来在这片历经5 000多年文明的中华大地上备受青睐，网球运动成为世界看中国和中国观世界的文化路径。因此，通过网球运动来促进"文化自觉"和提升"文化自信"的话题值得深入探讨和研究。

　　网球技术官员(裁判员、裁判长、裁判组长和赛事监督的统称)在网球运动中的位置是独特的,他们不偏不倚地站在公正的立场上看待网球运动中发生的各种现象与事件。在制定或修订网球规则、条款以及操作程序时应把客观性排在首位,唯有如此才能保证网球运动有章可循、有法可依。但在网球技术官员执裁过程中主观性是不可忽略的,因为执裁的是人,被执裁的也是人。主客观性的交织和碰撞,不断推动着网球运动的合理性发展。人们从中阐发出关于心理学和社会学的思考与反思正是"文化自觉"研究所关心的。心理学一度被比作"人之科学"中的物理学,社会学则具有整合社会科学的效用。忽视这两门学科的文化根源,会使它们沦为解决琐碎问题的工具。的确,网球比赛赛事中出现的问题,只要熟练运用相关法则,并给予适恰的处理就可以解决,但网球裁判员对规则、程序的理解和执行是最为基础和关键的。本书将竭尽所能对心理学、社会学、诠释学以及相关网球文化进行一个明晰的认识,从而为网球技术官员业务能力的精进铺陈基础定位。当我们谈论甚至探讨独具西方文化底蕴的网球运动中出现的现象、事件和思想时,文化必定会成为问题焦点,这两门学科背后的文化问题会再次被提及,所以如此的文化自觉值得我们去探究。

"严肃、认真、公正、准确"是具有我国文化特色的网球技术官员的行为准则,更是执裁执法中的职责信念,被中国各级别网球技术官员视为圭臬。在这八字方针的指引下,新中国网球运动开展得有条不紊。它是国际网球联合会的技术官员工作程序在我国裁判工作实践中的信念精华体现。在当今国际国内网球赛事如火如荼进行时,此八字内涵历久弥新,是我国网球技术官员普遍的、基础的、永恒的工作信念抉择。

本书旨在探寻并彰显孕育在心理学和社会学古典根源中的魅力和潜力,以此挖掘网球文化中的内涵,运用诠释学对网球运动的文化自觉进行充实,依此更有效地提高网球技术官员业务能力,更有利于其适恰地履行执裁工作。这不仅为欲从事或正在从事网球裁判工作的人们丰富了必要的基底理论,也为网球文化研究开辟了一个新视角。

本书从中西方文化比较的角度切入,着重关注东西方身体文化观;接着对网球文化进行探析,对中西方心理学和社会学的文化进行溯源,利用对网球运动中的心理学和社会学的综述,引出对当代诠释学方法论的探讨;重点对"严肃、认真、公正、准确"这一网球裁判社群价值观的内涵、知识观、真理观、践行观进行论述,引发对网球裁判行为准则（价值层面）、工作程序（实践层面）、规则（知识层面）的当代诠释；最后阐述网球裁判工作与自我实现的关系，助力裁判员成长。

本书作为一本网球裁判视角下的网球文化学术专著，内容新颖独特，结构严谨，通过阐释使网球裁判经常挂在嘴边的内容跃然纸上，注重学术性与实践性的结合。从文化理论阐述到相关心理学和社会学文化理论溯源，有些章节或段落学术性语言表述较重，读起来会有些晦涩，但网球运动相关内容阐述就是对其意涵的铺陈，再用案例辅以理解，图文并茂，语言表述简洁凝练，逻辑性强。建议对网球文化或网球理论有一定研究基础的读者阅读，希望能够引发读者的共鸣和思考。本书既可作为体育院校（系）的网球专业理论用书，也可作为网球技术官员或网球赛事组织工作者的指导用书或培训用书，还可供广大网球运动爱好者阅览。

在本书的撰写过程中，笔者始终以严谨的科学态度和实用性为原则，参阅了大量国内外涉及网球文化、网球裁判的相关资料，尤其是优秀的文化，以及心理学和社会学读物，也借鉴了近年来心理学和社会学研究的相关成果，在此对这些专家和学者致以最深切和诚挚的谢意。由于时空的局限，以及作者的理论维度尚有待提高，书中难免出现一些疏漏和不足之处，希望各位同仁及广大读者提出宝贵的意见和建议，以便笔者进行修改和完善。

2022 年 10 月

目　　录

《网球竞赛规则》目录

第一章
当代诠释学对网球文化
的理论阐释与认知分析

TENNIS

很多时候，我们在重组自己的偏见时，还以为自己是在思考；在重复以往的错误时，还以为是在坚持梦想；在消极荒废时，还以为是在放松；在伤害别人自尊时，还以为是直率；在故步自封时，还以为是在坚守；在随便放弃时，还以为是在选择；在喝得酩酊大醉时，还以为是豪爽；在不思进取时，还以为是低调。

——时刻提醒自己是否存在被解释得冠冕堂皇的错误偏见而形成的观点

TENNIS

第一节　中西方体育文化共融下的现代网球运动

运动是一个人类学常数,它在不同文化中有着各自不同的体现,其发展受到不断变化的自然、政治、社会和历史条件的制约。不同的社会和文化催生不同的体育运动项目。从 16 世纪的"掌球戏"到被誉为"世界第二大运动"的现代网球运动,网球运动跨越了 500 多年,纵贯了农业时代—工业时代—后工业时代,经历了政变和战争的洗礼,冲破了国家和民族的界域,却并没有随人类时代演进而销声匿迹,反而备受世人喜爱。网球运动成为一个承载了多层意义的载体,成为一面映射出社会主导思想文化的放大镜,成为一把开启社会文化运作方式之门的钥匙。

从历史中走来的现代网球运动,在中西方体育文化"和而不同"的共融原则下,谨视西方"骑士精神"与我国社会主义核心价值观的契合之处,不断探寻西方的竞争性和规则意识与中方的"天人合一"和"修身养性"的融合之道,如此,现代网球运动才会在中华大地上备受青睐。网球运动本身具有与时俱进的非暴力和技艺精湛发展的特征,人类在全球一体化进程中和"地球村"生存理念下需要通过体育运动来表达多角度和多层次认同,体现交互主体性,而网球运动恰如其分。

网球运动是一种社会诉说方式,不管是在社会文化的求同存异上,还是在时代发展的存同求异上。现代主流体育运动项目竞赛、训练方法和锻炼方式都趋向科学化,都会涉及某种意识形态,穷究其根源则来自古希腊罗马文化。无论是在古希腊还是在民主时期的大希腊,抗争、公开竞赛、成就、志向成为希腊文化的原动力。但止是由于"掌球戏"进入了宫廷,从那时起网球趋向了优雅与保健,竞争被追求身体均衡发展所取代。如此来看,就不难理解为什么现代网球运动葆有竞技(力)与审美(美)的印记。现代网球运动不仅内蕴竞技运动的奥林匹克精神,亦是大众喜闻乐见的体育活动,如此,与网球运动相关的社会结构的历时性和宽泛性与社会文化的复杂性和丰富性就不言而喻了。

体育核心价值体系是国家核心价值体系组成的子系统,是以理论层面为主导,进而统领实践、精神、理想和道德等不同的层面,使各个层面相辅相成、相互促进的一个完整体系。网球运动渗透着鲜明的西方文化,但网球运动进入我国后,却没有出现格格不入的窘态,原因在于我国以社会主义核心价值观为指导思想的政治治理,使得中西方核心价值观在关注"人的发展"这个范畴上殊途同归。文艺复兴伊始,西方社会认为体育的最终目的是促进人的发展;我国以社会主义核心价值观为指导思想,认为体育的最终目的是实现人的全面可持续和谐发展。如此,被注入了中国特色的现代网球运动,自然注重自然价值、社会价值与人文价值的和谐统一,以便更好地服务于人民。

第二节　了解当代诠释学

选择用当代诠释学(哲学诠释学着重结合心理学和社会学等经验科学)对网球文化进行阐释不仅因为该方法论本身具有文化阐释的特征优势,还因为心理学和社会学能由表及里、由浅入深地对网球运动进行纵向研究。本节的综述会涉及诸多哲学术语和理论(考虑到本书是对网球文化做底层理论铺陈),以便对后续章节中的具体网球运动案例做理论分析,故阅读会有一定难度,可在导师指导下进行。利用当代诠释学,从网球裁判视角对网球运动进行探究,不仅延续了传统诠释学对于"心"的重视,而且关注网球文化问题时,又凸显该方法论深刻且广泛的特性。

一、诠释学概述

诠释学有三种性质完全不同的类型,即古典主义诠释学(独断型)、近代浪漫主义诠释学(探究型)、当代哲学诠释学。这三种诠释学是由其历时性的意义变迁所形成的,即解经学(Exegetics)的阐释意义→近代启蒙运动的说明意义→基于当代哲学的阐释意义。

最初阶段古典主义诠释学多用在神学或法学著作中,特别是在虔信派诠释学中,其性质表现得尤为突出。解经,顾名思义就是解读圣经经文。在古典主义诠释学中,信仰和道德首先从对带有虔诚、崇拜等情感的理解开始,并依此理解去从事,用行动参与理解,形成理解、阐释、行动三合一的技巧。德国哲学家伽达默尔

(Hans-Georg Gadamer)如是说:"理解与其说是认知意识借以研讨某个它所选择的对象并对之获得客观认识的方法,毋宁说是这样一种以逗留于某个传统进程中为前提的活动。理解本身表明自己是一个生发事件。"

"说明"是在近代自然科学发展到启蒙运动阶段出现的解释概念。古典哲学创始人康德(Immanuel Kant)在对判断力的分类中,使说明的本质特征得以显现。康德把判断力分成规定性和反思性两种。规定性判断力会出现在把被定义的普遍东西(概念或规律)运用到被认为是归于其下的特殊的东西之上时(普遍到特殊)。反思性判断力会出现在当我们遇到特殊的东西力求寻找一个能将该特殊东西归于其下的普遍东西时(特殊到普遍)。如此,反思性判断力任务中让自然中的特殊能上升到普遍,不是要找一个从现成经验(教义学)中照搬来的原理,而是要创新一个基于一定经验基础之上的更高一级的经验统一,并由此创造出高低级别关系的可能性。如此的超验原理的产生规律只能来自反思性判断力自身(自我超越)。阿斯特(Georg Anton Friedrich Ast)认为人的普遍性和特殊性共存,所以在理解文本时不仅要领会文本所处时代精神,还要对创造者的精神有所认识。说明则是基于理解的再表达。

20世纪初,基于哲学发展,哲学诠释学给"阐释"增添了新内涵,使解释概念被更迭。此概念革命始于狄尔泰(Wilhelm Dilthey)对说明和理解的比较。自然科学中,理解可以通过假设获得,而在精神科学中,体验可通达理解。海德格尔(Martin Heidegger)认为,阐释是种行动。理解是此在对原先被扬弃的非此在状态的再思考。在此理解上的阐释,新的意义被阐发出来。19世纪伊始,马克思(Karl Heinrich Marx)的"哲学家们只是用不同的方式解释世界,而问题在于改变世界"和尼采(Friedrich Wilhelm Nietzsche)的"我不知道道德现象,我只知道对这种现象的道德解释",都标识着解释概念的新内涵。伽达默尔受实践哲学影响,使得解释显露出现实性,并如是说:"人们不能轻易地把自我意识的被给予物作为一种被给予性加以接受。在这里也产生了解释概念所获得的新角色。"

二、自我的阐释与理解

人对自我阐释的认同参与了人类社会的构成,也就是说,只要遇到与人类有关的话题时,自我阐释就会内含其中,这就是诠释学的基本命题。当代诠释学(哲学诠释学)是海德格尔之后,经本体论转向所提出的,他指出:基于"先前理解",任何理解活动得以展开,理解就是"此在"的前结构向未来进行筹划的存在方式。伽达默尔基于此认为,诠释学是关于理解的特性与基本条件的哲学。这一方面道出了当代哲学诠释学的基本思想,另一方面为诠释学作为方法论开辟了道路。

欧洲启蒙运动以来,方法论一直在找寻"阿基米德式(客观性)支点",通过屏蔽个人的理解(主观性)视域来理解他人的历史视域。但要知道,理解是个身内外的"对话"过程,是由自我与他人、他人与自我的双向交互构成的。德国浪漫主义哲学是诠释学的思想源泉,它是精神科学研究中的方法论,审美心理学处于此思潮的中心地带。

三、传统诠释学

传统诠释学是由哲学家狄尔泰在对"主观"和"客观"进行反思的背景下,参考伽达默尔观点,并在继承康德认识论传统基础上所提出的。在此反思的背景中,为了削弱主客观对立局面,"主体间意义"代替主观意义概念出现在当代方法论讨论中。后结构主义被看作对结构主义发展所提出的"客观的批评"的结果。人类学家格尔茨(Clifford Geertz)的"厚描"和社会心理学家哥根(Kenneth J. Gergen)的"关系取向"是反思实证主义后的经验研究典范,属于"主观的批评"。由此可见,微观和宏观属性并不是主观和客观所独有的特征。社会结构层面的(后)结构主义也存在微观社会关系。本真性(涉及主观或主体间问题)也存在与政治(涉及宏观问题)有关。另,当代诠释学在当代社会科学方法论探索中,由韦伯(Max Weber)的传统阐释学发展而来。

四、诠释学进路

阐释进路(在诠释学取向中)是指传统诠释学影响下的"主观的批评"诸多进路,如现象学、日常语言分析、当代诠释学等。与自然主义抗衡的广义阐释学从理解主观意义开始,其中包括心理学问题。康德在自然主义哲学与浪漫主义运动之间起到了承上启下的作用。17世纪科学革命形成的自然主义哲学,成为人类自我理解领域的哲学基础,开启了18世纪启蒙运动。浪漫主义运动始于18世纪晚期,它要求人的科学具有逻辑和客观性。哈贝马斯(Jürgen Habermas)的"理想沟通情境"的三个有效宣称就属于哲学诠释学的对话思想,这三个有效宣称包括:真理宣称,在认知层面的沟通过程中,我们是期望所使用的句子能够反映着外在世界的事实,并且是透过这些认知句子把相关的事实告诉别人;正当宣称,在语言使用者和别人沟通时,要遵守支配着人与人沟通的社会规范,人际关系很大程度上是由这些规范构成的;真诚宣称,使用的句子是希望别人相信这是真诚地表达我们内心的想法和感觉的。

(一)经验主义与诠释学

当代诠释学进路对自然主义进行更彻底的反思,即批评自然主义的客观性观点,为的是揭示人类存在的整体论性质,揭示社会生活中的真理和维护社会科学的科学性。社会科学总的客观性观点源自自然科学,有着自然主义取向,其最主要的代表是经验主义进路,其中包括素朴经验主义(以行为主义心理学为典范)和温和经验主义(社会研究占主流)。经验主义是19~20世纪科学心理学中的主流进路。经验主义根本观点是社会科学遵循与自然科学相似的客观性准则。经验主义心理学以实验为基础。海克曼(Susan Hekman)的"客观的批评"理论来自结构主义和批判理论。结构主义受涂尔干(Emile Durkheim)把社会当成"物"的观点影响,其符号结构独立于自然科学,但客观性相似。批判理论中,哈贝马斯诠释学对话思想使得观点(客观)复杂。在本体论上的对立和在认识论上的相似,使结构主义和经验主义形成二元对立关系。

心理学和社会学中的典型客观性观点排序在经验主义和结构主义互为修正中徘徊,两者在此过程中理解各自的有效性和局限性。两者受当代诠释学影响程度不同,体现在批判理论和"主观的批评"上,这使得客观性观点逐渐复杂。当代诠释学进路彻底与中庸品质就凸显在——对这样的二元对立观点的反思之上。在认识论中,诠释学与自然主义(以经验主义为代表)在客观性问题观点上对立(最为复杂),但随着本体论观点参与进来,诸多观点对立程度逐渐减弱。

认知科学方法论问题的源头来自心理学,社会学产生于对其讨论的深化。"取向"是较为宽泛的范畴或较模糊的方法论。"进路"是较明显的学派。心理学方法论如图1.1所示,划分为两个主要取向,三个重要进路。结构主义是在自然主义和诠释学两取向间出现的学派。人的科学中的客观性观点根源与科学革命中的自然主义哲学的客观性准则将重要的心理属性排除在科学范畴外。心理问题随之而来。20 世纪主流心理学的行为主义是所有社会科学中实践素朴经验主义的榜样。计算机模式的认知心理学(修正经验主义)取代行为主义,但其理论逐显局限。

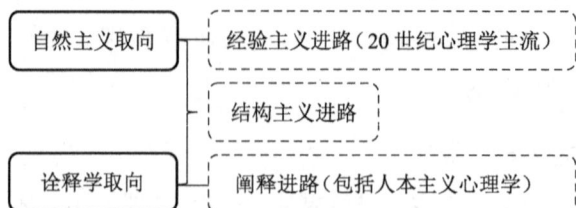

图 1.1　心理学方法论的主要取向与进路

自然主义主要指以客观性为核心的一套准则(预设了原子本体论),是与亚里士多德(Aristotle)的目的论向伽利略(Galileo Galilei)的机械论的转变联系在一起的。科学只解释事物的"绝对属性",使其获得完全的客观性,如此就必须回避人类中心(或主观)的属性。它们只有在行动者的体验中才能被理解。亚里士多德讨论两种变化:①"自然的"变化符合"规范的"模式,这是事物沿着内在倾向朝向既定目的状态的变化。目的是事物发生的最后原因,对应科学首要进行目的论的解释。②由此前的偶然推力引起,对应的解释是机械论的。目的状态具有本体论上的优先性。个别现象只有在更大的自然秩序中才能得以揭示,这便预设了整体论的本体论。伽利略认为,自然与否只是隐喻的而不是真实的区分,因此科学保持中立,只进行机械论的解释,真实证据来自对立的独立信息单元,与原子论的本体论联系在一起。如此科学观引起世界观和自我理解的转变,如韦伯的"祛除巫魅"过程。17 世纪笛卡儿(René Descartes)提出的具有几何学和机械论特征的思维观,成为之后心理哲学的基础。

心理分析是语言阐释和自然解释的复合体。法国哲学家利科(Paul Ricoeur)认为,心理分析要解读患者,以理解环境对他(她)的意义。另外,心理分析用隐喻来描述深埋在生物本能中的力量及其扭曲,以期建立一个自然科学般的解释理论。心理分析是否是科学?泰勒(Ralph W. Tyler)认为其矛盾核心在于科学解释标准不同。经验主义标准下,心理分析不是科学,它通过阐释而非原始资料来操作心理力量。经验主义无力解释情感与行动,它描述人类行为是通过其他渠道来完成的,如经典行为主义(刺激、反应)通过计算"物理主义的或者原始资料"之间的相关来解释人的心理行为。诠释学标准下,心理分析是科学,根据分析中的其他阐释和拒绝的方式来区分。

维特根斯坦(Ludwig Josef Johann Wittgenstein)和波兰尼(Michael Polanyi)认为,人的实际技能是"默会之知",日常行动是在一个隐蔽的视域中做出的。人在灰色的视域中做出选择,而非精确计算。人的创造力随之产生。在此视域中,人能够根据事物对自己的意义进行选择,成为行动的主体,成为意义之主体,而非机器。

自我理解一定大于自我解释。经验主义心理学理论对人类行为进行生理学解释,前提条件是人们对行为的理解超过后者,使神经生理学概念不断丰富,并与自我理解相配。自我理解依赖于社会、文化脉络中的阐释——诠释学。

经验主义进路只有模仿自然科学模式是唯一可行的(客观)模式。但其中的心理问题(主观)却不能以还原论的语言进行解释,此进路的发展陷入了主客观的困境。解决困境的路径是承认局限,保持主客观的共存状态,使其有特殊价值——考察心理与生理的相关性,探讨心理能力的基础,实验心理学定位就在于此,认知神经心理学也就顺利地成为典范。

美国哲学家、结构主义语言学者乔姆斯基(Avram Noam Chomsky)以"转换生成语法"理论纠正(驳斥)斯金纳(Burrhus Frederic Skinner)"反应"理论中具有的循环性。乔姆斯基探讨的是表层言语表现与深层句法结构之间的转换关系。因为人的创造性不仅在于说出不同的语句,更在于改变句法的规则。皮亚杰(Jean Piaget)的发生认识论树立了结构主义心理学典范,他更关心天生结构的养成,认为适应在同化和顺化间的平衡中达到,始于超越自我中心(主观),以客体内的显示其自身的方式把握,终于可逆性(客观)能够在思维中操作转换而回到起点……结构主义在各个学科中"生根发芽"。经验主义认为,学习或认知结构由同质性单元累积而成,学习或认知的发展是结构转换的过程。成熟结构以天生结构为基础发展而来。

(二) 结构主义与诠释学

符号是一种特殊记号,而信号、线索等一般记号则是通过部分识别整体或通过伴随物识别运动的图式。以"符号功能"为基础是人类所特有的表征能力,它来自结构主义语言理论,用能指指所指的能力。

瑞士心理学家皮亚杰(Jean Piaget)的理论以新视角来理解感受,在自我阐释中加入了自我理解,从而改变感受的状态。用一个事物代替另一个事物,两事物可以区分,使人能谈论事物,观察具体过程,以"抽离的"方式把握它们。在儿童玩耍网球阶段,其"抽离"感比较低,但在网球游戏阶段有了社会化规则,儿童"抽离"自身立场来看事物,推理能力增强形式运算能力,形成可逆性形式思维,能够客观把握事物,从而把握世界。从诠释学立场来看,玩耍或表演有助于更客观地理解自己的情感以及自我与他者的关系,因为自我阐释参与形成人们情感状态,当他(她)们进入较高层次时,对情境会有新理解,不能回到较低状态,呈现出不可逆情况。

发生心理学要拓展,需要情感和动机参与,如此弗洛伊德(Sigmund Freud)的理论就在其中了。当涉及情感和动机,阐释就理所应当了。发生心理学内分别呈现三种进路:①关心形式化认知的结构主义进路,助推形式推理;②自然主义取向或经验主义进路,优势在于寻找心理、生理间的相关性;③诠释学取向,优势在于对情感和动机的阐释,属于行动范畴。实验验证的形式以一定智力或认知结构假设为基础。认知结构不是原子论或机械论,从经验主义层面看,是心灵主义而不是科学,突破经验主义局限,皮亚杰对智力的解释颇具洞见,结构主义价值就在于此。

浪漫主义语言理论超越了皮亚杰理论的局限,如洪堡(Wilhelm von Humboldt)认为,语言是使我们以有限方式达到无限目的的能力。人们可以超越特定语言结构的局限,如结构差异、文化基础上发明新概念、语言结构改造等。主体发展理念可能会产生差异。目的开放的语言观使得语言不仅使人们能够以"抽离的"方式觉察事物,更使人们能通过描述唤起对"虚无"的觉察。诠释学思想在人格心理学、心理治疗、心理病理学中得到广泛运用。

(三)网球运动中的经验主义与结构主义

诠释学取向的心理学会对文化转变中的自我问题进行理论阐释,会产生"抽离的"自我观极端发展——妄自菲薄,会使得成长与共同体、创造性与人类情感脱离。文化变迁中的认同问题受到人类学和历史学的关注,但不能缺失心理学。埃里克森(Erik H. Erikson)对青年路德(Martin Luther)认同危机的研究就是一个典范。中国国内社会学系一般方法训练是以美国为代表的经验主义,理论教育是从马克思、韦伯、涂尔干开始,他们属于经验主义反对派。理论与方法在整体论结构与原子式本体论中出现矛盾。韦伯提倡方法论的个人主义,反对以生理反射作为人类行为的基础(原子式);反对受文化理念影响的物化社会结构。涂尔干属于法国社会学年鉴学派,该派以寻找人类理智范畴的社会根源为主旨,强调概念、范畴是社会结构的属性。

社会是一种能使思想具有普遍性,具有概念和类别特点的机制。概念表达是社会想象事物的方法。皮亚杰的"图式"是关于语言能力的认知结构,认为科学思想的历史与个体发展是两个近似的过程。皮亚杰受年鉴学派思想影响,并将其推向极致。历史经验观下的文化研究,使得列维-施特劳斯(Claude Levi-Strauss)的心灵结构受到质疑。话语形式分析(社会学任务)与内部经验对话(诠释学)的辩论变得复杂。在中国社会学中,突破经验主义进路局限才能触及(后)结构主义与诠释学的辩论。在政治与社会领域的研究中无法回避价值问题。科研人员在各种价值间保持中立,获得便于阐释的原始资料。此进路社会实在分两类:①可观行为集合的客观实在,如社会结构、制度、程序、行动等;②态度集合的主观实在,如信念、感情反应、评价等个人心理学属性。

社会理论的任务是发现具有解释力量的关键特征,在不同维度中将相关特征及其关系勾勒出来。它在任何给定的现象范围内发挥至关重要的作用。任何给定的现象范围由如下情况组成:无限特征数的现象、相关性无限的现象、有限特征有解释力(关键特征)的现象、不明显关键特征的现象、难以识别或受质疑的现象、概念资源缺失导致的现象。

政治理论不可避免地具有"构成性价值倾斜",各理论间竞争隐含着价值倾斜之间的竞争,把竞争揭示出来,便是诠释学的对话。"严肃、认真、公正、准确"在我国之所以被作为体育运动赛事技术官员的指导方针,很大程度上是为了要在一定规模的赛事中凸显中国特色,以人民为中心,体现社会主义优越性。所以首当其冲的"严肃"内含政治性,但更重要的是不管在何种政治生态下,赛事中价值观、人生观和世界观的输出映射了"严肃"中谨视、敬畏、尊重等正能量的意蕴。网球运动虽然起源与政治相关,但经过历史的沉淀和洗礼,其自身魅力展现,已经不再偏颇于任何政治体系,直指人心与人性,关乎人的发展。

历史主义是 19 世纪欧陆的主流思想,其方法论是传统诠释学。传统诠释学在时间维度中阐述文化的主体性,其维度中意义的连续性使历史的发展有方向可循。关于网球文化的阐述,在时间维度上不仅仅是在述说网球运动的文化发展史,更是看到了如今被誉为"世界第二大运动"的网球运动演变历程——一个群体性活动的演变历程,促进了人认识人、人理解人。结构主义以空间取代时间的优先性,以共时性取代历时性。无网球运动生存的文化温床,也会滋生出人们对网球运动的热爱。世界各国各地区网球运动的开展,突破了性别、年龄、人种、残障、竞技……的限制,以快乐与幸福的共时性跳过了网球运动的原初发展史,成为网球运动发展的新势力与源泉。传统诠释学在起源的垂直深度中寻找逻辑,结构主义在凡事可能的水平状态上寻找逻辑。网球的起源与发展逻辑需要通过传统诠释学去不断挖掘,而结构主义帮助网球运动在更广泛的意义上寻找逻辑,本书也正是受益于结构主义。诠释学以主体意向为存在的实质意涵。结构主义则否认诠释学,虚拟了"躲避存在的存在",这是无意识之地,是结构所在地。显然我们更希望传统诠释学与结构主义共存,这使得传统诠释学不得不自我迭代。如今当代诠释学给我们提供了更好的方法论选择。福柯(Michel Foucault)对"无意识"加以转化,在历史脉络中否定时间与意图的重要性,提出"主体性之死"。他不是设想时间永远停滞,而是把社会话语隐喻为地质岩层,对其进行水平切割后,通过不同时间岩层面不同来反对传统诠释学关于内在时间的连续性观点,以丰富的空间想象来抗议时间的优越性。如今网球运动的发展在一定程度上摒弃了"掌击球"时代的人文桎梏。对网球不同时间层面的研究是对诸多时代发展的补充。空间术语使它能剔除主体,审视权利关系而无须提及意图。福柯的分析框架只能把握现代化的历史经验中的一个侧面,这个侧面不足以宣告"主体性之死"。与此联系的,福柯在每一步的分析中都预设了一个自由的主体图像,他最终也没能站在一个无迹之处俯视历史,结构主义无力取代历史主义。结构主义给了我们看待时间的另一种方式,网球运动利用结构主义方法论,使得审视与网球运动相关的事物之间的关系又多了一种渠道。

(四) 网球技术官员工作权利

网球技术官员在临场执裁比赛中需要行使权利,当然也就会遇到与权利相关的问题。先来看福柯的三个权利命题:①反对原子论权利观,权利内在于任何具体脉络。②反对宏观脉络决定论,权利产生于相互作用,微观脉络更值得关注。③"无主体的权利",权利乃是"无计划策略",权利关系中充满了策略,具有意向性。没有人能发明或制定权利运作的逻辑或目的。如此的三个权利命题,可以明确裁判员行使权利是要体现在具体脉络中,而不是仅依靠裁判员的职业定位,裁判员真正的权威性是通过恰当的裁判行动而形成的。胜任与否完全靠具体工作来体现。另外裁判员的权利在于相互成全,需要裁判团队的配合,需要裁判员之间的相互协调,需要裁判员和运动员之间的交流和沟通。细节更能体现裁判员的权利,以达到顺利完赛的目的。历史的"无目的目的性"归因,在事件中寻找没有计划的逻辑,但所有模式都要与有意识的行为联系起来才是可理解的。"严肃、认真、公正、准确"可以视为"无主体的权利",它本身不具备任何计划策略,但在权利关系中,此八字方针就成为运用知识的、表达情感的、实践行动的计划策略,意向性就在权利行事中。

　　网球裁判工作中的交流和沟通是必需的,裁判团队、裁判员和运动员、裁判员和教练之间都需要注重话语行动以及措辞结构,从而实现有效沟通。(后)结构主义以结构主义之名消解人类行动的目的性维度,结构主义在揭示实践和制度的语言背景对理解行动的重要性方面做出了很大的贡献,但却不能因此将语言完全凌驾于行动之上,只有在言说行动中不断更新,话语结构才能得以维系和发展。言说行动和话语结构之间是循环关系,将优先性赋予任何一方,以之为绝对起点都是错误的。网球裁判员利用规则以及工作操作程序对临场运动员或教练员进行规范,对其有意识的行为和无意识的行动给予禁止、劝诫、获准、指导、协助等。只有在压抑人们有意义的欲望、目的的时候才能谈到权力,这样权力与主体观念联系在一起,权力可能为情境所刻画,支配者和被支配者都陷入情境中,但无论如何,权力或支配观念需要强制某个人,阻止他发挥能动作用的观念。因此权利离不开主体,无主体权利观站不住脚。寻求解决矛盾的出路时,如果承认权利离不开主体,就要给自由和真理留下一席之地。如果没有自由的理念,权利就不能言之有理,真理是自由的条件。

　　现代认同是随着世界观的转变而形成的,而对自然世界的科学理解是迈向真理的一步。"认真"很大程度上是针对科学理解和真理来说的。对于"地球村"人们的世界观转变会有所失,体现在:人越来越被历史或过往脉络化,被工具理性所控制,得失的争论是在比较中进行的,而比较又需要一定的认同概念。不同文化和社会中的人们都有自己的历史,生活在与过往有内在联系的时间中,而不是自我封闭的当前,在认同后质疑,重新审视修正认同,每个认同都有价值,新认同不能脱离已有文化资源。

第三节　网球运动的心理学探析

赫尔姆霍兹(Helmholtz)认为,"逻辑归纳"是自然科学的诉求,"艺术归纳"是精神科学的诉求。在网球运动中我们常看到技术动作的"艺术"体现,规则语言的"艺术"表达,精神世界的"艺术"呈现,它们之间的因果关系不明晰,其中包含的人文意涵,需要人们具有一种心理学上的自觉和敏感才能去理解。"艺术的"相关说辞,继承了德国浪漫主义的传统,而此传统思想与科学的交集处就是心理学,心理学方法是精神科学方法的基础。

理解自我,理解他人,理解网球运动中发生的事件,理解网球规则和裁判法等文本……狄尔泰认为"理解"来自个人的内部结构,是基于一个时间结构假设,它将思想、情感、记忆等心理内容组织起来,赋予生活以意义。基于此结构,人的互相移情成为可能,在共同的时空结构里精神气质可以被共享。体育运动中的时空观将在之后的章节中详细阐述。

一、世界网球文化共同体

网球文化素材来自人的经验及表达。心理学是研究网球人文科学的基础。在研究过程中我们既要有探究个人心理的深度,又要有趋向于整体与普遍结论的探究广度,如此才能汇集知识并加以推广。我们接触到的所有网球知识,都是在西方文化中客观化的文本,该文本一定程度限定了西方文化共同体中的个人视野,更不要说东方文化共同体下的个人了。随着时代的发展,以及人与人之间的交流和沟通越来越便捷,网球运动不再受历史局限,需要在更广泛的受众中展开。本身就具有国际性的网球运动,体现在各个国家、四种场地、各种赛制、各种参赛群体等多种结构系统的表现形式中,这成为网球人文研究的附加基础。如今,中华文化下的网球运动是另一个附加基础。网球人文科学的范围取决于不在其内的世界客观化,中华文化将推动世界网球文化共同体的发展。

二、网球运动技能与技巧

网球运动既是身体的运动(生理活动)也是心理活动,两者是统一的,其中心理活动对运动员的活动起着调节、控制和主导作用。网球运动属于技能性为主的项目,心理因素的作用比在体能性为主的项目上更为明显和突出。

网球运动技能形成过程有运动技能学共性的一面,也有其特有的一面。网球运动技能是人们在网球运动中运用网球知识经验通过练习而获得的完成某项任务的动作方式或心智活动方式,包含网球运动素质能力、技战术能力、心理能力等方面。网球运动动作是由一系列具体的有球和无球动作组合而成的,完成某一种动作需要以对实现这种动作方式的掌握程度为基础。

网球运动动作是由一系列特有的动作方式构成的动作系统,它们都需要身体各个部位互相配合与协调。当网球练习者掌握了某种特定的动作方式,并根据这种特定的动作形成动作系统时,他(她)就形成了某种技能。一般来说,技能包括了技巧,技巧是技能的高级阶段。当网球动作的完成达到了自动化阶段后,当人对网球动作的各组成成分以及时间、空间、力量特点产生了清晰的运动知觉和动作表象后,这种技能就成为技巧。技能动作是始终在意识的控制下进行的,任何实现动作的方式都是身体某些部分有目的、有组织的活动,而不是简单、机械的运动组合。复杂的技能或一个完整技能系统一经形成,其中某些实现动作的方式便从有意识的转变为自动化的,即能够在意识参与和控制减少到最低限度的情况下,顺利地、有效地、一个接一个地实现出来。这样,人们在完成某种动作时,就不必更多地集中注意力于动作过程本身,不必把完整的动作系统划分为各个局部的动作,也不必考虑应该怎样去完成这些动作。因而整个动作就变得灵活、省力,人就有可能将剩余的注意力放在可能出现的环境变化上、如何创造性地完成动作、选择更有效的途径和方法、发挥最大的效率、进一步提高动作的质量上。

网球技能动作的自动化,是由于大脑皮层建立了巩固的动力定型,动力定型的建立使一系列动作能够按一定的顺序自动化地、一个接一个地实现,但是这个条件反射系统不是固定不变的。当活动的条件改变时,条件反射系统也会在一定的范围内相应地改变,依据客观要求改变为按照另一种方式进行的反应。比如在网球比赛中,运动员可以根据来球旋转和速度的快慢来调节自己回击球的力度。

根据网球技能的性质和特点,网球技能分为网球运动技能和网球智力技能。网球运动技能主要是借助于神经系统和骨骼肌肉系统实现的。网球智力技能是借助于内部言语在头脑中所进行的认识活动(如感知、记忆、想象、思维等)的心智操作,其中主要是思维活动的操作方式。网球运动技能与网球智力技能既有区别又有联系,网球运动技能主要表现为外显的骨骼肌的操作活动,而网球智力技能则主要表现为内隐的思维操作活动。感知、记忆、想象、思维是网球运动技能的调节者和必要的组成成分,而外部动作是网球智力技能的最初依据,也是网球智力技能的经常体现者。在完成较复杂的网球动作时,人总是手脑并用,既需要智力技能,也需要运动技能。网球运动技能属于非周期性、非连续性、开放式对抗技能。因为,完成动作时受外界环境的影响,基本动作环节是多种多样的,反馈信息来自多种感受器。它有明显的起始点,有明显的开始和结束,动作不停顿,快速,在很短时间内完成,但为了完成某项目标,却需要连续而准确地完成一系列不连续的动作技能。网球运动主要信息来源是迅速多变的环境因素,特别是竞赛对手的情况,运动员要准确预测对手动向,及时根据对手变化确定和实施动作方式。比赛环境千变万化,要求个体有良好的感知觉、快速的应变能力和集体协作能力。灵活性、动作速度、爆发力是核心运动素质。另外,按暗示情况分类,网球运动技能属于内在暗示技术,是按照自己计划而实施动作的技术,心理反馈动作非常重要。网球运动技能与技巧理论知识是分析网球运动技术的基础,是分析人们掌握网球运动技术能力的基础,也是分析网球运动心理活动的基础。

三、网球技术官员与心理学

网球运动之所以能成为"世界第二大运动",在世界范围内推广和普及,很大程度上依赖于网球规则及其裁判法的科学制定与规范操作。网球裁判员和运动员行动都受网球规则和操作程序约束。相对其他运动项目来说,网球运动具有新颖性,是因为其产生的思维或者器材产品具有独特的品质特点。对于网球运动实用性来说,它能够真正解决问题,对身心状态的改善有实在的效用。网球裁判员对网球运动及其参赛者的新颖性和实用性的把握有助于提高其执裁能力,从而完成自我创造和创造力展现。

网球裁判员在临场执裁时具有一定的权威,还需要具备一定的解释能力。这两方面均能够体现出不同级别裁判员的思维能力,即抽象思维能力和具象思维能力。网球裁判社群既属于高权力感知群体,又属于低权力感知群体。在成为高权力感知群体时,对事实问题或规则问题的重点集中在某处或圈定在某个范围内,往往忽略次要的、边缘性的信息,倾向于以抽象化的方式描述发生的事,需要裁判员具有较强的抽象性思维。裁判员的权力感知越高越容易将注意力集中在事实问题或规则问题的主要特征上,就越能够在复杂视觉刺激中将整体图形抽象出来,准确掌握事实问题或规则问题的架构,以及更快发现一系列信息中的连带变化。简单来说,网球裁判员解释水平理论的核心观点为,裁判员因其心理表征的差异对事实问题或规则问题的反应程度有所不同,其心理表征水平也各有差异。具体来说,该理论认为,在对同一事实问题或规则问题的认知上,人们会因为两种形式不同的心理表征做出不同的认知描述,此两种心理表征一种是高解释水平表征,另一种是低解释水平表征。高解释水平表征代表网球裁判员看待事实问题或规则问题的角度是比较抽象的,认知忽略了临场情景的细节,偏重于事物最重要最本质的特征。相对而言,低解释水平表征则代表着网球裁判员看待事实问题或规则问题的角度是比较具体的,高度认知事实问题或规则问题发生的具体情境细节,偏重于问题事件次要的附带特征。对不同的情境调节因素或者个体特征因素的探究,可以为网球运动裁判理论和实践提供更有效的价值。

四、网球技术官员的心理素质培养

(一)培养临场时的注意品质

网球裁判员应该具有高度的觉悟、责任心和荣誉感,排除恐惧、消沉、信心不足等消极情绪,动员一切力量去战胜困难,争取裁判工作的圆满完成。此外裁判员还应有意识地改变情绪体验的条件,改变注意的指向性,把注意力转移到具有积极情绪作用的刺激物上,改变表象的内容,以增强工作的信心。裁判员还应在赛前对所执裁比赛的重要性和难度有着积极且正确的认识,使自己的情绪唤醒水平达到最佳,防止出现赛前淡漠或过度焦虑现象。裁判员还需提高抗干扰能力,在分与分之间和一局或一盘间休息时,熟练运用语言暗示、注意转移、呼吸调节等方法,积极调控自己的情绪状态,使情绪始终处于最佳唤醒水平。遇到突发事件,网球裁判员要有良好的心理控制能力,暗示自己冷静、从容,做到果断处理。

网球裁判员只有对自身临场执裁工作有正确的认识,树立比赛在"严肃、认真、公正、准确"原则下开展的动机,具有坚决维护裁判员荣誉和尊严的职业道德意识,才能在工作中抛弃杂念、排除干扰、不偏不倚、轻装上阵,做到心里坦然,情绪稳定,放开手脚,顺利完成执裁工作。

网球裁判员需要在赛前提前了解比赛双方的基本情况(包括参赛运动员姓名、单位等),了解赛场天气、场地、观众等综合情况,分析参赛双方运动员风格、打法和特点,预计该场比赛的激烈程度以及可能发生的特殊情况(包括服装、上厕所、场上治疗、比赛中的干扰等情况),准备相应的对策,并从思想上重视,明确该场比赛工作的重要性,同时裁判员还要能准确地理解和掌握行为准则,这样才能对场上发生的情况进行迅速提取并做出正确的判罚。

(二)培养良好的意志品质

网球裁判员在临场执裁过程中的处境变化多端,关系重大,一刻也离不开意志品质的积极作用。裁判员的意志品质在克服困难过程中得到检验和发展,这些困难有主观的也有客观的,如心情不好、身体不适、观众情绪偏激、被罚运动员不礼貌等等。优秀的意志品质只有通过刻苦学习和不断的实践才能得到激发和强化,通过反复和多变的临场实践,并重视生活的点点滴滴,养成良好的生活习惯和作风,培养意志力,使意志品质在实践中不断完善。

(三)培养思维的快速反应能力和情感的自我调节能力

网球裁判员在执裁比赛场面高度紧张或运动员、教练员对判罚的不满使自己情绪不稳时,采用自我暗示或呼吸调节等方法稳定情绪,增强自信,克服消极情绪,排除各种干扰,从而保证裁判工作顺利完成。

当今的网球比赛向着力量、速度方向发展,网球裁判员在执裁过程中的观察思考和准确判断过程只有 0.1～0.2 秒的缓冲反应时间,这要求网球裁判员对场上可能出现的情况有一定的预见性,这样才能在第一时间对出现的问题迅速做出准确判断。特别是在高水平的比赛中,网球裁判员不仅要对事实性的问题、比赛受到干扰等情况做出及时判罚,也要对行为准则的问题做出及时、准确的判罚。网球裁判员在执法过程中出现任何的犹豫,都可能导致漏判或错判,从而引起运动员、教练员的不满。一旦造成心理紧张,就会注意力分散,出现连续失误。在发生失误后会出现消极心理,应及时采用各种方法加以控制转化,防止向更消极的方面发展。这就要求网球裁判员抛开不愉快的心理,全神贯注于场上的比赛情况,自觉地用意志力来控制消极情绪,振作精神,稳定情绪。

在网球比赛过程中,当网球裁判员遇到观众或一些不礼貌的运动员指责时,甚至发生挑衅、辱骂等恶劣情况,网球裁判员会产生程度不同和持续时间不等的紧张情绪,可能表现得心慌意乱、手足无措。在这种情景下,网球裁判员需要冷静和严肃地对待问题,头脑清晰,一切以大局为重。

第四节　网球运动的社会学探析

对网球运动进行社会学探讨,把与网球运动相关的熟知事物陌生化,把约定俗成的结果当做何以见得的开始,把"此时此刻"和无数"他时他刻"联系起来,从而提升我们洞察社会科学的能力。韦伯的"理解"突出了社会学研究,偏颇了心理学,是揭示主体间意义或者以社会的方式构成的规则,这些规则定义了既定社会中的行动的意义。依此,对网球运动的理解,包括网球运动项目本身的诸多方面,如运动技战术、网球赛事、裁判规则和裁判法、行为准则等,如此才能体现出它存在的意义。规则或规范对人的心理活动也会产生影响,如训练规律、语言规范、比赛规则、行为准则等等。这些规则或规范制定的客观性程度来自处理个人的主观性的广泛程度。在既定的规则或规范内,人类意识得以客观化和公开分析。在不同文化中形成的客观化文本以及文本般的社会现象影响个人及其经验,它们阐释网球运动中的各种情境、判罚价值与行为准则、定义目标与"善"。这些信念(不限于严肃、认真、公正、准确)会影响个人,同样也会影响共同体,但共同体较个人有更强的意志领导力。

一、网球运动中的"意义、理性、行动"

"人是悬挂在自己编织的意义之网上的动物。"19 世纪末韦伯的社会学方法论研究是卓有成效且有价值的,他有建立一种超越心理学主义的社会学方法论的野心,原因在于当时的心理学对理解"意义"(社会)有些力不从心,直到心理学成为主流学科还是略显不足。但要知道"意义"属性不仅有社会性客观,还涉及个人性主观。当人们创造了一个比较领先的意义世界后,真实世界就会赶上去。

詹姆斯·卡斯(James P. Carse)在《有限与无限的游戏》中阐述道:所有有限游戏都是人为设定出来的规则,涉及意义的作用。意义的价值,就是设定一个边界,将无限游戏,切割成让我们能行动的有限游戏。意义存在了,世界的大量复杂性就被屏蔽在外了。意义就是把世界变小的规则,让我们只看眼前的一点点世界、一点点诱惑后,信心满满地出发,替我们遮蔽了不确定性,在无知中开始行动。

主体间意义是当代方法论脉络中的重要概念,它源于现象学和日常语言分析。诠释学阐述可达人的内部经验的最深层,这与主体间意义重叠。主体间意义是社会基体。个人的观点通过反思(与社会互动)确立。个人的态度就是在主体间意义上形成的,既不能回复到事物的原初,也不能还原到物化的社会事实。

行动意义的可理解是可从主体与主体间两个方面达成,对主体行动意义的可理解是通过可经验到它的行动者用语言来表达。认知逐渐替代真相成为内容的主流。当人们对某事物的具体认知达到一致时,主体间性出现。对主体间行动意义的可理解是在行动者和他人之间,再运用恰当的语言进行交流。心理学中存在主体或主体间意义不可理解的反射行为,存在隐蔽的意义,只能意会不能言传且不易沟通,需要专家介入才能甄别。在网球运动中,观众、教练、裁判员、监督人员等确认对参赛球员的行动意义可理解,可以通过身体语言和话语来表达。裁判和监督的工作可作为主体间行动意义代表,其工作意义可理解体现在为了顺利完赛,在个人和他人执裁或执法之间,可用合适的语言进行交流和沟通。反射行为具有隐蔽性,这使得对于大多数人来说它是不可理解的,解读它的意义需要"共情"。可见对情感行动的理解和对理性行动的理解是并行不悖的。

中国唐代禅宗大师青原行思,提出了人生的三重境界:参禅之初,看山是山,看水是水;禅有悟时,看山不是山,看水不是水;禅中彻悟,看山仍是山,看水仍是水。意思是说,人初识世界,在无经验情况下,看到什么就认为是什么。当加入逻辑思维后,人的认知升级了,认知到了事物背后的逻辑,对初识的就会产生质疑。最后当人生经历丰富了、悟性提高了,对事物意义的阐释力也增强了,知道了更多的意义关系模式,最后波澜不惊地给出原初的答案,实则看待事物的层次感增加了,这是气定神闲地看待过往,也是对世俗的虚怀若谷。如此的中华文化产物,与西方科学主义下的给定条件后的逻辑推论以及认识论中的逻辑符合论相类似。意义限制了世界,才会带来行动的勇气。看待世间万物需要理性思维,由此才能增加对事物确定性、准确性和清晰性的把握。

韦伯的社会学方法论是理性主义的,其中"理想型"(逻辑纯粹)是关键,这是某种形式,来自理性思维与经验观察,力求准确的"形式理性"就此确立。网球运动员遵守规则,网球技术官员按照裁判法和行为准则去执裁和执法,这些都是最理想(逻辑纯粹类型)的行动。我们也期待这样的遵纪守法,但总是事与愿违。理性因素和非理性因素均会造成理想型类型的偏差(违法乱纪),情感行动和理性行动中都包含着理性因素和非理性因素。韦伯从纯粹类型的思想出发,把社会行动分为以下四种:

(1)目的合理性行动。此行动把对外界对象以及他人行为的期待作为达到目的的手段,并以最为有效的途径达到目的和取得成效。

(2)价值合理性行动。它表现为对纯粹自身行为本身的绝对价值所持的自觉信仰,无论这种价值是表现在伦理、美学、宗教上,还是表现在其他方面,这种行动并不考虑有无现实的成效。

(3)情感的(情绪的)行动。即由现实的感情冲动和感情状态而引起的行动。

(4)传统的行动。即通过习惯而进行的行动。

行动类别是由理解的两种方法引出的。一种是直观式理解,对象既包括理性行动又包括非理性情感反应。在网球运动中,我们通过直接观察法理解规则及裁判法的意义,通过运动员的身体语言、言语、面部表情理解其情绪或情感的性质。另一种是解释性(动机式)理解,此方式受弗洛伊德心理分析中关于动机的研究的影响,通过此方式可以充分理解行动的主观意义层面。将情感表达与行动的前因后果关联起来就是在展现动机与意向的画面。

一个行动可由其主观意义来获得认同,该主观意义决定了事情的从属,经过动机分析,相关社会意义逐渐成为重点,该主观意义重要性就被降维了。如此在建构行动的纯粹类型时,社会性动机的明察比行动的主观意义认同更为重要。弗洛伊德在心理分析中指出,动机与情感是相互叠加的,是人内部经验的主要内容。动机概念加深了对主观意义的理解。意义语言相关,语言具有主体间性和社会性,主观意义内含于行动者的行动之中。主观意义是可以被理解的,因为它并不被个人所独占,可以从社会性层面的行动中去解读,如此意义被阐述得更清晰。网球运动中,运动员违反时间准则行动判罚上升到行为准则判罚,脚误判罚引发的取消比赛判罚,运动员由于非运动状态的误操作导致被取消比赛资格等均是因个人行动升格为社会性行动,使得行动性质被裁判员解读,升格了判罚的尺度。详细判例的心理学和社会学诠释将在后续章节中展现。

二、网球裁判法则的"逻辑、经验、语言"

纯粹的逻辑和复杂的经验共同参与并形成了关于行动者对行动归因的理想型(韦伯的社会结构)。与行动的形式相对应的理想型的建立,是为了追寻社会科学一般规律,使得其内容完满、术语准确而做的学术努力。理想型的逻辑的理性主义与经验的深度和广度同等重要。指导网球裁判的通用法则就是一种理想型,是通过高层级的逻辑组合,并在意义层面被恰如其分地表述出来。网球规则、裁判法和行为准则都是在一定的边界视域下,在相应的职责信念下,对具体的、复杂的、零散的、特殊的、若隐若现的现象进行统整,从而组织成为一个可实践的分析性构念。

社会科学中不管是对经验主义的反思(破),还是对现象学和日常语言的分析(立),都是对诠释学阐释的必要性和基础性的讨论。正因如此,诠释学适用于网球运动中的经验主义、现象学和语言的学理讨论。社会行动的性质决定了我们所思所想来源于我们日常生活。泰勒认为,通过言语和阐释,人的行动的意义得以显现。

在西方学术传统中,意义首先与语言相关,只有遵循语言规范才能表述清楚而公开的语言学意义。网球裁判法和工作程序涉及语言规范,表达模式已固定,其意义就此被固定。如果语言表达模式被随意改动,那么意义就会随之变动。工作程序被固定的前逻辑,裁判员除了必须表述清楚,准确传达其语言学(广义)意义外,更重要的在于为具体操作的行动划定边界,规约和规避责任。在规定时间和所处空间的基础上采取恰当行动完成既定的任务,避免由操作不当带来的误解和矛盾升级,使得比赛顺利进行,直至完赛。

当我们称某人为"老裁判"时,其实是对其裁判经验丰富的认可。经验性意义生成如图1.2所示:经验性意义通过人与语言的双向建构延伸到了语言学意义中,再通过语言与内部经验的双向建构,促进内部经验不断塑造,从而加强了自我认同的塑造,最后塑型人的存在。如此,我们就不难理解为什么经验意义积累对于网球裁判工作行事是至关重要的。经验包括经验性意义,但不完全会产生经验性意义,只有参与到内部经验和自我认同塑造的才会作用于人,那些模仿的、生搬硬套的、照猫画虎的处理具体裁判事务的方式,虽然结果都是顺利完事,但这样的经验只是熟练,不会助力自我精进,如此的经验充其量就是经历而已,更不用说有何意义了。

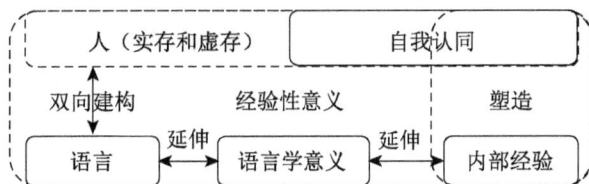

图 1.2　经验性意义塑型人的存在

当代方法论脉络中,任何社会科学概念都只能把握部分的“实在”。维特根斯坦认为,经验实在的逻辑是日常生活语言,而不是自然科学或者数理逻辑,这是因为人表达经验经常使用的是日常语言。温奇(Peter Winch)指出,社会科学的“概念的逻辑”的基础也是日常语言。海德格尔(Martin Heidegger)和梅洛-庞蒂(Maurice Merleau-Ponty)认为,情感具有本体论意义,要放在人的整体意义中去理解。当代方法论研究中,现象学和日常语言分析都强调主体间意义,当代诠释学进路的核心就是探讨广义语言与人的内部经验的关系。

三、网球运动中的“价值与对话”

社会科学的价值与自然科学的价值都体现在客观性上。社会和自然的科学问题也是网球运动中需要考虑的,客观性会带来确定性,就会产生预测性。经验主义认为,社会科学在客观性探索上应该向自然科学一样,把经验现象还原为无阐释内容的原始材料。但要知道社会科学与自然科学的研究对象不同,自然科学可以研究物体,以追求其最小构成单位为旨趣,但社会科学研究的是人,人有主观意义,理解他人可以是“千人千面”,人的理解可以是“千人千法”,所以社会科学无法在方法论上具有客观性。网球裁判工作有效性的前提,就是对事物进行性质分析,是自然属性或社会属性,还是兼而有之,策略才能由此展开。社会科学客观性体现在"价值中立"的原则实现。"严肃、认真、公正、准确"这八字原则,在网球裁判工作领域实现其"价值中立",社会科学和自然科学的客观性均可以体现其中。社会科学中概念的逻辑和人的存在都不具有客观性,但概念的逻辑与此逻辑下的人的存在之间的关系构建了一种客观性——规范性原则。网球裁判法中概念的逻辑形成都是为了网球运动能顺应时代的发展〔例:发球(service),有服务的含义〕,都是为了有利于网球运动广泛开展(例:对场地尺寸的规定、对各种时间的规定等)。在社会科学研究过程中的客观性就是遵守规范性原则。由意义和价值共同建构的社会行动中,人处于中心位置,与基于自然现象(时空构成)的事实相联,与社会科学的构成原则本质价值关联。

社会科学为人的真实存在服务,阐述必定涉及人的"内在",人是基于某性质(如平等、性格等)而存在的,在主体间就各自的内在可进行对话。某性质的认定需要概念的逻辑与之配套。网球参赛人的称谓是运动员,既具备人的一般性质,又需要具备网球运动员的一般属性。如此不仅要遵守做人的规范性原则,还要遵守网球运动员的规范性原则,网球技术官员亦然。人与人之间(主体间)就"内在"问题展开的对话,当然也就会涉及网球运动层面和人的一般层面,其相关概念的逻辑就会生成,以适宜人类存在性质的解读。

阐释是诠释学循环。网球运动中的对话分为:技术官员与运动员的对话、技术官员之间的对话和运动员之间的对话。他们的对话是为了澄清并提升在网球运动中的自我理解。在网球裁判相关研究中,社会科学对其专有词汇的意义阐释会出现规范性和限制性情况,这会使意义解读层次提高。规范性阐释主要是针对对话双方在某点上共享所用语言的理解。促进理解的方法是依据语言规范,进行有证可查的理性对话。把前文所述科学阐释模式与对话者的前理论理解相联系,可以辨析出阐释的理性层次。如果通过一方阐释解决了对话双方争执不下的矛盾时,或者将矛盾的根源和本质揭露出来,那么这样的阐释就使我们的经验得以丰富。对话双方在某点上不能共享语言的理解,就需要借助于直觉。直觉一般来说是指在某种情境下的一种突如其来的领悟或理解,是突然激发人的意识,使问题得以澄清的想法。双方在始终遵守语言规范(包容原则)基础上,互相通过直觉的共通性(人的内在)来对话,以此理解阐释的理性程度。

结构主义方法论基于社会或语言结构,具有客观性。利科认为,用语言或符号指称某物,使得语言的创造性不言而喻,话语表述有了层次,但在一定程度上语言或符号局限于与"所指"分离。在诠释学体系中,伽达默尔和利科在不同的层面对"对话"进行了研究。前者是从自我理解的本体论观点阐述"对话观",后者则是从认识论上确立了"对话"的客观性。利科对语言进行了结构主义改造,把自我封闭式改造成为社会开放式,使得此观点与涂尔干的"社会事实的决定作用"观点志同道合。哈贝马斯认为,伽达默尔的诠释学将文化语言的历时性问题重新引入,使其优于语言分析和现象学等当代其他阐释进路。哈贝马斯在此基础上提出,理解他人之思,除了对话外,还应该在沟通行动中努力。这是在"对话"基础上追加了社会科学指引,伽达默尔把理解限于历史性"对话",哈贝马斯以社会科学客观性超越历史性,使得深度诠释得以实现。其沟通行动理论也更好诠释了康德"真、善、美"这三个意识领域中的理性标准。

四、现代意识与本真性

哈贝马斯把现代意识分为三种:客观的、社会的和主观的。客观意识宣称具有真理性,社会意识宣称具有正当性,主观意识宣称具有真诚性。如此的意识分类使得行动的理性出现分层,按理性由深至浅程度来排序,依次为目的论(拟剧性)行动、策略性(规范)行动和工具性行动。要达成有目的的行动就必须要有相应的策略来执行,策略行动的提出必须要利用一定的工具,这样才能使得策略完满。从本体论的简单到复杂程度来看,有了好的行动工具未必就会有好的策略(规范)行动,有了好的策略(规范)行动未必就能达成行动目的(拟剧)。本体论的复杂程度是由预设世界的边界不同造成的:工具性行动预设了一个客观世界,这是由舒尔茨生活背景衍生出来的;社会世界涉及策略(规范)性行动,预设了客观世界和外部世界;目的(拟剧)性行动预设了自我内部世界和外部世界。从预设世界来看,不同世界中蕴含行动的理性千差万别,也会有交集。

诠释学进路阐释的问题中本真性是重要组成部分,因为它涉及人的情感、直觉和悟性。另,本真性和真诚性是西方的道德理想。网球起源于16世纪欧洲宫廷,处于欧洲人口流动加剧的时代,人们隐瞒身份和欺骗成为社会交际的主要问题。真诚性在 17 世纪被重点提倡就不足为奇了，为的是促进优良社会规范的建立。18 世纪末，浪漫主义运动中出现的本真性，重点则是在个人情感深处。源于浪漫主义的"理解"是诠释学的核心概念，也是当代自我实现口号的哲学基础，是现代化的动力。

五、网球运动的"礼与仪"

近些年来，随着大众对仪式感的关注与讨论，对仪式感相关内容的研究也逐渐增多。对网球运动来说，人们需要通过网球运动的全身心参与来探寻网球运动的意义，也就是说，网球运动中蕴含仪式性事件，完成后能给参与者带来"仪式感"。瑞士心理学家荣格认为，人类在经历社会化进程之后，每一个正常的社会人都需要通过仪式感来满足身心的需求。人们通过完成仪式来满足精神需求从而获得精神慰藉，仪式感正是这种精神性需求的表现之一，也正是仪式的灵魂与核心。

网球运动的仪式感就是在遵循网球运动的规律和遵守一定的规则过程中网球运动参与者产生身心的感受，此感受足以影响其思维、行为甚至情感的表达；网球运动中不可能屏蔽情感体验，情感性活动能够影响个体的思维与情感，常伴有情感存在仪式特征，因此可被仪式感描述。网球运动仪式感的产生来源于其仪式建构的价值体系，如网球运动的形式表现、时间节点、地址选择以及对应的历史与文化意义等；仪式感亦来源于网球运动中的形式化、重复等活动，其背后所包含的意义均内嵌仪式的特征。网球运动中蕴含着某些混沌的心理状态，说不清、道不明，仪式感是一种能够帮助参与者充分融入仪式的心理状态，产生于仪式过程中或者仪式结束后，能够促使自身认知、行为与思想发展趋于均衡。

行为会影响思想，"形式主义""集体主义""传统主义"等均是仪式的显著特征，这些特征也同样会表现在心理的感知上。网球运动中对仪式特征的趋势的感知会引起网球运动参与者潜藏在内心的约束感，使网球裁判员偏向于履行"严肃、认真、公正、准确"的信念，遵守工作操作程序，使网球运动者偏向于遵守规则，服从裁判判决。对约束感知的研究表明，人的自我意识受到威胁后，其在日常生活中的约束结果反而提高了对自我以外约束来源的依赖。网球运动中，当网球裁判员（参赛运动员）约束感知被降低之后，某条或某类在网球运动中被公认的能够提供秩序的网球规则或规定,可以补充网球裁判员(参赛运动员)的缺失,为其提供需要的结构或者秩序的感知。作为人们喜闻乐见的网球运动内嵌约束控制系统,网球竞赛规则及裁判法是维持网球赛场秩序的来源。当个人感到缺乏自我约束时,人们会更倾向支持提供网球运动规则与秩序约束的控制来源。在此观点下的研究表明,在激发个体约束感知之后,网球运动参与者会对提供约束与秩序的网球赛事组织机构或系统表现出高度赞同的支持态度,同时网球参与者会更偏向有秩序、促进约束的文化,而并非只支持有价值的社会认同。

当今对仪式感的关注与研究已在人类学、社会学、文化学、美学等学科中屡见不鲜。著名社会学家兰德尔·科林斯(Randall Collins)在《互动仪式链》中指出,"互动仪式"就是人们分享共同的期许或情感体验。艾伦·哈里森(Ellen Harrison)在《古代艺术与仪式》中明确了"集体性"与"情感体验"对人们在仪式活动中产生共同体验的重要性。维克多·特纳(Victor Turner)的《象征之林》认为人的感性意识是由仪式"符号"过渡到"情感体验"的桥梁,即将仪式符号的"象征"意义与人的联想产生联系,从而获得对"符号"的情感认识。意大利学者马里奥·佩尔尼奥拉(Mario Perniola)在《仪式思维》中提出仪式脱离了神话性,其圣洁性是否保留的问题。伽达默尔在《美的现实性:作为游戏、象征、节日的艺术》认为要把节日的参与特性以及与此有关的时间经验的结构思考清楚,并不是一件容易的事。塔塔尔凯维奇(Wlady Slaw Tatarkiewicz)的《西方六大美学观念史》也为对"仪式感"与"形式感"进行比较研究提供了重要线索。西方美学对"形式"问题的研究是从康德开始发生现代性转变的,他从对外在形状、比例、安排的"形式"问题的关注,转向对"主体与外在对象之间的关系"的关注。仪式是一种引起人们感官注意,但其自身并没有太多实质性内容或意义的存在物。如康德对"装饰"这一概念的分析,"装饰"本身的形式之美将仪式背后的"道德性""神圣性"等要素启发出来,从而通过人的肢体运动渗透到人的情感体验之中,并将仪式对人的道德、伦理的教化意义长期储存在人的情感体验之中。哈贝马斯在《现代性的哲学话语》中提出了"交往理性",即通过人与人之间的交往建立起普遍的道德规范和共通的认知领域。伽达默尔也提出了阐释学的"视域融合",其目的在于建立一种具有普遍共识性的认识视域,他认为这种普遍精神的存在需要依靠"教化"才能实现。他在《真理与方法》中也指出,人类教化的一般本质就是使自身成为一个普遍的精神存在。因此,教化作为向普遍性的提升,乃是人类的一项使命。哈贝马斯认为,文化传统的延续,需要集体通过规范和价值实现一体化,以及一代又一代人的不断社会化。我们所看到的就是具有交往结构的一般生活世界的特征,而仪式具有承载传统文化符号的功能,是社会教化的良好典范,人们通过在仪式中对仪式感的体验,克服现代性生存困境的情感问题,获得道德普遍性或新的审美意义。

中国的礼文化从周代开始,在基本思想内容和形式结构上归属于儒家的礼学体系。而孔子以"礼"为核心推行教化,逐渐建立起了一整套完整的礼仪体系,以及有关礼仪的学说。中国古代的礼仪大体分为五个方面,即吉礼、嘉礼、宾礼、军礼、凶礼。而在现代性演进过程中,随着现代化城乡分离,关于节令生产或祭神祭祖的礼仪仍保留在较偏远的山村地区,而城市中则除了保留个别重要的传统节庆活动外,基本上没有其他传统仪式的存在。然而,儒家建立的一整套礼仪文化传统的核心精神,是"伦理"在社会人群中所起的调节作用,尤其是以家庭为核心的"伦理"观念的建立,实现了个人与家人、社群的情感交流,确立了自我的普遍道德意识,以及情感的依托与归属。而现代性对传统仪式的遗忘,从某种意义上来说,也是对"伦理"价值体系的悬置,从而导致中国社会普遍的道德感下降、缺乏家园感和归属感的现象发生。网球运动在当今中国如火如荼地开展依赖于我国经济的发展、人民生活水平的提高,城镇化改造加速了现代网球运动的普及,一定程度上缓解了仪式在现代性中所展露出来的人类情感问题。少儿和青少年网球运动的开展,一定程度上也促进了以家庭为核心的伦理观念讨论。融入中国文化的现代网球运动势必会对礼仪之邦的中国产生积极的作用。

网球运动虽然褪去贵族的华丽,但还保留着上层社会文明高雅的绅士风度的基本格调。网球基本礼仪有以下几个方面:

(1)正式比赛中,运动员在网球场上应穿戴整齐。男子应穿有领有袖的上衣,不应穿戴花哨怪异的服装,不能像篮球运动员那样穿背心,更不能赤膊上阵,不能穿像泳衣那样的紧身衣,也不能穿过膝的T恤衫。女球员穿中袖或无袖上衣及短裙或连衣短裙(特殊情况除外)。网球服饰通常以白色为主。进入网球场一般穿专用的网球鞋,不允许穿皮鞋、钉鞋等有损球场表面平整的鞋,特别是女士的高跟鞋,绝对禁止进入场地;赤脚和赤脚穿鞋入场打球是会被认为有失雅观的。

(2)运动员进场后,不要在场内到处走动,而应在指定的区域内休息或准备比赛。

（3）球员参加比赛时，在赛前练球热身过程中有义务为对方的练习提供帮助，任何有意妨碍对方练习的做法都是有失风度的。练球时，当对方的回球靠近底线时，应主动告诉对方，他（她）打过来的球是 in（界内）、out（界外）还是压线。当击球出界或还击下网时，尽管不是有意如此，也应该向对方说声"sorry"（对不起），这样会让你显得很绅士。

（4）发球员发球时先看一看接球方是否已做好了接球的准备，最好将球举起来示意一下。规则规定，在接球方未能准备好的情况下，发球无效。

（5）运动员在比赛中，中途需出场或因故更换球拍、衣服等，需经主裁同意后方可进行，并有时间限制，出场还需有专门人员陪同。

（6）球网是双方的分界线，不要从球网上面跨过，也不要触压球网。

（7）比赛时观众应保持安静，不能大声喧哗，不能干扰球员的注意力。需交谈时，音量不应大于干扰他人打球的程度。与参赛对手有非讲不可的话时，正确的做法应是两人走到网前，用对方能听清的音量做简单交谈。作为观众，在死球后才能发出鼓励的声响，一开赛时应保持安静。

（8）一旦开赛，除球童快速捡球外，任何人员都不能在场上走动。若确需要在球场后走动，也只有在死球后才被允许快速通过，否则，被视为不懂礼貌。

（9）对"非法入侵"的外来球，不能贸然进场捡；要捡，需在死球或因干扰暂停比赛时方可进行。别人帮你捡了球，不要忘记说一声"谢谢"。

（10）在没有球童的情况下，双方练发球时，对方发球，另一方应接住其所发的球，不应把球打回去，同时也便于自己练发球；单方练发球时，非发球方应有礼貌地把球轻轻地打到发球者手上。

（11）球场上不要踢网球。网球是用拍子打的，不是用脚踢的。

（12）如果一方球员打出一记幸运球（luck—ball），即球擦网后，改变方向和速度后仍落在对方场内，等该球成为死球后要说声对不起或举拍示意。

（13）在信任制比赛中，发球方呼报声音要足够大，要让对手清晰听见，以避免矛盾。

（14）对执法有异议时，讲话应文明，不能恶语相向中伤他人。

（15）球拍是打球人最亲密的伙伴，球场上不要摔拍子，技不如人不要拿拍子出气。

(16) 在比赛中,忌向人身上打球,特别是在双打时。

(17) 当主裁呼报比赛结束时,无论胜负都应该主动和裁判及对手握手。

(18) 网球场上应该听从裁判的判决,裁判员与球员之间有时会因界内界外的问题发生分歧,这时候球员应尽量保持情绪上的稳定。如有球印的话可向裁判指出,没有的话则服从裁判。而裁判所要做的是尊重球员的努力,最大限度认真地裁决每一个球,避免错判、漏判的发生。

现代网球运动的意义可能就凸显在它带给了人们内心有别于其他运动的真实体验,通过网球运动者内部的审美体验,完成对现代性某些心理或社会问题的克服。现代人的那种被分割的时间体验,由于网球运动这样一种具有仪式感的整体性活动结构的加入而被打破了,从而在一种完整的网球运动时间体验中,培养出能够逗留于网球运动的审美能力,实现自我情感的完善与延续。这也正像席勒(Egon Schiele)等美学家所期盼的那样,现代人类分裂的生存状态只有通过审美教育才能得到解决,而这种审美教育依赖于人类自身的情感体验,并非传统意义上理性或信仰对人类心灵的统治与管理。

综上所述,仪式感是人们表达内心情感最直接的方式,是平凡生活的解药,它使某一天与其他日子不同、使某一时刻与其他时刻不同。仪式感是超级 IP(具有一定社会影响力的知识产权)系统中产品化的构建方法。仪式感表达了对生活的深情,是对生活的重视,会给人们带来记忆的美好,是用耗时耗力耗钱的非必要的动作和行为来表达某种特殊的幸福感。历史悠久的网球运动从古到今从来就不缺仪式感,仪式感是网球不可忽略的话题。

第二章

从中西方文化比较的
角度理解体育中的文化

TENNIS

人们最终所真正能够理解和欣赏的事物，只不过是一些在本质上和他自身相同的事物罢了。

——叔本华《人生的智慧》

TENNIS

"体育文化"（physical culture），有时也被译为"身体文化"，它的含义如今已经不仅仅只停留在单纯的体育教育概念上，它成为人类通过身体活动所创造的物质财富和精神财富的总称，这就是"体育文化"所带来的价值。身体文化的概念是为了保护生命、锻炼身体和提高身体技能，以身体活动为基础的并以身体作为媒介所形成的文化。有着不同文化传统、民族心理和历史背景的东方和西方，其身体文化各个部分的内容自然有着不同的内涵和外延。为此，笔者对东西方身体文化观进行了比较分析。

第一节　东西方不同的体育文化观

一、不同的身体价值取向

第一，东方的身体价值观。东方的身体价值观讲究内修外炼，正所谓"修身养性"，追求内外合一、身心合一。通过锻炼身体这一手段来培养道德情操，从而达到心灵的升华。人们从事体育的终极目标不仅仅是锻炼，更重要的是养性，是为了"寿"、为了"道"。这是一种"以心为本"的体育，崇尚的是人与自然的和谐、精神与肉体的统一，并且在以"炼"求"养"的过程中尤为关注的是民族文化中的传统伦理道德，弘扬的是一种对生命的保养和爱护。中国的《内经》中就有很多有关养生之道的方法和思想的记载。

第二，西方的身体价值观。西方的身体价值观特别强调个体与自我的表现，突出个性，向体能的极限挑战，向自己的意志挑战，永不停息，永不满足，崇尚竞争，这也是与奥林匹克运动所追求的"更高、更快、更强"相呼应的。他们通过体育运动来增强自己身体的能力，有时甚至不惜以伤害自己的身体为代价，为的就是在与别人的竞争中立于不败之地，并且在竞争的胜利中享受成功的喜悦，体育竞技是他们的终极目标。因此，西方体育是一种"以身为本"的体育，竞争和超越是它的主导，惊险、刺激甚至功利成为它的主要特征。在古代的雅典、斯巴达等城邦里，田径场上的优胜者，被人们当作英雄来崇拜。为了爱情采取武力决斗的方法来解决问题，也成为西方社会文化中独有的内容之一，这一点在莎士比亚

(William Shakespeare)的戏剧《罗密欧与朱丽叶》中有充分的展现。

二、体育文化审美观

在西方社会,西方人通过对身体艺术的孜孜追求来展现自己深厚而独特的身体文化价值观,着重强调身体外在的"健"与"美"。古希腊是一个视肉体为健、力、美的审美时代。人们崇拜人体的健美,认为竞赛中显示的体能的高低是对人进行评价的标准。体能高强、肌肉发达者才是最美的。有健、力、美的雄壮身躯,是当时人们崇拜的目标。古希腊、罗马时期的竞技场上的主要项目都属于角力、跳越、拳击、赛跑和掷铁饼等力量型的运动,正是这样的项目才能充分体现健美的形体。也正因为如此,无论是在战车、角力、赛跑、拳击,还是在射箭、格斗等竞技中,人们都毫不吝啬地尽情展现自己强壮的肌肉。由此,奥林匹克运动便衍生出了西方独具特色的现代文明。

到了近现代,这种关于身体文化的美学观念更是得到了广泛的发展。著名诗人马雅可夫斯基(Mayakovsky)也在他的诗中写道"世界上没有任何一件衣衫/能比健康的皮肤/和发达的肌肉/更美丽"。因此,颇受大众欢迎的健美运动源于西方也就是自然的事情了。东方的身体文化价值更加注重深刻的精神内涵,追求的是诗情画意的美感,充满了含蓄的、朦胧的象征气息,善于从人体的本身与自然界的统一上审美。

三、体育文艺观

身体文化价值取向和审美观的差异,必然带来不同的艺术理念和艺术创作。这一点,在体育的孪生姐妹——舞蹈上体现得较为鲜明。古希腊哲学家苏格拉底有这样一个论断:"最优秀的舞蹈者也就是最优秀的战士!"这同样是源于西方崇尚武力与肉体训练。古代斯巴达人从五岁开始就练习一种被认为是真正的严肃的战前准备的兵器舞蹈。而继承希腊文明的"古罗马的舞蹈史也只是聊胜于无"。而在东方,不管是古代印度还是中国都一度把舞蹈作为国家的一种礼仪,供奉神明和祖先,是实现社会道德理想的最高理性的高度体现,出现了很多以赞扬先贤崇高道德、人格和宣扬教化文明的乐舞。不仅是舞蹈,雕塑、书法、绘画,甚至建筑、音乐等各种文艺形式中都不可避免地带有东西方各自明显不同的身体文化价值观念的烙印。古希腊著名雕塑家米隆（Myron）的代表作《掷铁饼者》是大家所熟悉的,雕塑取材于古希腊现实生活中的体育竞技活动,刻画的是一名强健的男子在掷铁饼过程中最具有表现力的瞬间。它赞美了人体的美和运动所包含的生命力,让人从作品中感受到生命力爆发的强烈震撼。还有米开朗基罗（Michelangelo Buonarroti）的《大卫》等许多裸体雕塑,都成为古希腊时期最能体现身体文化的代表作。19世纪法国文艺理论家泰纳（Taine）曾指出,酷爱裸体田径竞技运动是古希腊人人体审美和雕塑艺术繁荣的主要原因。作为一种准身体文化——古希腊登峰造极的人体雕塑,在对裸体竞技优胜者的歌颂中,生动地描绘了肉体的一切。而东方的书法和绘画艺术则充分展现了人们所追求的韵律、气势、动静、阴阳、虚实等意蕴深刻的精神。

四、身体教育观

西周时期的中国教育以培养文武兼备、和谐发展、知能兼求的人才为出发点。其主要内容是"六艺",即礼、乐、射、御、书、数六项技能。其中礼、书、数是伦理、道德、文化教育;乐是带有美育意味的综合性艺术教育;射和御实际上就是身体教育的内容,射是射箭传习,御是驾驭战车的训练。而不同的是,在古希腊,体育则作为专门的教育进行,主要是指斯巴达教育和雅典教育。由于政治、经济、文化的繁荣,古希腊人第一次在人类历史上明确提出了人的全面发展的主张,在由此形成的教育体制中,体育占据重要地位,因而较之东方教育体制中的体育活动更具有独立性。而古希腊医学上的胆汁论和解剖学上的成果,都使古希腊体育在体育生理、病理理论上与东方大相径庭。

第二节 不同体育观产生的文化根源

任何一种文化现象的产生和存在都有着深刻的文化根源。在东西方不同的哲学思想的指导下,东西方产生了两种不同的身体文化观。东方哲学以中国为代表,而中国哲学起源于先秦时代,西方哲学则滥觞于古希腊。两者对宇宙的本源存在不同的认识。

中国哲学认为"气"是万物的基石。庄子在他的《知北游》中说道:"人之生,气之聚也。聚则为生,散则为死……通天下一气耳。"在这种哲学思想的指导下,以"气"为主导的各种体育项目便应运而生了。人们通过"气"在体内各经络的运行,比如气功的练习,使体内器官得到锻炼,从而达到健康长寿的目的。而以希腊文化传统为正宗的西方人的传统哲学则认为宇宙的本源是"水""火"甚至"原子"等,这些物质构成的有序的生命体的原动力是一种外力,强调绝对的运动,而肌体则是一种客观物质,可以通过剧烈的运动使其越练越强壮。所以,追求大运动量成为西方传统身体文化的重要内容。

第三节 东西方体育文化的融合

作为一种全人类共同创造的文明,世界上没有绝对封闭的文化。随着东西方体育文化活动交流的日益频繁,两种身体文化价值观念也在相互的碰撞中融合,并互相影响。西方体育中的"平等、公正"的竞技观念和"重在参与"等大众化意识已经广泛被东方社会所认同和吸收,不少东方传统的民族体育项目中都引入了竞争机制,使本民族的体育文化在世界大范围内得到更加长久的繁荣和流传。与此同时,很多东方身体文化的观念也得到西方社会的广泛接受和认可。现在,越来越多的西方人开始崇尚东方的养生之道,他们不远千里来到中国专习太极拳,在柔和舒缓的动作中强身健体;西方人开始对东方身体文化表现出了极大的兴趣,他们研习中国气功中的"气"和韩国跆拳道中的"道",在强身健体之余开始关注身体内在的修炼。此外,在对健康科学的崇尚和良好生活方式的探索方面,中西方已经达成共识。曾被西方抒情诗人爱比尔毛斯称为人生幸福四大要素之一的健康,在当代东方也被认为是其他人生幸福要素(比如美丽、富有、青春、名誉、地位等)诸多"0"前面那至关重要的"1"。像亚里士多德所赞扬的"锻炼身体是一种美德"的认识,如今也成为全球广泛认可的观点,锻炼身体已经成为不少现代人每天必不可少的重要的生活内容了。而体育与舞蹈、音乐联姻,也产生出了像艺术体操、花样滑冰、花样游泳等新的运动形式。在这些运动中,东西方在保持和发扬各自文化传统的同时开始互相借鉴和学习。东西方身体文化观念的相互融合,将有助于促进体育文化的多元发展。

第三章

网球技术官员规范与权责的当代"诠释"

学习不是为了得到，而是可以告诉你学习让我失去的东西：我失去了愤怒、纠结、狭隘、挑剔和指责、悲观和沮丧，失去了肤浅、短视和计较，失去了一切无知、干扰和障碍。 学习的真谛不是为了加法，而是减法，提升的目的不是为了得到，而是放下！修炼是为了遇见更好的自己！

——对学习最好的解释

第一节 网球技术官员的规范、权利与职责

前面章节中已提及中国化和本土化是关于文化的理论问题,此问题蕴含在心理学和社会学的古典根源中。规范化是学习主流实证主义(经验主义)的"常规"方法,这基于对科学的虔诚信念。西方官方的网球裁判法则为网球的中国化和本土化发展提供了"成熟"的理论依据。但存在"成熟"的心态、浅层的宽容说,即心理学与社会学模式与自然科学模式差异,其差异逐渐累积在网球裁判工作中,屡见不鲜。每一个具体观点都在此差异中被讨论,每个观点也都可以接纳,但不能深究,因此对"常规"方法的学习和利用就很有必要。如此,中国化或本土化宽容下的网球裁判法则,"成熟"势必会被削弱,以至于提出"严肃、认真、公正、准确"予以警示,令其遵守,本书对此进行深层次研究就颇为重要了。譬如"中国的大宽容"说辞,即"大过年的""人都不在了""来都来了""都不容易""还是孩子""岁数大了""为了你好""习惯就好",此类中国式的宽容与"成熟"的网球裁判法则在实际工作中发生的碰撞,表露出本土化实质是文化主体性问题,并与历史责任感相互联系。中西方诸多文化的类型可以在网球裁判这一微观社区的经验观察和功能分析中显现,这使得我们在不断讨论和解决具体矛盾中前行,而对本土化本质的明察给了我们践行方向的指引。

社会学家费孝通在学术生涯前期认为精神是最缺乏客观性与具体性的,也是最依赖物质与制度的,后期认为人文世界的整体性与"心"所指涉的内部经验及其性质有关。社会学依赖对世界的深刻体会才会成熟。社会学基本概念是"心""文化""社会"的统一。在网球裁判践行过程中,"严肃、认真、公正、准确"可谓是精神的凝练,转向"成熟"心态易,保持对网球裁判法则的理论激情难,基于该法则去践行会更难。理论建构是文化自觉的基础工作,要亲"理论"、排"心态"。撰写本书的用意就是对网球裁判法则作中国化和本土化的理论建构,运用的基本方法就是将中国传统与西方现代行事理路的"思想实验"进行对照,其目的就是挖掘与网球相关的西方知识背后深藏的文化成见,特别是诸多哲学、人类学的预设,以此加深对中国人与中国文化的理解,为网球运动在中国的发展添砖加瓦。

抽象和整理出的"严肃、认真、公正、准确"成为网球裁判践行的理念,来自表达其意蕴的具体文本(包括人)、从法则与习惯而来的规范、行动的格言以及无数具体的相互关系的结合。中国人不强调以单个清晰概念来把握意蕴,多语词的互相表达会超出字面本身的意思。理解此八字方针的意蕴,需要把日常用语和周围其他概念联系起来,形成脉络和逻辑,并用铺陈方式来理解。

一、网球裁判法则的"阴阳观"

自由生活的真谛在于使内在人与外在世界之间的节奏合拍,形成"合宜"关系,在网球裁判践行中亦如此。这就牵涉出一个世界观和方法论联系起来的观点,即世界是个阴阳格局的世界,也是往复交感的阴阳。《易》从自然到人心的思路的核心是对"时"与"中"的把握,如《中庸》所示:"喜怒哀乐之未发,谓之中;发而皆中节,谓之和。中也者,天下之大本也;和也者,天下之达道也。致中和,天地位焉,万物育焉。"

网球运动与哲学思维的不期而遇,并与相关社会秩序、社会行动结合起来,使之具有了一定的社会理论意义。网球运动中的秩序或程式,形成了中国传统意义上的"礼",或者用"礼"来总括秩序的调节机制。"礼"以"正名"形成共识。"名"(网球裁判法则)是理想的共识,具有客观性,必须在网球运动中实际提取与阐释,被网球运动参与者赋予主观意义。作为网球裁判法则的"名"是秩序模板,是"阳"层面;作为网球裁判法则践行的"实"是具体运用,是"阴"层面。"名"和"实"存在距离,容忍"名实分离"就无形中为网球裁判员自我创造留出了空间。"礼"(秩序)的表现形式一般都以对偶的方式呈现,如公与私、义与利、遵守与违反……

网球运动毕竟是人的运动,网球裁判员也是由人来担任,所以我们考虑得更多的是网球裁判法则(物)向权利冲突(人)的转化,建立和健全"共识与冲突"之间的"阳与阴"的行动模型。"礼"与阴阳二重性现象关联,主要在共识秩序或"阳"的范畴。把权利和利益的冲突纳入考虑,以谋略行动为"阴"的范畴的主要内容,才会更鲜活。从福柯的"积极的权力观"来看,网球裁判员行使裁判权不仅仅是彰显压迫与禁止的力量,更是人生命力量与智慧的表现。网球裁判员既需要注重解决各种问题的策略的归纳与自省,更需要注重谋略方面的心智能力的提高。策略运用重视手段与目的联结,近乎遵守客观的因果法则(时间与空间)。而谋略之心与修养色彩浓郁,以形成冷静、灵活、多变、圆熟的身心状态为目的,从而适应多变甚至危险的情境。兵家《孙子兵法》、道家《老子》、儒家《易》等都是"阴"层面的谋略，在谋略思想与"礼"思想的共同作用下，中国形成了行动上的"阳奉阴违"，以中国政治哲学——帝王学为重。传统中国社会组织有两个层次伦理，即皇权政治伦理，促政治的"大一统"；宗教差序伦理，存在于基层社会中。网球裁判法则是社会学理论建构的产物，西方观点参与并构成了基本立场与视角，影响阐释的轻重缓急。中西方文化差异是整体的，只有基于对西方脉络（心理和社会方面）整体的把握，才能助推网球运动在中国的开展。

二、网球裁判法则的"虚实观"

权力关系是有意向性的，充满了策略，但却是非主体性的，权力运作的逻辑或目的是非人为的。在行动者有意识追求的目的外，存在着特定脉络本身的策略逻辑。网球裁判员在"严肃、认真、公正、准确"的引领下，通过策略表露出相应的意向，这并不是任由裁判员无章法地自由发挥，而是遵守网球裁判法则的行动表达。

人是社会话语所决定的工具性动物。福柯权力理论突出"实（体）"的控制，而中国式权力则强调对"虚（利己）"的控制，如图3.1所示。

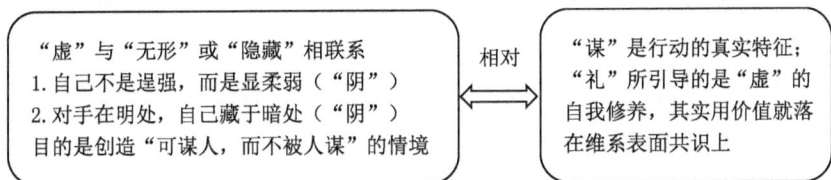

> "虚"与"无形"或"隐藏"相联系
> 1. 自己不是逞强，而是显柔弱（"阴"）
> 2. 对手在明处，自己藏于暗处（"阴"）
> 目的是创造"可谋人，而不被人谋"的情境

相对

> "谋"是行动的真实特征；
> "礼"所引导的是"虚"的自我修养，其实用价值就落在维系表面共识上

图 3.1　中西方权力"实"与"虚"的控制

中国人的人生修养的精华是，"阴阳虚实"转换是"攻心"游戏，无"心"则"虚"，不具控制力（出自《孙子兵法》）；《老子》的智慧有一种伟大胸怀；《易》更追求一种坚忍而不苦闷的情操。中国人的社会化是一个先学"阳"后学"阴"的过程。"阳"塑造"公我"（儒家道德理想），"阴"在私下场合满足"私我"的利益与情感。

"差序格局"的内在基础是"心"，以诠释学方法解读"心"，促进理解自我建构和社会建构。中国思想中的"自我主义"是形成"差序格局"的文化因素。网球裁判工作的践行有助于转化中国传统思想，对网球裁判事业的努力有助于促进现代工具理性的形成，此两方面的配合有助于确立现代自我观，这与中国人现代化正道相吻合。本书正是给予读者正道之思，存有深刻理想，只要有所启迪，就颇感欣慰了。

三、国际网球联合会的技术官员职责

(一)适用范围

本章节应用于所有经国际网球联合会(International Tennis Federation, ITF)批准或认可的赛事。此应用范围不应影响国际网球联合会批准或认可的赛事颁布和制定其特定规程的权利,只要这些规定与本章节中的原则和条款保持一致性。

(二)赛事监督/裁判长

国际网球联合会赛事监督/裁判长的职责及责任。在某些情况下,该职位由一名经批准的官员担任。在其他情况下,一名(当地)裁判长在裁判组长的协助下处理所有赛前计划并承担所有职责和责任,而 ITF 赛事监督到达赛场后将负责所有现场事务。戴维斯杯、联合会杯等团队赛事中的裁判长兼任 ITF 赛事监督。

ITF 赛事监督/裁判长拥有以下权利:

(1)作为赛事现场的最终权威,解释适用的比赛规程和条例、行为准则、网球规则,以及处理在比赛现场需要立即解决的所有问题。

(2)赛前举办必要的裁判员培训课程和会议,使其熟悉所有适用的规则和程序。

(3)委任一名裁判组长,并确保其职责和责任得到适当履行。

(4)批准所有主裁和司线员的工作安排。

(5)他可以撤换主裁和/或轮换和替换司线员,当他认为有必要这么做来提高比赛的执法水平。

(6)评估所有主裁的工作表现。

(7)确保每个球场、网、网柱和单打支柱符合网球规则中的规格,每个球场须配备:

① 主裁椅

● 主裁椅高至少为 6 英尺(约为 1.83 米),最多为 8 英尺(约为 2.44 米)。

● 主裁椅的中心位置应位于距网柱约 3 英尺(约为 0.91 米)的球网沿延伸处。

● 如果要使用麦克风,它必须有一个"开关",且必须易于调节,不能手持。主裁椅或其附近(端线间)不得有公共广播麦克风。

● 户外比赛应该备有遮阳设备。

② 司线椅

● 发球线和底线的司线椅应位于各自线的延长线上的侧围挡处。它们不得在球场表面垫高放置，且位置距离球场边线不少于 12 英尺（约为 3.66 米）的距离。

● 除另有要求，发球中线裁判和边线裁判的座位应位于球场后方的角落。

● 当有太阳光的因素影响时，司线员的椅子应放置在司线员不面向太阳的位置。

● 当不受太阳影响时，司线员的椅子应放置在与主裁判相对一侧的场地上。

③ 司网裁判椅

确保当擦网感应设备在使用时，它被正确地放置在球网上。

④ 球员椅

运动员的座椅应位于主裁判座椅两侧。

⑤ 球场服务

每场比赛都应为运动员提供充足的饮水、其他饮料、杯子、毛巾和锯末等。

⑥ 测量设备

应备有测量杆、卷尺或其他测量装置，以测量球网的高度和单打支柱的位置。

⑦ 手持设备 PDA（Personal Digital Assistant，掌上电脑）或记分纸、秒表

每场比赛的主裁判应提供手持设备 PDA 或国际网球联合会记分纸和秒表。

（8）确保后围栏、横幅和后墙没有涂上白色、黄色或其他任何会干扰运动员视觉的浅色。

（9）在比赛开始前，确定并通知参赛者比赛情况，即球的规格、球的数量/换球规则、场地类型、盘数、平局决胜制/长盘制、平局决胜局以及其他相关信息。

（10）在运动员区域的显眼位置指定一个官方公告板，并通知所有运动员其名称和位置。每日赛程一经发布，将立即张贴在官方公告板上。所有球员都有责任从国际网球联合会赛事监督/裁判长处确定他们每天的比赛日程。

（11）在一个固定位置放置一个明显的时钟作为比赛的官方时钟，并通知所有球员它的名称和位置。不能使用腕表、手表或怀表，除非另有说明。

（12）抽签前从赛事监督/组委会外获得外卡，与监督/组委会以及球员代表确定：

① 最终参赛名单。

② 用于种子选手的排名列表。

③ 其他与抽签相关的信息。

(13) 进行预选赛和正选赛的抽签。若抽签结果必须重制,应立即通知国际网联裁委会,并说明原因。

(14) 在 ITF 赛事监督/裁判长办公室张贴所有签到文件(包括资格赛、正赛签表,替补和幸运失败者),并在官方公告板上发布相应的通知。

(15) 准备每天的赛程,确定每个场地连续进行的比赛安排,不得延误,或在适当的情况下,将比赛安排好,并明确标注为"不早于"某一时间。赛程一经发布,就不应再更改。

① 赛事开始前:在安排第一天的比赛之前与前一周的赛事监督/裁判长取得联系,以确定仍在参赛中的球员可能在多大程度上难以到达比赛地。在可能的情况下,在不影响赛事安排的公平性和比赛完成的前提下,ITF 赛事监督/裁判长应尽可能安排比赛,以便有合理困难的球员能得到合理的安排。

② 资格赛:除非获 ITF 批准,单打资格赛必须于正赛开始的前一天结束。除天气或不可避免的情况导致赛程中断外,赛程安排应尽量避免选手在同一天参加两场以上的单打资格赛。若在一天内必须进行超过一轮的资格赛,则比赛顺序应按照签区进行。

③ 正选赛:除非天气或其他不可避免的情况造成比赛中断,否则球员每天不得安排多于一场的单打和双打比赛。除非 ITF 赛事监督/裁判长另行指示,否则球员在任何特定日期的单打比赛都应安排在他/她的双打比赛之前。

(16) 比赛开始前,确保所有土场或其他疏松面层的场地被清扫干净。

(17) 决定每个场地是否适合比赛。

(18) 根据比赛顺序,使用所有可用的和合理的方法,指定一个特定的分区进行比赛。当比赛开始时,球员必须做好准备。如遇特殊情况,ITF 赛事监督/裁判长应决定何时暂停比赛或何时确认推迟比赛。

(19) 如果球员在比赛开始前因天气原因无法进行训练,决定是否延长热身时间(通常为 8 分钟或 10 分钟)。

(20) 决定是否将比赛移到另一个场地。如果天气或其他不可避免的情况导致比赛中断或暂停,如有必要应避免一名球员在一天进行两场比赛,或者为了按时完赛,将一场比赛移到另一个室内或室外球场进行,不考虑场地材质。在其他所有情况下,比赛在正式开始(即第一分的第一发球已被击中)后不得换场进行,除非得到双方选手的同意。若确实需要换场,应在盘末或在一盘比赛中比赛局数为偶数后更换。

(21)决定何时因天气、光线不足或其他原因而推迟比赛。如果由于光线太暗而推迟比赛,则应在一盘比赛结束时或在一盘比赛进行至偶数局之后。

(22)在有条件的比赛中,负责调查球员违反行为准则的行为,处以罚款并确保在任何可能的情况下,向现场违规的所有球员发送一份相关的行为准则表。

(23)在比赛进行期间,必须时刻在赛场。

(24)ITF赛事监督/裁判长在同一赛事中不得兼任主裁判。

(25)参加戴维斯杯、联合会杯和国际网球职业巡回赛的所有国际网球联合会赛事监督/裁判长必须使用测量设备测量场地,拥有一台能够现场运行ITF软件的电脑,并有一个可靠的个人电子邮件账户。

(26)参加ITF职业巡回赛的所有ITF赛事监督/裁判长必须充分熟悉实时记分手持设备及其正确使用方法。

(三)裁判组长

裁判组长的职责如下:

(1)为赛事招募足够数量的合格裁判员。

(2)对裁判员进行必要的赛前培训,包括研读网球规则、相关比赛规则和条例、行为准则以及裁判员的职责和程序。

(3)准备一份本赛事所有技术官员的名单,其中应包括比赛期间参与的所有技术官员的邮寄地址和国际网球联合会/国家认证(如果有的话)。该名单的副本须提交给ITF赛事监督/裁判长,另如有需要,送交国际网球联合会。

(4)在获得ITF赛事监督/裁判长批准的情况下,负责安排每天参与比赛的裁判员的场上任务。

(5)组织包括所有临场裁判员会议,明确各场地的工作安排以及使用呼报、手势、轮换和其他职责程序。

(6)评估所有球场上裁判员的表现。

(7)比赛过程中要时刻在场。

(8)除非在恶劣天气或其他不可避免的情况下获得ITF赛事监督/裁判长的

批准,否则裁判组长不得在同一赛事中兼任主裁判或司线员。

(9) 协助 ITF 赛事监督/裁判长履行其职责。

(10) ITF 职业巡回赛的所有裁判组长必须完全熟悉实时记分手持设备并会正确使用。

(四) 主裁判

主裁判的职责如下:

(1) 完全熟悉网球规则、相应的赛事规则和规程、行为准则的所有内容。按照国际网球联合会的工作程序履行职责。

(2) 按 ITF 赛事监督/裁判长的要求,与其他主裁判着装统一。

(3) 确认选手名字的正确发音。

(4) 在球员之前到达球场。

(5) 确定每位选手的着装是否符合行为准则的着装规定。更换和修正时间超过 15 分钟可能会导致取消比赛资格。如果需要的话可有适当的重新热身时间。

(6) 准备一个秒表,对热身、分与分之间的 25 秒、换边休息的 90 秒以及盘间休息时允许的 120 秒进行计时……它还应用于所有规则或规程条例中其他所有指定的时间段。

(7) 负责为比赛准备适当数量的网球,包括旧的备用球。装有新网球的罐子应在比赛/换球前打开。

(8) 判定比赛期间出现的所有事实问题(包括在无司线员的情况下判线)。

(9) 确保所有临场球员和技术官员都遵守比赛规则。

(10) 可以撤换、轮换或更换任何司线员,只要这将改善比赛的执法水平。

(11) 对比赛中出现的所有规则问题做第一裁决,球员有权向 ITF 监督/裁判长提出申诉。

(12) 根据国际网球联合会的工作程序,在每分结束后宣报分数。

(13) 只有当司线员呼报声音微弱或必须确认,以消除球员心中的任何疑问时,才重复司线员的呼报。

(14) 根据国际网球联合会批准的程序,在比赛期间标记国际网球联合会记分纸(如图 3.2 所示)。ITF 职业巡回赛的所有主裁判必须完全熟悉现场记分设备,并确保正确使用。

SET No. 3

Tie-break	Server Side	G A M E	Format	Doubles receivers	Time started	Games	Ball change
			☑ Tie-break ☐ Adv. set ☐ Match TB	+ cu	10:35	Z L	
	Z	1	A · D C			1	
	L	2	C			2	
	Z	3	T			3	
	L	4	· C D			4	
	Z	5	T T T · D			1	
	L	6					

TIME VIOLATIONS

Team / Player(s)	STEP	W	P	P	P
ZHANG SAN	Set	3			
	Games	2 -0	-	-	-
Remarks	Points	30　15			
	Plr / 25,90s	✓			
LI SI	Set				
	Games	-	-	-	-
Remarks	Points				
	Plr / 25,90s				

CODE VIOLATIONS (POINT PENALTY SCHEDULE)

Team/Player(s) ZHANG SAN

Step	Set	Game	Pts	Plr	Code	Description
WARNING			-			
POINT			-			
GAME			-			
GAME			-			
GAME			-			
DEFAULT			-			

Team/Player(s) LI SI

Step	Set	Game	Pts	Plr	Code	Description
WARNING	3	1-0	0 - 0		RA	After losing the game, he broke his raket into pieces.
POINT	3	1-0	0 - 30		BA	Deliberately hit a ball out of the stadium
GAME	3	3-0	0 - 15		UnC	Spat in the direction of a line umpire after a footfault call
GAME			-			
GAME			-			
DEFAULT			-			

ABBREVIATIONS (CODE OF CONDUCT)

Del	Unreasonable delay	BA	Ball abuse	PhA	Physical abuse
AOb	Audible obscenity	RA	Racket abuse	CC	Coaching, coaches
VOb	Visible obscenity	VA	Verbal abuse	BE	Best efforts
				UnC	Unsportsmanlike conduct

图 3.2　国际网球联合会记分纸

国际网球联合会记分纸或国际网球联合会手持记分设备：

① 国际网球联合会记分纸

主裁判应按照以下规定在国际网球联合会记分纸上记录：

● 赛前。与球员进行赛前会议前，填写国际网球联合会记分纸上要求的信息，如球员姓名、比赛名称、赛制、轮次、换球等。

● 挑边。扔抛硬币后，记下谁赢了以及运动员的选择。

● 时间/中断。记录每盘比赛开始和结束的时间，以及比赛中所有中断的时间和原因。

● 发球方。注意每名球员的首字母缩写，按发球顺序排列，在"发球方"一栏中对应他们在球场上的正确站边位置。

● 换球。在国际网球联合会记分纸的右侧提前标记换球。

● 得分。应在国际网球联合会记分纸的方格内以斜线标示分数，或以下列方式标示分数："A"——发球 ACE；"D"——双误。此外，还有一个"."，应在发球员方格底部线的中间，表示第一次发球失误。

● 局数。"局数"一栏仅列出上一局比赛获胜者赢得的比赛总局数。

● 违反行为准则和时间准则。当球员违反行为准则或违反时间准则时，应在记分纸上该选手的方格内标记上"C"或"T"。当给予罚分或罚局时，得分或参赛的球员将被标记为"×"。因违反准则被判第一次发球失误时，应以"."标记。因违反准则被判第二次发球失误用"×"表示。违反时间准则以及行为准则的也应在各自的区域中标明。

● 描述。应描述所有违反行为的事实，包括但不限于准确引用任何被认为是不雅或辱骂的描述。

● 抽筋。当一名球员为了能够接受治疗而放弃比分时，应为获得这些分数的球员标上"×"。

② 国际网球联合会手持记分设备

主裁判应按照以下规定将所有数据输入其手持记分设备：

● 赛前。在与球员的赛前会议之前，确认所有与比赛相关的数据都准确地输入到手持记分设备中。比赛数据包括球员姓名、赛制、换球等。

● 挑边。在抛硬币后，输入谁赢得了选择权和运动员的选择。

● 时间/中断/暂停。及时准确输入任何与比赛相关的信息,如上厕所/换衣服的时间、10 分钟休息时间、暂停比赛和因雨延误等。

● 比分。比分应在宣报前及时准确输入。

● 违反时间准则和行为准则。当球员出现违反行为准则或时间准则的情况时,应及时将违规情况输入手持记分设备。此外,应就违规的所有事实做出完整的书面描述,包括但不限于准确引用任何被认为是不雅或辱骂的描述。有关操作指引可于国际网球联合会门户网站下载,并会在 ITF 职业巡回赛现场提供。

(15) 只有在司线员有明显错误,并且错误发生后立即做出改判的情况下,主裁判才能更正司线员裁决。所有的改判都必须按照国际网球联合会批准的程序进行(有关事实问题的程序)。司线员没有呼报的明显脚误,应由主裁判按照处理明显误判的程序进行处理。

(16) 负责所有球印检查。除土场外,不得进行球印检查(另见球印检查程序)。

(17) 尽最大努力控制观众。当观众对比赛进程造成干扰时,主裁判应向观众致意并请求其配合。

(18) 在比赛过程中负责指导球童的方向,让他们协助,但不干扰到球员。

(19) 负责所有球的更换和确定球是否适合用于比赛。确保比赛中球的数量是正确的。丢失的球应尽快更换。如需换球,应在热身或换球后的两局(第三局第一分开始前)内换一个新球作为更换球;否则必须提供类似磨损的旧球。每次换球前,应打开适当数量的装球容器并充分检查,以避免比赛延误。

(20) 确定球场是否继续适合比赛。如主裁判认为比赛期间情况发生变化,导致场地不适合继续进行比赛,或因天气及其他情况需要暂停比赛,主裁判应暂停比赛,并向国际网球联合会赛事监督/裁判长报告。在暂停期间以及在比赛被推迟之前,主裁判必须确保自己和球场上所有其他技术官员准备好恢复比赛。如果停赛是由于光线太暗,那么停赛应该是在一盘比赛结束或者在一盘比赛的偶数局之后。在国际网球联合会赛事监督/裁判长暂停或延期比赛时,主裁判应记录时间、局数和盘数、比分、发球方、每名球员所在的场地,并收集比赛的所有用球。

(21) 在比赛结束后,向 ITF 监督/裁判长全面报告在比赛期间违反行为准则的所有行动。

主裁判的责任：主裁判负责"let"（重赛）、"foul shot"（违规击球）、"touch"（触碰）、"not up"（两跳）和"hindrance"（干扰）的判罚。如果主裁判被要求在无司线员的比赛中执裁，那么主裁判必须负责做出所有的判罚。

（五）司线员

1. 司线员的职责

（1）按照 ITF 批准的程序履行其职责。有关更多详细信息，请参阅 ITF 司线裁判指南。

（2）按照 ITF 赛事监督/裁判长的规定，与其他司线员统一着装。司线员不得穿白色、黄色或其他可能干扰球员视线的浅色服装。

（3）准时到达相应比赛任务地点。

（4）选择最佳位置观察其负责的线。

（5）只呼报自己负责的线所有的球，不对其他线的情况发表意见。

（6）当分配到底线、边线或中心线时，呼报脚误。

（7）无法做出判罚时，及时发出未看见的手势。

（8）立即更正错误的呼报。

（9）在球落地之前，永远不要呼报"出界/失误"。

（10）如果主裁判改判了司线员的呼报，则要保持沉默，将所有的球员询问转交给主裁判。

（11）如果目睹了主裁判未见证的违规行为，请立即向主裁判报告。

（12）陪同球员上厕所或换装，以确保球员不会把休息时间用于达成任何其他目的。如有违规行为发生，司线员应告知选手违反了规则，并向主裁判报告。

（13）不得为球员捡球或递毛巾。

（14）不与观众交谈。

（15）永远不要为球员鼓掌。

（16）未经主裁判允许，不得离开球场。

2. 司线员的分工

（1）底线、边线、发球中线和发球线司线员负责其相应界线的"out"（出界）和"fault"（失误）的判罚。

（2）司网负责"net"（擦网）和"through"（穿网）的判罚，并辅助测量球网和换球。

（3）底线、边线和发球中线司线员负责其相应界线"foot fault"（脚误）的判罚。

满线时的执法：如果主裁判有全部10名司线员，那么各自的分工/职责应如上所述。司线员不允许看穿球网进行判罚。边线和发球中线的司线员应当站立执裁。

一组有7名司线员时其职责分工如图3.3所示：

（1）边线和发球中线由4名站立的司线员负责。

（2）所有的边线的判罚都只能在球网同侧。

（3）发球应当从接球方一侧场地进行判罚，发球结束进入正常比赛后发球中线司线员移动到无人执裁的边线上。

（4）一分球进行中司线员位置需要移动。

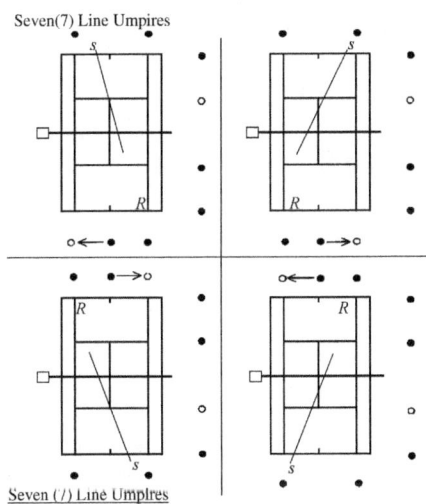

图3.3　7名司线员位置图　　　图3.4　6名司线员位置图

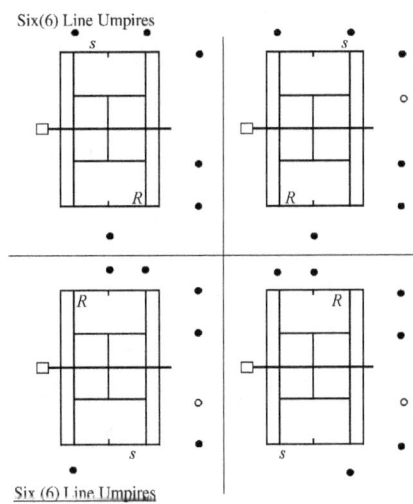

一组有6名司线员时职责分工如图3.4所示：

（1）边线和发球中线由3名站立的司线负责。

（2）发球边线由发球员一方的司线员负责穿网看线，发球中线由接发球员一方的司线员负责。

（3）一分球进行中司线员的位置不移动。

一组有 5 名司线员时职责分工如图 3.5 所示：

（1）边线和发球中线由 2 名站立的司线员负责。

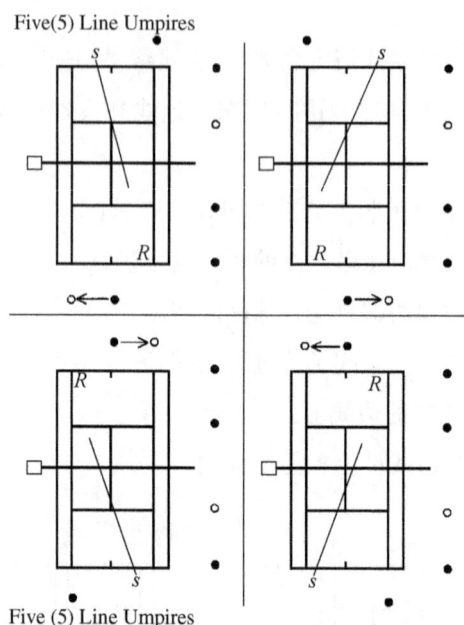

图 3.5　5 名司线员位置图

（2）分工与 6 司线员相同，但发球结束进入正常比赛后发球中线司线员移动到无人执裁的边线上。

（3）一分球进行中司线员位置需要移动。

一组少于 5 名司线员时职责如下所述：

（1）主裁判应尽可能安排司线员发挥最佳优势。

（2）主裁判负责所有界线的呼报。

（六）电子回放系统（鹰眼）技术官员

电子回放系统（鹰眼）技术官员职责：

（1）全面熟悉网球规则的各个方面，特别是电子回放程序、相应的比赛规则和规定以及裁判的职责和程序。他/她的职责必须按照国际网球联合会的程序执行。

（2）按 ITF 赛事监督/裁判长的指示，与其他鹰眼技术官员穿着统一的服装。

（3）在被分配参加的当天或第一场比赛开始前至少30分钟，以及随后比赛开始前10分钟到达鹰眼设备平台。

（4）检查与主裁判、ITF赛事监督/裁判长、屏幕操作员和电视台的可用沟通设施。

（5）与VR操作员为适当的赛事确认系统设置，例如单打或双打正在使用的记分系统等。

（6）在热身期间，至少查看一遍鹰眼设备系统上或屏幕上播放的测试。

（7）在比赛开始前，与系统和虚拟现实操作员确认所有系统已完全运行。

（8）负责识别每个潜在的球点球印。

（9）确定主裁判请求的球落点可以进行审查。

（10）管理播放或将其发布到屏幕上的过程。

（11）负责回放系统的状态。

（12）如果系统出现故障，应立即通知主裁判和ITF赛事监督/裁判长，并在系统恢复工作并经过测试后立即通知他们。

（13）当鹰眼技术官员无法回放球时，原呼报将有效。

（14）如果屏幕上显示的落球点与屏幕上显示的文字图形不符，通知裁判长正确的挑战结果。如果可能的话，在屏幕上显示更正后的文字图像。

（15）若鹰眼官员的监控器工作正常，但所有可用的场内屏幕出现故障，应立即通知主裁判。

（16）记录每名球员/队伍成功及失败的挑战次数，并随时向主裁判、ITF赛事监督/裁判长或屏幕操作员确认剩余挑战失败次数。

（17）作为每个球员/队伍未成功挑战数量的最终权威。当球员/队伍无挑战数量时，应与主裁判核实。

（18）在每盘比赛和平局决胜前，确保将挑战数设置为3次。

（七）裁判员行为准则

ATP（Association of Tennis Professionals，职业网球联合会）、大满贯赛事委员会、ITF和WTA（Women's Tennis Association，国际女子网球协会）作为联合认证组织的成员，对在ATP、大满贯、ITF和WTA赛事中工作的所有认证裁判员（绿牌、白牌、铜牌、银牌和金牌）和其他所有裁判员提出了职业标准。

（1）必要标准

① 裁判员必须具备良好的身体状况。

② 裁判员的裸眼或矫正视力必须达到 20/20，听力正常。此外，国际级主裁判必须每年向 ITF 提交一份视力检查表，其他认证裁判员必须每三年向 ITF 提交一份视力检查表。

③ 裁判员必须准时到达他们被分配的比赛现场。

④ 裁判员必须理解掌握网球规则、裁判员职责和程序，以及所有 ATP、ITF、WTA 和大满贯赛事的规程及他们所执法的赛事的行为准则。

⑤ 裁判员应该保持良好的个人卫生并始终保持良好的职业形象。

⑥ 裁判员不得在他们执法当天，或者在进行比赛的赛场上，或者穿着制服饮用任何含酒精的饮料。作为一项指导性原则，裁判员在执裁前 12 小时内不应饮用含酒精的饮料。

⑦ 裁判员必须始终对所有运动员保持绝对的公正性。特别是：

● 裁判员不得执法任何被认为与其有任何利益关系的运动员的比赛。

● 裁判员必须向其所属的技术官员管理部门通告任何可能存在的与运动员的利害关系。相关技术官员管理部门需要报告给国际网联的裁判员联合认证组织，联合认证组织将裁定是否存在确实的利害关系。［注］利害关系包括，但不仅限于如下内容：现役球员的朋友、亲属、团队成员、国家队教练、国家队队长、赛事主办/承办方或者是在网球赛事中有商业关系的相关人员等。

⑧ 裁判员不得当着除当值裁判员本人、赛事监督/裁判长或 ATP、大满贯赛事委员会、ITF 和 WTA 组织中主管裁判工作的人员之外的任何人，批评或者试图解释其他裁判员的呼报或判决。

⑨ 裁判员应当在所有司法管辖区内遵守适用的法律法规。为消除疑虑，且不限制前述规定，当一名裁判员在任何司法管辖区内被定罪或认罪或对犯罪指控不反抗或不提出申诉时，即认为其违反了本规定。

⑩ 裁判员受制于且必须遵守一致性网球反腐计划中的所有条款，裁判员有责任熟悉该计划中的所有规定，包括向网球诚信部门汇报任何潜在的腐败行为。

⑪ 除了在比赛中常规控制观众的过程之外，裁判员不应与观众交谈。

⑫ 未经赛事监督/裁判长同意，裁判员不得接受其关于网球执裁的言论可能

被刊出或播报的媒体采访或与记者会面。

⑬ 裁判员不应进行不公正、不职业、犯罪或不道德的行为,包括试图伤害或非故意地干扰其他裁判员、运动员、赛事工作人员和公众。所有裁判员必须用行动为其他裁判员树立良好的榜样。

⑭ 裁判员不应滥用其权威或控制地位,且不应损害其他裁判员、运动员或赛事工作人员的心理、生理或情绪健康。

⑮ 裁判员不应对其他裁判员、运动员或赛事工作人员进行性骚扰。

⑯ 裁判员所有与赛事相关的要求必须向赛事监督/裁判长或裁判组长提出而不能直接向赛事主管或工作人员提出。

⑰ 裁判员应当坚守自己的岗位,直到赛事监督/裁判长宣布其结束工作。如果一名裁判员接受了一个比赛任务,他/她不应退出比赛而去执法同期进行的另一项比赛,除非得到ATP、大满贯赛事委员会、ITF或WTA裁判员负责人的许可(如适用)。

(2)违规与制裁

① 所有裁判员都有持续的义务向联合认证组织揭发他们意识到的关于自己或其他裁判员的任何实际的、可疑的或宣称的违反裁判员行为准则的行为。

② 如果宣称的违规行为发生在某赛事的现场,应当在经过现场赛事监督/裁判长的初步调查后向相关组织的裁判员负责人报告。现场赛事监督/裁判长有权做出关于该裁判员能否参与该赛事的决定,包括在一项赛事中暂时取消某裁判员的权力。

③ 对于在其他时间发生的违规行为,应当向ITF裁判委员会进行书面报告。

④ 当收到所谓的关于裁判员违反行为准则的报告时,相关的裁判员负责人应当及时对事件进行审查,并做出是否对宣称的违规行为的全部事实进行深入调查的决定。如决定进行调查,相关的裁判员负责人将通知纪律检查组,然后书面通知与被调查违规行为相关的裁判员,并被给予至少10天时间提供其认为与本调查相关的信息或证据。在调查进行期间,所有裁判员负责人都有权暂时取消该裁判员的执裁资格。相关的裁判员负责人将尽其最大努力在合理的时间内结束调查。

⑤ 调查结束后,应当由纪律检查组判决是否有充足的证据认定违反裁判员

行为准则的情况确有发生。

⑥ 当确定一个违规情况发生后,纪律检查组应决定对该裁判员做出何种合理的制裁。在确定合理的制裁方式时,纪律检查组可以考虑所有相关的因素,包括但不仅限于:

● 违规情况的严重性。

● 网球比赛的声誉和诚信。纪律检查组对可用的制裁的范围有绝对的自由裁量权,包括但不仅限于谴责和对未来的行为提出警告;取消执裁资格或在一定时期内取消执裁资格。纪律检查组应当及时对调查结果和施加于裁判员的任何执裁方式做出书面通知。

⑦ 如果违反了赛事举办当地的司法管理条例以及被指控违反当地法律,纪律检查组基于本裁判员行为准则条款所给出的裁定将是不可申诉的。

⑧ 任何由于违反裁判员行为准则而受到制裁的裁判员,上述条款中声明的情况除外,都可以在接收到纪律检查组的决议之日起的 14 天内对该决议提出书面申诉,并声明申诉的具体原因。该申诉应当提交至申诉组,该组织由 4 人组成,分别代表 ATP、大满贯赛事委员会、ITF 和 WTA(当事人为国际裁判员时);或由 2 人组成,代表 ITF 裁判委员会(当事人为绿牌和/或白牌裁判时),该组织成员在每个日历年的年初指定,将不能参与纪律检查组的调查或决定。申诉组将在接到申诉之日的 21 天内指定为申诉举行听证会的时间和地点,听证会可以当面进行,或通过电话会议或视频会议进行。届时当事裁判员将有机会向申诉组书面呈上其观点。申诉组将在听证会后 21 天内公布其决议。申诉组做出的决议将是最终决定。

⑨ 如果纪律检查组和/或申诉组认为有必要,可以就其依据裁判员行为准则做出的任何决定与相关国家的网球协会成员进行合理的沟通。

第二节　网球技术官员工作程序中的"行动"

西方知识观的径路是"理论—行动—理论",其本质是"理性—经验—理性",是理性循证创造,是"模型"的演绎,把行动问题(愿望问题)看成伦理问题,而不是理论的认识论,从理性和思维主体上探寻人类的本质。东方知识观的径路是"行动—理论—行动",其本质是"经验—理性—经验",是行动循证创造,认为人的行动特征与生俱来,与世界共生,而非认识世界。人类在漫长的进化过程中,符合环境(自然、社会、人文环境)的行为就具理性,反之就是非理性,显然理性就可以理解为自然选择的副产品。思维和言论是"行"的过程。身行即践行。人在"行"中成长,"行"塑造了人本身。真正的践行,必定有目的、有程式、有方法,并有"反之人心而安"的自觉,行者无疆,以达自由。人类周而复始、继而不辍的"行"意义不分动静,人身有动静之分,但生命永藏"行"的意蕴。

一、适用范围

本条例适用于国际网球联合会认可或承认的所有赛事。在符合裁判操作程序和规定的前提下,此适用性不影响国际网球联合会批准或认可的赛事颁布和执行其自己的特殊规定的权力。凡团体比赛,均以国家名称执行本办法。

二、网球规则问题

网球规则问题是指与网球竞赛规则、赛事规则与规程以及行为准则的具体事实的解释和适用有关的问题。在比赛中,主裁判应首先对网球规则问题做出裁决。如果主裁判无法确定,或球员对主裁的决定提出申诉,则应由国际网联赛事监督/裁判长做出决定。此决定为最终决定,不可申诉。

运动员有权根据以下程序对网球规则的任何规定提出申诉:当选手认为主裁判就网球规则问题做出的裁决不正确时,可以通过正确程序且礼貌的方式告知主裁判他/她将提出申诉。随后,主裁判应中断比赛,关闭主裁判区域内所有麦克风,并立即请 ITF 赛事监督/裁判长到场。ITF 赛事监督/裁判长到场后,主裁判应陈述事件的全部事实,ITF 赛事监督/裁判长应根据事实做出判断。然后主裁判应陈述他/她对适用的网球规则的裁决,运动员应陈述他/她对该裁决的立场。ITF 赛事监督/裁判长应与球员和主裁判一起简要回顾适用规则,然后维持或撤销裁决。其后,当 ITF 赛事监督/裁判长宣布"开始比赛",双方选手必须继续进行比赛。应尽一切努力尽快处理球员的申诉,并在宣布"开始比赛"后,25 秒计时将开始。

三、电子回放系统使用程序

使用电子回放系统的网球赛事应遵循以下程序：

（1）只有在一分球的最后一击时或运动员/队主动停止进行中的比赛（可以允许回球，但之后运动员必须立即停止比赛）时，才能允许运动员要求查看司线员的呼报或者主裁判的改判的电子回放。

（2）当对司线员的呼报或改判有疑问时，主裁判应当决定使用电子回放系统。然而，如果主裁判确信运动员提出不合理的要求或者没有及时提出要求，他可以拒绝使用电子回放系统。

（3）在双打比赛中，鹰眼挑战的运动员/队必须以停止比赛或主裁判终止比赛的这种方式提出鹰眼挑战。如果运动员/队向主裁判提出了鹰眼挑战，主裁判首先必须决定是否符合正确的鹰眼挑战程序。如果鹰眼挑战程序不正确或鹰眼挑战的时间已晚，那么主裁判可以判定对方运动员/队受到故意干扰，在这种情况下鹰眼挑战的运动员/队将失分。

（4）如果电子回放系统由于任何原因不能对司线员的呼报或改判做出判定，原先的呼报或改判将保持不变。

（5）主裁判的最终判决将是电子回放的结果，且这是不可申诉的。如果手动控制的电子回放系统被要求回放某个特定的球印，应由裁判长任命的官员决定将回放哪一个球印。

（6）每名运动员/队每盘允许3次挑战失败的机会，在平局决胜局中再加1次。在长盘决胜制的比赛中，运动员/队在6∶6时以及之后的每12局将重新获得最多3次挑战失败的机会。当比赛采用平盘决胜局决胜时，这个平盘决胜局将被视为一盘，每名运动员/队将用有3次挑战失败的机会。运动员/队挑战成功的次数不受限制。

四、检查球印的程序

（1）检查球印只适用于红土场地。

（2）只有在一分球的最后一击，或者运动员在比赛中主动停止击球（回击后立即停止），主裁从裁判椅的角度对球的落点不能作出判定时，才能在运动员的要求下检查球印。

（3）当主裁判决定检查球印时，应当从主裁椅走下亲自检查。若不知道球印的位置，可以要求司线员帮助确定，但必须由主裁判亲自检查。

（4）当司线员和主裁判都不能确定球印的位置或球印已不清晰时，则应维持之前的呼报或改判后的结果。

（5）主裁判确定球印位置后作出的裁决为最终裁决，且不能申诉。

（6）在红土场地进行比赛时，除非主裁判十分确定，否则不应过快呼报比分。如有疑问，应当先决定是否需要检查球印然后再报分。

（7）在双打比赛中，运动员必须在主动停止击球或主裁判呼报停止击球时才能提出申诉。如果运动员向主裁判提出申诉，主裁判首先必须确定是否符合正确的申诉程序。如果不符合申诉程序或申诉时间已晚，那么主裁判可以判定对方运动队受到故意干扰。

（8）如果在主裁判作出最终裁决之前运动员擦掉了球印，那就意味着他已认可该分的呼报。

（9）运动员不可以越过球网去检查球印，否则将按照行为准则中的"违反体育道德"予以处罚。

五、赛事/比赛开始

当首场比赛的第一个发球被发出，该赛事正式开始。当本场比赛第一个发球被发出，该场比赛正式开始。

六、球员休息、医疗和上洗手间间歇

（一）赛事之间

如果 ITF 赛事监督/裁判长从一个球员那里收到通知，是关于他/她在比赛前一周经 ITF 批准或认可的赛事的最后一场比赛的日期和时间，然后 ITF 赛事监督/裁判长应当尽可能在该场比赛和球员下一赛事的第一场比赛之前安排至少一天的休息。除非天气或其他不可避免的原因导致赛程被打乱，或者该运动员参加了在周一或延期举行的决赛。

(二)预选赛和正选赛之间

除特殊情况外,选手须在其最后一场预选赛结束后至少 12 小时后方可参加单打正选的第一轮比赛。如选手在一天内打了两场单打预选赛,翌日不应安排其进行个人单打正选赛的首场比赛,除非该选手作为幸运失败者而被选入正选赛。

(三)两场比赛间

除非天气或其他不可避免的情况导致赛程被打乱,应当安排球员最多每天一场单打比赛和一场双打比赛,且应当安排球员在前一天或上一轮最后一场比赛至少 12 小时之后。如需在同一天安排超过一场比赛,除单打和双打决赛连续进行外,应给予运动员表 3.1 所示最低休息时间。

表 3.1 同一天安排超过一场比赛运动员最低休息时间

● 如果比赛时间少于 1 小时	0.5 小时的休息时间
● 如果比赛时间在 1~1.5 小时之间	1 小时的休息时间
● 如果超过 1.5 小时时间	1.5 小时的休息时间

(四)医疗

(1)医疗状况

医疗状况是指在热身或比赛期间需要由运动理疗师/医生进行医学评估和/或治疗的疾病或骨骼肌损伤(依据 ITF《网球锦标赛推荐保健标准指南》的定义)。

① 可治疗的医疗状况

● 急性医疗:在热身或比赛中突然发生的疾病或骨骼肌损伤,需要立即就医。

● 非急性医疗:在热身或比赛中逐渐加重或发展的身体疾病或骨骼肌损伤,需要在换边期间或盘间休息时进行医疗护理。

② 不可治疗的医疗状况

● 在规定时间内,不能妥善治疗,或者经医疗处理仍不能改善的病症。

● 在热身或比赛中,任何未出现加重或恶化的医疗状况(包括症状)。

● 运动员的一般性疲劳。

● 任何需要注射或静脉注射的疾病,但糖尿病除外,且事先已取得医学证明,可进行胰岛素皮下注射。

● 任何需要氧气的医疗状况,除非事先得到 ITF 的医疗批准。除本规定允许的情况外,任何时候都不允许使用辅助氧气。

（2）医疗评估/诊断

在热身或比赛中,运动员可通过主裁判要求运动理疗师/医生在下一个换边或盘间休息时对其进行评估/诊断。只有在球员出现紧急病情需要立即停止比赛的情况下,他/她才可以通过主裁判要求运动理疗师/医生立即对其进行评估/诊断。

医疗评估/诊断的目的是确定球员是否患有可治疗的疾病,如果是,应确定何时需要治疗。这种评估/诊断应该在合理的时间内进行,一方面要保障运动员的安全,另一方面又要保持比赛的连续性。在运动理疗师的酌情决定下,可以与赛会医生一起进行评估/诊断,该评估/诊断也可以在场外进行。如果运动理疗师/医生确定球员有不可治疗的医疗状况,那么球员将被告知不允许进行治疗。

（3）医疗暂停

当运动理疗师/医生对运动员进行评估/诊断,并确定需要额外的医疗时间时,ITF 赛事监赛/裁判长或主裁判允许进行医疗暂停。医疗暂停在换边或盘间休息期间进行,除非运动理疗师/医生确定球员出现了需要立即治疗的急性医疗状况。

当运动理疗师/医生准备开始治疗时,医疗暂停就开始了。根据运动理疗师/医生的酌情决定,医疗暂停期间的治疗可在场外进行,并可与赛会医生一起进行。医疗暂停限时 3 分钟。然而,在奖金为 25 000 美元或以下的职业赛事中,ITF 赛事监督/裁判长可在必要时延长治疗时间。

球员每一种不同的可治疗的医疗状况允许一次医疗暂停。所有与中暑相关的症状被认为是一种可治疗的医疗状况。所有表现为连续运动链一部分的、可治疗的骨骼肌损伤应被视为一种可治疗的医疗状况。球员不能因为肌肉抽筋而得到医疗暂停,运动员只能在指定的换边和/或盘间休息时间内接受肌肉抽筋治疗。

如果对运动员是否患有急性疾病、非急性疾病（包括肌肉痉挛）或不可治疗的疾病有疑问,运动理疗师/医生和赛会医生（如果适当的话）将做出最终决定。如果运动理疗师/医生认为球员出现了因炎热引起的病症,或肌肉痉挛是由炎热引起的临床症状之一,那么发生肌肉痉挛只能被视为与炎热相关的病症的一部分接受规定的治疗。

运动员如因严重身体不适而停止比赛,但经运动理疗师和/或赛事医生判定为肌肉抽筋,主裁判须命令其立即恢复比赛;经运动理疗师/医生和/或赛事医生诊断,如运动员因严重肌肉抽筋而不能继续比赛,他/她可放弃若干分或若干局以获得换边或盘间休息,并在允许的时间内得到医学诊断和治疗。在一场比赛中,可以获得不一定是连续的两次完整的换边或盘间休息的机会,从而对肌肉抽筋进行治疗;如果主裁判或 ITF 赛事监督/裁判长认定涉及利用规则有意违规,则可以违反行为准则体育道德进行判别。

在特殊情况下,如运动理疗师/医生确定球员出现至少两种明显的急性和可治疗的医疗状况,ITF 赛事监督/裁判长或主裁判可允许球员获得最多两个连续的医疗暂停。这可能包括:一个身体疾病和一个骨骼肌损伤;两种或两种以上的急性和明显的骨骼肌损伤。在这种情况下,运动理疗师/医生将在一次诊断期间对两种或两种以上可治疗的医疗状况进行医疗诊断,然后确定是否需要连续两次医疗暂停。

(4) 医学治疗

球员可以在任何换边或盘间休息时,从运动理疗师/医生和/或赛会医生那里获得现场治疗和/或医疗用品。作为一个指导方针,这种医疗暂停前后利用换边或盘间休息对可治疗的医疗状况进行的治疗不能超过 2 次,且不必是连续的。球员不可因不可治的医疗状况而接受治疗。

(5) 处罚

在医疗暂停或医疗结束后,延误恢复比赛的,按违反行为准则、延误比赛处罚。任何球员如滥用本医疗规则,将根据违反体育道德的行为准则对其进行处罚。

(6) 出血

如果比赛期间运动员出血,主裁判必须尽快停止比赛,并立即呼叫运动理疗师/医生到场上进行评估和治疗。运动理疗师/医生可与赛会医生(如果合适的话)一起评估出血的原因,并在必要时请求医疗暂停进行治疗。

如运动理疗师/医生和/或赛事医生要求,ITF 赛事监督/裁判长或主裁判可给予总计 5 分钟时间用来确保出血得到控制。

如果血溅到球场或其附近区域,血溅处得到适当清理后才能继续比赛。

(7) 呕吐

如果球员呕吐,当呕吐物落到球场上,或者球员要求医疗评估时,主裁判必须停止比赛。如果球员要求医疗评估,那么运动理疗师/医生必须确定球员是否有可治疗的医疗状况。如果有,应判断此状况是急性还是非急性。

如果呕吐物溅到球场上,在呕吐物被适当清理后才能继续比赛。

(8) 无法继续参赛

如果出现了球员不能继续比赛或严重身体健康风险的情况或者顾虑,那么技术官员、组委会、工作人员应派理疗师以及医生来帮助该球员。

若在比赛中出现问题,主裁判应立即请运动理疗师/医生和/或赛会医生协助球员。

赛会医生负责确保球员得到最好的医疗照顾、他/她的健康不受威胁、他/她的健康状况不会对其他球员或公众构成风险。赛会医生和球员之间的所有讨论都是在医患关系的背景下进行的,因此是保密的,无球员的同意,不能泄露给第三方。但是,如果赛会医生认为球员的身体状况导致其不能安全参加比赛,则球员必须允许赛会医生将其决定告知 ITF 赛事监督/裁判长(只透露球员同意的医疗信息)。在收到赛会医生的报告后,ITF 赛事监督/裁判长将决定是否让该名球员退出正在进行的比赛或让该名球员退出即将进行的比赛(视情况而定)。裁判长在采取此行动前应具有很大的酌情权,并应基于职业网球的最大利益做出决定,并考虑所有医学意见和建议,以及任何其他相关信息。

如果球员的身体状况得到充分改善可以回到比赛中,赛会医生可以相应地通知 ITF 赛事监督/裁判长。在 ITF 赛事监督/裁判长的决定下,该运动员可在该日或随后的一天参加同一赛事的另一项比赛(例如双打)。

得到普遍认可的是,当由赛事自身无法控制的行政管理机构将国家性法律或政府的或其他约束规则施加给赛事时,赛会医生应该更多地参与所有关于诊断和治疗等方面的决定。

(9) 主裁判和运动理疗师/医生的医疗暂停程序如表 3.2 所示。

表 3.2　主裁判和运动理疗师/医生的医疗暂停程序

非交换场地或非盘间休息时	
运动理疗师/医生	主裁判
	主裁判开始计时
	主裁判宣报"已通知运动理疗师/医生到场"
运动理疗师/医生到场	
运动理疗师/医生到场开始诊断	
运动理疗师/医生告诉主裁判"医疗暂停开始"	主裁判将计时器归零并宣报 "＿＿＿＿＿先生/女士现在接受医疗暂停"
	主裁判通报"还有 2 分钟"*
	主裁判通报"还有 1 分钟"*
	主裁判通报"还有 30 秒"*
运动理疗师/医生离开球场	主裁判通报"治疗完毕"* 并宣报"时间到"#
	如果运动员在 30 秒后仍不能开始比赛,则宣报违反行为准则,延误比赛

交换场地或盘间休息时	
运动理疗师/医生	主裁判
	主裁判启动 90 秒/120 秒计时
运动理疗师/医生开始诊断	
在 60 秒/90 秒结束前,运动理疗师/医生告知主裁判"医疗暂停开始"	主裁判宣报 "＿＿＿＿＿先生/女士现在接受医疗暂停"
	60 秒/90 秒后,主裁判将计时器归零
	主裁判通报"还有 2 分钟"*
	主裁判通报"还有 1 分钟"*
	主裁判通报"还有 30 秒"*
运动理疗师/医生离开球场	主裁判通报"治疗完毕"* 并宣报"时间到"#
	如果运动员在 30 秒后仍不能开始比赛,则宣报违反行为准则,延误比赛

（续表）

交换场地或盘间休息过后	
运动理疗师/医生	主裁判
	主裁判启动 90 秒/120 秒计时
运动理疗师/医生到场	
运动理疗师/医生开始评估	
	55 秒/85 秒时,主裁判问运动理疗师/医生:"将要到 60 秒/90 秒了。你还在诊断吗?"
运动理疗师/医生告知主裁判"不是,只能在交换场地/盘间休息治疗" 或 运动理疗师/医生告知主裁判"我还在评估中"	主裁判宣报"时间到" 或 主裁判继续等候
运动理疗师/医生告知主裁判"医疗暂停开始"	主裁判将计时器归零后宣报"_____先生/女士现在接受医疗暂停"
	主裁判通报"还有 2 分钟"*
	主裁判通报"还有 1 分钟"*
	主裁判通报"还有 30 秒"*
运动理疗师/医生离开球场	主裁判通报"治疗完毕"* 并宣报"时间到"#
	如果运动员在 30 秒后仍不能开始比赛,则宣报违反行为准则,延误比赛

注:主裁判仅就加波浪线的字体向公众宣报。所有其他的交流应该直接与球员和运动理疗师/医生进行。

* 如运动理疗师/医生在 3 分钟内完成治疗并离场,主裁判宣报"治疗完毕""时间到"。

在宣报"治疗完毕"(如果需要的话)后,应给运动员适当的时间穿上衣物,再宣报"时间到"。

在请运动理疗师/医生进场后,ITF 赛事监督/裁判长也应被请进场,并应当与运动理疗师/医生和主裁判进行适当的交流。

(五) 洗手间/更换服装间歇

可以允许球员离开球场一段合理的时间,如上厕所、换装或两者兼有,但不允许作他用。

上厕所的时间应该在盘间休息时间,换衣服的时间必须在盘间休息时间。

在单打比赛中,选手在三盘两胜的比赛中有 1 次合理时间上洗手间的机会,在五盘三胜的比赛中有 2 次合理时间上洗手间的机会。

在所有双打比赛中,每队总共有 2 次合理时间上洗手间的机会。如果搭档一起离开球场,这将被视为球队的一次授权休息。

任何时候球员离开球场去上厕所,无论对手是否离开球场,都被认为是使用了合理时间上洗手间的机会。任何在热身开始后上厕所的时间都被认为是授权休息的时间之一。

如果选手没有在规定时间内准备好比赛,将会被允许进行额外的休息,但这将导致其违反比赛规则,延误比赛。在任何情况下,必须使用最近的指定洗手间。

球员需要在上场时准备好需要的服装。

球员除了利用合理时间上洗手间的机会之外,还是可以被允许上洗手间,但如果造成了在规则允许的时间内没有准备好比赛,将导致其违反行为准则延误比赛。

任何球员如滥用这一规则,将根据违反体育道德的行为准则对其进行处罚。

七、暂停和推迟

主裁判或 ITF 赛事监督/裁判长可因天黑、场地状况或天气原因等推迟或暂停比赛。这必须立即报告给 ITF 赛事监督/裁判长。一旦比赛被暂停,直到 ITF 赛事监督/裁判长推迟比赛,球员、主裁判和所有场上工作人员必须做好恢复比赛的准备。ITF 赛事监督/裁判长必须做出所有有关比赛推迟的决定。

如果推迟是由天黑造成的,那么应该是在一盘比赛结束时,或者在一盘比赛已经进行到偶数局之后。

暂停/推迟比赛时,主裁判应记录时间、比分、局分和盘分、发球方名称、每名球员所在的场地站边,并收集比赛中使用的所有球。

在比赛中断、暂停或延期的情况下,重新热身的时间如下:

- 中断 0～15 分钟——无重新热身时间。
- 中断 15～30 分钟——3 分钟重新热身时间。
- 中断大于 30 分钟——4 分钟或 5 分钟重新热身时间。

八、干扰

(一) 裁判干扰

(1) 如果一个"出界"的呼报被更正为"好球",那么该分应该重赛,除非主裁判认为这是一个明显的 ACE 或制胜球,对手不可能接到。如果该球存在任何合理的、能被接到的可能性,那么在有疑虑时必须做出对运动员有利的判罚。

(2) 如果判罚由"好球"改为"出界",该分结束,不存在干扰。

(3) 如果发球员在击到球之前被呼报脚误,该分需重赛。

(二) 场外干扰

如果运动员在比赛中或其发球动作中受到不被其控制的任何事物的干扰(球滚入场地、纸被风吹入球场等),该分应该重赛。

观众的噪音和其他类似分散注意力的情况不被认定为干扰,该分有效。

(三) 运动员干扰对手

如果运动员干扰了对手,可以被判为无意干扰或故意干扰:

(1) 如果运动员无意中造成干扰(球从口袋掉出、帽子掉落等),第一次应该重赛,并且告知该运动员此后发生任何同类事件将被判为故意干扰。

(2) 运动员故意造成的干扰将导致其失分。

九、连续/拖延比赛

除了 90 秒的交换场地或 120 秒的盘间休息以外,从一分比赛结束到下一分球被发出最多可以有 25 秒的时间。执行此规则的程序如下:

(一) 25 秒规则

(1) 从运动员被告知开始比赛或一分结束时开表计时。

(2) 如果在 25 秒内没有击出下一分球,则判罚违反时间准则或违反行为准则。25 秒到时前不需要提醒。

(二) 交换场地(90 秒)和盘间休息(120 秒)

(1) 从上一分结束时开表计时。

(2) 60 秒/90 秒后宣报"时间到"。

(3) 如果 75 秒/105 秒后球员仍坐在椅子上或仍未开始走向其比赛位置,通报"15 秒"。

(4) 若无其他干扰因素阻碍运动员发球,在所允许的 90 秒/120 秒内没有击出下一分球,则判罚违反时间准则或违反行为准则(医疗暂停或治疗后)。

(三) 接发球员未能按照发球员的合理的发球节奏

(1) 从运动员被告知开始比赛或一分结束时开表计时。

(2) 如果接发球员的行为延误了发球员的合理节奏,判罚违反时间准则(同样适用于 25 秒结束前)。

(3) 如果接发球员一贯地或明显地延误发球员的发球节奏,判罚违反行为准则,适用"违背体育道德"条款。

十、临场运动员不正当行为

在比赛中主裁判负有执行行为准则的主要责任,应当对每个违反行为准则的行为予以处罚。当运动员违反行为准则时,主裁判应立即做出判罚。赛后主裁判仍需继续执行行为准则,将事实报告给 ITF 赛事监督/裁判长。

十一、主裁判未察觉的违规行为

有时候只有司线员看到了运动员的违规行为。

司线员应该立即向主裁判报告违规行为的事实情况,报告时主裁判应该关上裁判椅区域内的麦克风。

主裁判可以要求运动员对该报告做出解释,然后主裁判必须做出决定,要么不理会这个报告,要么判罚违反行为准则。如果判罚违反行为准则,主裁判必须向该运动员、对方运动员和观众宣报这一判罚。

如果主裁判认为存在违反行为准则的情况,但由于发现的时机或当时不适合做出判罚,他/她必须告之该运动员,他/她将在赛后向 ITF 赛事监督/裁判长报告这一事件。

十二、立即取消比赛资格

ITF 赛事监督/裁判长可以对任何违反行为准则的运动员做出取消其比赛资格的决定。

不经过罚分程序而立即取消比赛资格是一个重大的决定,只在非常严重且公然违例的情况下才能使用。

第三节　事实问题和必要的解释

事实问题被定义为在具体事件中实际发生的问题。比赛中出现的事实问题应由该场比赛的裁判裁决，该决定对球员和 ITF 赛事监督/裁判长均具有约束力。

球员可要求主裁判对某一次呼报的判罚或其他临场裁判员事实情况发生的某一分决定性判罚进行核实和确认。除非主裁判认为有必要延长时间，否则所有的请求、确认事实和恢复比赛都必须在每分之间允许的 25 秒内完成。如果延时，主裁以"Let's play"（继续比赛）宣报延时结束。

（1）运动员申诉。球员不得就"事实问题"向 ITF 赛事监督/裁判长提出申诉。

（2）改判。只有当司线员明显错判，主裁判才能改判司线员的判罚，并且改判必须在错误发生后立即做出。

① 明显的错误：很难更精确地定义一个明确的错误。在实际执裁中，主裁判必须能够在毫无疑问的情况下确认该判罚错误时才能进行改判。按照惯例，主裁判不应该对非常近线的球的判罚进行改判。当司线员判定球为"好球"时，主裁判必须能够看到球和线之间有明显的空隙。要改判司线员的"出界"或"失误"判罚，主裁判必须看到球落在线内或线上。未由司线员判罚的脚误应由主裁判按照处理明显错误的程序进行判罚。

② 及时（立即）：网球规则规定，在司线员犯明显错误之后，主裁判必须立即改判。裁判员不得因球员的抗议或申诉而做出改判；司线员不得因球员的抗议或申诉而改变判罚。

（3）球印检验程序

① 只有在土地球场上才可以检查球印。

② 只有当主裁判在其主裁椅上对一分球的最后一击的呼报不能做出决定时，或一名运动员/队在可以回击球但必须立即停止比赛的情况下主动停止了比赛时，运动员/队提出检查球印的要求才能被允许。

③ 当主裁判决定检查球印时,他/她应当从主裁判椅上下来亲自检查。若其不知道球印的位置,可以要求司线员帮助确定球印的位置,但必须由主裁判亲自检查。

④ 当司线员和主裁判都不能确定球印的位置,球印已看不清楚时,则应维持原先的呼报或已改判后的结果。

⑤ 一旦主裁判确定了球印位置并做出了裁决后,这个裁决将是不能被申诉的。

⑥ 在红土网球比赛中,主裁判不应太快呼报比分,除非判罚完全确定。如果有疑问,应在判分前等待,以确定是否有必要进行球印检查。

⑦ 在双打比赛中,申诉的运动员/队必须以停止比赛或主裁判终止比赛的这种方式提出申诉。如果运动员/队向主裁判提出申诉,主裁判首先必须决定是否符合正确的申诉程序。如果申诉程序不正确或申诉的时间已晚,那么主裁判可以判定对方运动员/队受到故意干扰。

⑧ 如果球员在主裁判做出最后裁决前故意抹去球印,那就意味着他/她已认可主裁判的呼报。

⑨ 球员不得越过球网去检查球印,否则将按照运动员行为准则中"违背体育道德"予以处罚。

必要的解释包括:

(1)用断弦的球拍比赛

在职业网球赛中,运动员不可以用断弦的球拍开始一分的比赛。如果在比赛过程中拍弦断了,运动员必须继续打完这一分。如果接发球的运动员回击一个擦网的一发时拍弦断了,他/她必须马上更换球拍。如果接发球的运动员回击一个出界的一发时拍弦断了,他/她可以选择马上更换球拍。这样发球员可以重新进行一发;或者选择用断弦的球拍打完这一分;或者双打搭档迅速更换了球拍,这样发球员就只能继续第二发球。

(2)管状支架/球网下的摄影机

如果运动员碰到管状支架/球网下的摄影机,则将它们视为球网的一部分。如果球碰到管状支架/球网下的摄影机,则将它们视为地面的一部分。赛事开始前,赛事监督/裁判长要决定其他安装在球网上的设备是不是要按照球网的一部分进行判罚。

（3）更换湿鞋袜

如果运动员在交换场地的开始时提出更换湿鞋袜，在新鞋袜已经准备好的情况下，他/她可以被允许有合理的额外的时间进行更换。在一场比赛中这种情况只可以允许 1 次，除非发生"装备失调"的情况（例如，湿鞋袜导致场地无法进行比赛），这时主裁判有权就当时情况对每个请求做出裁决。

（4）主裁判未看到的事实问题

主裁判必须对他/她负主要责任的判决（两跳、触及和没有司线员时的擦网/穿网）做出即时判断。如果主裁判没有看见这些违反规则的行为，那么该情况就被视为没有发生，且原比分必须有效。

（5）隐形眼镜和眼镜

如果运动员在开始比赛时佩戴了隐形眼镜或眼镜，它们将被视为比赛的必要装备。如果隐形眼镜或眼镜失调（例如，隐形眼镜脏了或眼镜破了），可以给予运动员合理的时间进行调整。但是，不能给予运动员合理的时间将眼镜换成隐形眼镜，反之亦然（当其使用的装备没有失调时）。

（6）电子设备

运动员不可以在比赛过程中使用任何电子设备（例如，CD 播放器、手机等），除非经过 ITF 赛事监督/裁判长的批准。

第四节　语言与网球裁判语言

一、了解语言

自然（广义）语言是指"词语以及把它们组合起来以表达思想"（《牛津英语词典》），它经由人类认知活动创造而产生，亦是认知活动的工具。语言结构（知识层面）是人类认知的结果，以名称和语句为单位；语言功能（效用层面）是人类认知的反映，以"言语行为"和"话语"为单位。人的语言能力正是与认知相关，才会在一定程度上影响人的创造能力。

（一）语言与哲思"行"的过程

把哲思与语言理论比作"生活世界"天秤的两端，通过对生活世界的理解，创造的智慧就在两端上下翘动（侧重）中若隐若现。哲思砝码（思的储备）在于"不可言说"，语言砝码（知识表达）在于"有限"（框架和边界）理论的自由表述。"思"与"言"互为表里，层层加码时创造的智慧就在这个"思涵"与"言化"的生活世界中绽放光芒。

语词的"含义"居于"语言世界"，而不居于"思想世界"，而塞尔（J. R. Searle）所谓"意向内容"居于"思想世界"，而并不居于"语言世界"，两者之间是表达与被表达的关系，这种"表达"正是某些言语行动的宗旨之所在。创造的智慧在"行"中显现，"思"与"言"都是"行"的过程。

（二）从"语义学"理解语言词语

人类语言无法与对象自然建立联结，语言只有通过心智与所言事物建立联系，意识（创造）在思与行动中徘徊，然后产生的意向内容成为维系语言与对象的纽带，心智指称（意指）成立，即在心智上获得关于对象的信息，成为拥有各种信息的"意向对象"，以此有别于对象本身。语言表达式的含义和指称都是相对于某个语言共同体而言的。一种语言的词语与其说反映了这个世界的现实，还不如说更多反映了操这种语言的人们的兴趣。

词汇意义无法与关于词语所指的一般知识截然分开，应将其视为提供了进入确定多个观念和概念系统的通道，该词语以一种灵活的、开放的和依赖语境的方式引发了这些观念和概念系统。语义知识来源于经验知识，是经验知识的浓缩，是被语言共同体认可的语言用法。

（三）从"语用学"理解语言创造

语言本质上具有社会属性。在人际关系层面，语言是为了人类更好地交流和协作（公共交流）；在人与世界的关系层面，语言用来表征事物（思维表达）。前者功能重要程度高于后者。如果社会消亡，相应语言也会逐渐消失。

正是由于人的自然和社会属性制约了对象信息的获得条件和表达方式，在兼顾了语言共同体与个人语言下，语言符号（能指）被创造得不尽相同，这使得通过语言指称"意向对象"的表达（所指）出现了不一致，即理解和把握对象和意义（语用意义）出现偏差，让各抒己见和表达方式的创造性成为可能，发明创造由此层出不穷。

(四) 理解"语言学转向"

黑格尔(G. W. F. Hegel)的绝对观念,对人类、自然、社会的发展进行了"终极"解释,人类认识世界似乎走到了尽头,导致了哲学中的"语言学转向"。人之所思、思之表达、反思三者间会出现有关于句子表达、语义结构和语义反思等语言学的问题,使得语言学研究备受关注,为人类认识世界开辟了新天地。但克里普克(Saul A. Kripke)认为语义学误解会引起形而上学误解(使谬误到有成效),其语义学的严格指示词理论作用是消极的,可以为反本质主义论证做贡献,但却不能推进支持本质主义的论证。虽然戴维森(Donald Davidson)在新语义学上做出了开创性的努力,但诸多哲学家却将其转型成为道德哲学。20 世纪 70 年代分析或后分析哲学家的重心逐渐转向"心灵哲学"。范式理论则提醒我们,在检验关于非语言问题之论证的可靠性时,分析哲学家经常借鉴语义学和语用学的成果。

二、裁判员的呼报

主裁判应以英语和/或当地语言呼报比赛。在所有团体比赛中,都应使用国家或队伍的名称。

(一) 热身

- 距热身结束还有 3 分钟时呼报:"3 分钟。"
- 距热身结束还有 2 分钟时呼报:"2 分钟。"
- 距热身结束还有 1 分钟时呼报:"1 分钟。"
- 距热身结束还有 30 秒时呼报:"30 秒。"
- 热身时间结束,示意传球到发球方一侧场地时呼报:"热身结束,准备比赛。"
- 发球方准备发球前呼报:"×××发球,比赛开始。"

比赛开始规则生效时的热身:

- "3 分钟。"——热身结束前的 3 分钟呼报。
- "2 分钟。"——热身结束前的 2 分钟呼报。
- "1 分钟。"——热身结束前的 1 分钟呼报。
- "30 秒。"——热身结束前的 30 秒呼报。
- "热身结束。"——热身结束,将球传至发球者的场地时呼报。
- "×××发球,开始。"——在发球者准备发球之前呼报。

（二）开场白和运动员介绍

（1）如果由主裁判进行开场白和运动员介绍，那么在热身阶段 2 分钟后，要宣报：

- "这是一场_____网球比赛第_____轮单打/双打。比赛将以三盘二胜/五盘三胜/一盘无占先平局决胜制进行。裁判椅左边是来自_____（地区/单位）的_____（运动员姓名），裁判椅右边是来自_____（地区/单位）的_____（运动员姓名）。_____（运动员姓名）获得挑边权，选择_____（挑边选择）。"

- "这是一场_____网球比赛第_____轮双打比赛。比赛前两盘采用无占先平局决胜制，在盘数一比一时，决胜盘将采用抢 10 分的平盘决胜来决定比赛的胜负。"

（2）如果由其他现场主持人或播音员进行开场白和运动员介绍，那么在热身期间宣报：

- "_____（运动员姓名）获得挑边权，选择_____（挑边选择）。"

（三）维持观众秩序

对观众应该用礼貌和尊重的言语（用当地语言效果更好），内容如下：

- "请保持安静，谢谢。"
- "请坐下，谢谢。"
- "请尽快就座。"
- "出于对双方球员的尊重……"
- "请不要用闪光灯拍照。"

……

（四）比分呼报

（1）除了平局决胜局外，始终把发球方的比分宣报在前。以下是比分的呼报：

- "0 比 15、15 比 0、0 比 30、30 比 0、40 比 0、0 比 40、15 比 15、15 比 30、30 比 15、15 比 40、40 比 15、30 比 30、30 比 40、40 比 30。"

- 当双方比分为平分时（如 40 比 40）宣报如下："决胜分，接发球方选择。"（无占先赛制）

（2）在一局结束时，按照如下范例进行宣报：

● "第 1 盘第 1 局完，×××（运动员姓氏）领先。"

● "第 1 盘第 6 局完，局数 4 比 2，×××（运动员姓氏）领先。"

（3）除非有其他程序要求，否则应在 1 分结束时大声而清楚地呼报分数。呼报应在记分纸上记分之前迅速进行，除非延迟报分会有更好的效果。

（4）在一局或一盘比赛结束或开始时，应按照以下例子呼报比赛的比分：

● "第 1 盘第 6 局完，局数 3 比 3。"

● "第 3 盘完，×××（运动员姓名）获胜，局数 7 比 5，×××（运动员姓名）领先，盘数 2 比 1。"

如果有一个观众可以看到的记分板，那么就可以不需要呼报盘分。

每局结束时，先呼报局数领先一方运动员的局数的局数：

● "第 5 局完，局数 3 比 2，×××（运动员姓名）领先。"

每盘开始时，主裁呼报：

● "第二盘，×××（运动员姓氏）发球。"

（5）当一盘打到了平局决胜局时，宣报："第 12 局完，局数 6 比 6，平局决胜。"

（6）本场比赛获胜者的局数宣报在前。发球方的得分总是先被呼报，除非是在抢七时。

在平盘决胜局比赛开始前呼报：

● "女士们、先生们，现在将进行 10 分的平盘决胜局比赛。"

平局决胜比赛中，呼报顺序是先比分（领先者的得分报在前），然后是领先者的姓氏：

● "1 比 0，×××（运动员姓氏）。"

● "1 比 1。"

● "2 比 1，×××（运动员姓氏）。"

在平局决胜中零分英文使用"Zero"而不是"Love"。在抢七局结束时，呼报：

● "第×盘完，局数 7 比 6，×××（运动员姓氏）获胜。"

（7）比赛结束时，宣报获胜者：

● "全场比赛结束，×××（运动员姓名）获胜，盘数 3 比 2，6-4，1-6，7-6，4-6，6-2。"

● "全场比赛结束,×××(运动员姓名)获胜,局数 6 比 4。"

(五) 行为准则

(1) 违反了行为准则中"开始比赛规则"(start of match rule 1-5-1 或 1-4-1 时间要求)的宣报规范如下:

● "×××(运动员姓氏)违反开始比赛规则。"

(2) 违反各项行为准则的宣报按照罚分表的递进顺序处罚的宣报如下:

● "×××(运动员姓氏)违反行为准则,延误比赛,警告。"

● "×××(运动员姓氏)违反行为准则,摔球拍,罚分。"

● "×××(运动员姓氏)违反行为准则,言语攻击,罚局。"

临场比赛行为准则规范中文呼报对照:

● delay of game:延误比赛。

● audible obscenity (aob):污言秽语。

● visible obscenity (vob):污辱手势。

● verbal abuse (va):言语攻击。

● physical abuse (pha):肢体侵犯。

● abuse of balls (ba):乱击球。

● abuse of racquets or equipment (ra):摔球拍或装备。

● coaching:接受指导。

● coaches (cc):教练违规。

● unsportsmanlike conduct (unc):违背体育道德。

● best efforts (be):消极比赛。

● leaving the court (lc):擅自离场。

● failure to complete match or tournament (fcm):未能完赛。

(3) 当主裁判要求赛事监督/裁判长到场决定某次违反行为准则的行为是否导致取消比赛资格时,应该告知运动员,必要时对观众宣报:

● "(我)已请求赛事监督/裁判长到场,对本次违反行为准则的行为进行处理。"

如果监督/裁判长决定取消运动员比赛资格,参照如下规范宣报:

● "×××(运动员姓名)违反行为准则,肢体侵犯,取消比赛资格。"

（4）违反时间准则的宣报参照如下规范：

第一次违反时间准则："×××（运动员姓名）违反时间准则，警告。"

第二次及其之后违反时间准则：

● 处罚发球方："×××（运动员姓名）违反时间准则，失去发球机会，第二发球/呼报新比分。"

● 处罚接发球方："×××（运动员姓名）违反时间准则，罚分，呼报新比分。"

罚分或罚局后，宣报新比分。

（六）医疗暂停

（1）当主裁判决定呼叫运动理疗师到场，应宣报：

● "已通知运动理疗师到场。"

（2）当3分钟的伤病治疗暂停被批准，主裁判应宣报：

● "×××（运动员姓名）现在接受伤病治疗。"

（3）为了让其对手和运动理疗师掌握医疗暂停的剩余时间，主裁判与他们的沟通规范为：

● "还有2分钟。"

● "还有1分钟。"

● "还有30秒。"

● "治疗时间到。"

（4）当伤病治疗时间结束，应该给运动员必需的时间来穿戴好服装，之后宣报：

● "时间到。"

如果宣报"时间到"30秒后运动员仍未能投入比赛，要按照违反行为准则罚分表进行处罚。如果医疗暂停是在交换场地局间或盘间休息时，那么暂停时间需加上局间或盘间休息时间。

（5）如果运动员决定放弃比分/局分来接受抽筋治疗，主裁判要宣报：

● "×××（运动员姓名）请求立即接受抽筋治疗。他/她只可以在局间或盘间的休息时间内接受此项治疗，因此，他/她将放弃（全部）分数和（或）局数直到下一次的局间或盘间休息。"

（6）如果运动员由于伤病不能继续比赛，主裁判要宣报：

● "女士们、先生们,×××(受伤运动员姓名)由于伤病原因退出本场比赛。×××(获胜运动员)获胜,比分5比4。"

(七) 电子回放系统(鹰眼)

(1) 当主裁判准予运动员合规的鹰眼挑战要求时,那么要宣报:

● "×××(运动员姓名)挑战×××线(某条特定的线)的判罚,此球呼报为出界/界内。"

(2)挑战结果:

● 挑战成功:重赛或宣报比分(宣报第一发球)。

● 挑战失败:宣报比分。

(3) 根据时机,宣报此次挑战后运动员剩余的挑战次数(次数有减少时):

● "×××(运动员姓名)还有_____(次数)次挑战机会。"

(4) 如果回放系统出现不能工作或电子屏幕不能播放,在告知运动员后要向观众宣报:

● "由于挑战系统无法回放此球,维持原先出界/界内判罚。"

● "由于大屏幕故障无法播放,但是挑战系统有效记录了此球的结果,确认此球为界内/出界。"

(八) 临场裁判员的呼报

临场裁判员应当洪亮且清楚地做出如下呼报:

(1) "Fault"(发球失误,只作为发球出界时的呼报),"Fault"二发出界时,不能呼报"Double Fault"(双误)或"Double"。

(2) "Out"(出界),回球落在正确的场地以外的地面或者其他物体上,以及永久固定物时的呼报。

(3) "穿网",球从球网中穿过时的呼报。

(4) "脚误",如果运动员违反网球规则,也就是发球脚误的规则时的呼报。

(5) "重赛",当主裁判认为根据规则要重赛这一分时的呼报;"擦网,一发/二发",当主裁判认为根据规则这次发球因擦网要重发时的呼报。

(6) "两跳",运动员在球落地两次之前未能将球击回时的呼报。

(7) "违规击球",如运动员故意击球两次,或者在球过网前击球,或者抛拍击球时的呼报。

（8）"触网""触球""触地"，运动员在活球期触网、在活球期碰到运动员或者其穿戴、在活球期运动员或者其穿戴携带的物品触及对手的场区时的呼报。

（9）"干扰"，如果运动员故意或无意地干扰对手击球的行为时的呼报。

（10）"请稍等"，如有情况需延迟一分的开始或二发时的呼报。

（11）改判一个明显错误的"出界"时的呼报：

● "更正，好球，重赛。"

（12）改判一个制胜分的明显错误的"出界"时的呼报：

● "更正，好球，新比分。"

（13）改判一个明显错误的好球判罚和手势时的呼报：

● "出界。"

注："out""fault"等为广泛使用和理解的英文呼报，因此在职业、非职业、非专业赛事比赛中仍可继续使用。

三、比赛中建议主裁判回复的短语

以下内容只是主裁判在比赛期间针对可能发生的各种事件回答球员的建议方式。有些是严肃的语气，有些则是轻松或有趣的缓和用语，以便球员知道主裁判希望其停止某些举动，但同时主裁判需要其配合，而不是斥责球员。

主裁判显然不能在球场上随身携带所有这些文本，可以了解其中的一些（不可能全部了解）并对它们的意涵充满信心。这样当球员向主裁判提出问题时，主裁判就有了应对方案，即考虑何时以及为何使用不同的短语，这将有助于应对自如。它还有助于主裁判决定何时使用哪一条。

（一）球员申诉近线球判罚呼报（有或没有司线裁判员）

1. 从我这里看不到有空隙。

2. 从我这里看不到缝隙。

3. 从我这里看是好球。

4. 从我这个角度看上去是好球。

5. 我不能确定它出界了。

6. 从这个角度，我不能确定它出界了。

7. 球很近线。

8. 球很近线,如果我看到一个明显的错判,我会改判的。

9. 球很近线,如果我看到一个明显的错判,我会改判的,但我不能肯定那是个错判。

10. 球很近线,你知道我只有在看到明显错判时才能改判,我确定是错判了才能改判。

11. 球很近线,你知道我不可能去改判。

12. 是的,球很接线,所以你知道我接受司线的判罚。

13. 当球如此近线,我只能接受司线的判罚。

14. 是的,这就是它的落点,但从我这里看起来是好球。

15. 当它落地时,它看上去是好球。

16. 那很接近了,我必须接受司线裁判的判罚。

17. 如果你很难从那里看到空隙,我怎么能从这里看到它呢?(球员站在球印上方看)

18. 我的裁决和这个呼报一致。

19. 我和司线裁判判罚一致。

20. 发球线裁判处于看球的最佳位置,所以我同意他的判罚。

21. 我的工作不仅仅是在近线时候才改判。(当球员告诉你改判是你的工作时)

22. 我的工作不仅仅是改判如此近线的球。(当球员告诉你改判是你的工作时)

23. 是的,我确定是好球。(当球员问你是否看到球时)

24. 是的,我确定,我看得很清楚。(当球员问你是否看到球时)

25. 是的,球太接线了,我无法判罚,所以我接受了司线的判罚。(当球员问你是否看到球时)

26. 那就是球的落点(指向它),在我看来那是个好球。

27. 你知道我只能改判明显的错判,但这太近线了。

28. 我改判了这个球,我看到了一些空隙。

29. 我改判了那个球,我看到了一点空隙。

30. 我改判了那个球,我很清楚地看到了一个缝隙。

31. 我改判了那个球,我看到了一个明显的距离。

32. 我看到了一个清晰的空隙。

33. 我看到了一个明显的距离。

34. 它落在了线上。

35. 我看到它从线上滑过。

36. 它的落点在线前面。

37. 正如我在比赛开始时告诉你的,你要听我的呼报,如果我不喊出界,你就继续比赛。

38. 我的视线被阻挡了,这分必须要重赛。

39. 我的视线被挡住了,这分必须要重赛。我不能把这分判给任何一人。

40. 我被×××遮蔽了视线,我必须判重赛。我不能把这分判给你们任何一方。

41. 我呼报脚误了。(球员问谁呼报脚误了)

(二) 对是否擦网重发球的申诉

1. 我没听到任何声音。

2. 我听到声音了。

3. 如果我没有呼报,比赛就继续进行。

(三) 球员对更正后呼报的申诉

1. 我不确定这个呼报是在他/她回击前还是回击后发生的,所以我必须重赛这一分。

2. 我确定呼报是在你/他回击后发生的,因此此得分不会受到干扰,因此这分不会重赛。

3. 我100%确定呼报是在你/他回击后发生的,因此这分没有受到干扰,比分有效。

(四) 球员对两跳、误击、干扰等违规情况的申诉

1. 我必须看到它才能判罚,我没有看到它发生。

2. 如果我没有看到它发生,我就不能判罚。

3. 我看到它碰到你了。

4. 我看到球碰到你了。

5. 我看到球碰到你的手了。

6. 我认为是弹跳了一次。

7. 我认为是弹跳了一次,这是我的呼报。

8. 我认为是两跳了。

9. 我认为是弹跳了两次,这是我的呼报。

10. 球必须在击球前过网。

11. 我没有看到他们触网。

12. 我看到你碰到了网。

13. 你的脚碰到网了。

14. 你的脚进到网里了。

15. 你的脚伸进了网底,碰到了他们一侧的球场。

16. "Let"(重赛)发生在球上场时,而不是我呼报时——球在他/她/你击球之前进入了球场。

17. 你不能干扰你自己。(当帽子脱落或球从口袋里出来时,发生这种情况的球员是唯一受判干扰的球员)

(五) 为了让比赛继续,你已回答一球员两次之后

1. 我已经回答了你的问题,我不能再补充了,我们现在需要继续比赛。"Let's play"/"请继续比赛"(开表)。

2. 我已经回答了你的问题,我没有什么可以补充的,让我们继续比赛吧。"Let's play"/"请继续比赛"(开表)。

(六) 如果球员对你大喊大叫或者用你自己母语以外的语言和你说话

1. 我会回答你的问题,但你需要先停止大喊大叫。

2. 只要你对我言语适当,我会回答你的问题。

3. 请你说话小声点,我回答你的问题。

4. 我很想帮你,但你需要冷静下来,小声说话,这样我才能明白你在问什么。

5. 我很想帮你,但你需要冷静下来,说慢一点,这样我才能理解你说的意思。

6. 你需要停止大喊大叫,不然这对球场上其他的球员不公平。

7. 如果你要和我说话,你需要用我能听懂或不要用我根本听不懂的语言。

（七）如果球员多次扔球拍或者愤怒地打球但不太恶劣时

1. 你需要管理好你的球拍。

2. 你需要管理好你的球拍，这看起来很不合适。（对于年轻球员）

3. 你需要管理好球拍，这看起来很不专业。

4. 我知道你很沮丧，但现在需要停止扔球拍。

5. 从现在开始，需要尽量让球拍不再掉在球场上。

6. 包/球拍/网做错了什么？（球员用球拍用力击打自己的球包、球拍、球网或其他东西——不是对所有球员都可以这么说）

7. 你需要安静下来。

8. 你需要保持冷静。

9. 你已经扔好几次了，现在我们需要停下来。

10. 你需要停止乱击球。

11. 我知道你很沮丧，但没有必要一直击打球。

12. 你需要停止击打球，你可能会打中其他人。

13. 你需要停止击打球；你差点击中孩子/裁判/你的对手。（如果很危险，优先考虑违反行为准则的判罚）

14. 你需要想想你在做什么，不要那样做了。（如果他们刚刚投掷或击打——年轻球员使用得更多）

15. 你已经打了它们好几次了，你需要停下来。

16. 你可以去拿那个球。（如果他们不去拿它，给他们一个信号）

（八）如果他们大声喊叫（不骂人），或者他们可能在骂人而你不确定

1. 你需要停止大喊大叫，想想球场上其他的球员。

2. 你需要停止大喊大叫，这对其他选手不公平。

3. 不需要对你的糟糕击球进行连续评论，这太多了。

4. 我知道你很沮丧，但你不需要一直大喊大叫。

5. 我不确定你说了什么，但要小心你说的话。

6. 虽然我没有被你的语言冒犯，但其他人可能会被冒犯，所以现在需要停下来。

7. 我知道你很沮丧，但我们不需要听到你骂人的话。

8. 你需要停止骂骂咧咧。

9. 你需要停止大声骂骂咧咧，我听得很清楚！（需要判罚违反行为准则）

10. 请确保我没有听到你小声的脏话。

11. 看你在说什么，你说话要注意了！（引起他们的注意，然后将手指放在嘴上，就像在说"嘘"一样）

12. 记住这里有球童/小孩，他们不需要听到你的脏话。

13. 想想这里有孩子。

14. 我们没有必要听到你的脏话。

（九）疑似和教练有过多的交流

1. 你的教练似乎说的不仅仅是"加油"。

2. 你的教练似乎跟你聊了很多。

3. 你的教练要少说几句了。

4. 你的教练和你交流过多，这看起来不太好。也许你应该告诉他现在不要说话。

5. 你的教练正和你交流，这看起来不太好。如果你告诉他现在停止和你说话对你来说会更好些。

6. 我知道你的教练可能只是想鼓励你，但如果他少和你说些话看起来会更好些。

（如果教练看着你，把你的手指放在嘴唇上说"嘘"。）

（十）球员需遵守时间规定

1. 你已经超时了。

2. 你需要在分与分之间更快些。

3. 我知道这很热，但你需要在分与分之间更快些。

4. 即使你打算用毛巾擦汗，你也需要更快地准备好。

5. 我知道你必须捡球，但你仍然需要更快些。

6. 你不能干扰发球方，作为接发球方，你必须依照发球方合理的时间进行比赛（时间约 10～15 秒）。

7. 你不能背对着发球方，他们准备发球也要等你准备好，但时间要合理。

8. 你现在需要起身了（而不是总是说换边结束还有 15 秒）。

（十一）通常对不良行为的制止

1. 麻烦你不要让我给你违反行为准则的处罚。

2. 这有点过了吧。

3. 你需要镇静下来。

4. 你需要冷静下来。

（球员骂人、扔球拍、乱击球后，只要立即说出其名字，他们就会意识到你在说什么。）

（十二）有风或球员不等球被清理时

1. 在这种有风的情况下，你需要确保球处置得当，不然球一移动，我将暂停比赛。（最好在赛前会议中说）

2. 正如我在赛前对你说的，你需要在发球前把球处置得当。

3. 你具有责任在你发球前处置得当。

4. 在你发球前安置好球是你的责任。

5. 在你发球前，你需要确保球处置得当。

6. 如果你在发球前没有尝试放置好球，我无法帮你。

7. 如果它碍事，你就要移下球。

8. 你有责任在发球前确保球童已就位。

9. 等待球童来捡球是你应该做的。

10. 你必须等待球被捡后才能开始发球。

（十三）你需要让球员等待时

1. 请稍等。（始终指向会发生什么）

2. 请等一下，球童还在捡球。

3. 请等一下，球童还未回位。

4. 请稍等，让球童回位。

5. 请等一下，你拿的球对吗？（指向它）

6. 请稍等，你说得对吗？（指向它）

7. 请等一下，你需要把球从网中取出来。（指向它）

8. 请等一下，你需要把球从网中移除。（指向它）

（十四）如果有服装问题

1. 有一个生产商/赞助商标志太大的问题，你还有另一顶帽子/一件衬衫/一条短裤吗？

2. 有一个生产商/赞助商标志太多的问题，你还有另一顶帽子/一件衬衫/一条短裤吗？

3. 衣服上不能有商业标识，你还有另一顶帽子/一件衬衫/一条短裤吗？

（十五）赛前会议

这些是你在与他们交谈时可能要涉及的主题。你选择需要告诉他们的内容，你告诉他们的越多，你就越能让他们为发生的事情负责。

1. 比赛将是 5 盘 3 胜/3 盘 2 胜平局决胜制，采取每盘是平局决胜和无占先得分。用 4 个球，11/13 局换球。所有线由我一人来呼报。除非异常情况发生，否则当一个球从另一个场地越过双打线的假想延长线时，我会判决该分重赛（如果需要的话，讨论热规则、红土场地或有风等场地情况）。

2. 将有一个司线裁判呼报"通线"，其余的线和网都由我来判罚。

3. 将有两名边线裁判员呼报"通线"，并在接球方身后要移动到位。其余的线和网由我来判罚。

4. 边线和底线均有司线；在接球方后面要移动到位。发球和网我来判罚。

5. 有热规则。

6. 如果你要我检查球印，你要立刻停下比赛，我才能下去检查。口头告诉我，让我知道你想让我检查球印。

7. 由于风很大，你需要在发球前确保球已固定并耐心等待，否则会有来自其他球场的球。

8. 还有什么疑问吗？

（在与他们交谈时，不要忘记看着双方球员/球队的眼睛。清楚地做出指令手势，让观众知道谁赢得了挑边权。在双方球员都做出选择之前不要拿起硬币。当球员离开你时，检查双方球员的背部是否有任何服装问题。）

四、记录常见行为准则的方法建议

在网球比赛中，违反行为准则的事件经常发生。当主裁判编写违反行为准则的文本时,是在尝试描述违反行为准则的所有措辞,以说明主裁判为何判罚球员违反行为准则。裁判长需要知道赛场事件的严重程度,因此主裁判需要完整描述发生的事件。这就是为什么主裁判需要详细说明某物被抛出或被击中的距离,或说话的声音有多大。主裁判通常在记分纸顶部的代码详细信息旁边写上"见下文",因为下半部分有足够的空间来描述完整的违规事件。如果主裁判给出多个违规判罚,主裁判会在顶部编号,并使用这些数字与下面写的内容相对应。

主裁判可以在一张单独的纸上起草判罚的违规事件,然后在把它写在记分纸上之前让其他人检查它。由于主裁判判罚的违规事件副本可能会被发送给ITF,因此应确保清楚地编写了判罚的违规事件,使其看起来像一份专业文档。完成后签名,以便其他人无法再添加任何内容。

(一) 乱击球

1. 丢掉一分/一盘比赛后,X(代指某球员)愤怒地将球打到球场外的路上。

2. 输掉比赛/失分后,X愤怒地将球打到球场外的停车场上。

3. 输掉一局/失分后,X愤怒地将球击出场外。当时X站在底线,球越过了对面的围栏。

4. 输掉一局/失分后,X愤怒地将球击出场外。球从1号球场被打到10号球场。

5. 输掉一局/失分后,X愤怒地将球击出场外。当时X站在底线,球越过了对面的围栏。球从1号球场被打到10号球场,它中断了10号球场的比赛。

6. 输掉一局/失分后,X愤怒地将球击出场外。球飞行了大约100米。

(另一种选择是说球是在球员的沮丧而不是愤怒中被击出的,或者是在沮丧的愤怒中击球。以上选项中,还可以说"球在愤怒中被全力击打"或"球员在愤怒中将球击破"。)

7. 在失去得分/比赛后,X愤怒地将球击出球场。球飞出了大约100米。

8. 丢了分/输掉一局后,X气愤地将球砸出场外。球飞出大约100米。

(二) 乱扔、砸球拍

1. 输掉一局/失分后,X愤怒地用手臂将球拍扔出,它飞出大约 n 米。

2. 输掉这分/一局后,X愤怒地用力砸球拍,球拍脱手后飞到了对方场地,弹起至肩高。

3. 输掉这分/一局后,X愤怒地用力扔出球拍,球拍脱手后进入对面球场,弹了多次,飞出了三四米。

4. 输掉这分/一局后,X愤怒地用力扔出球拍,球拍脱手后飞到对面球场,球拍的框架在撞击时破裂。

5. 输掉这分/一局后,X愤怒地用全力将球拍扔出,球拍脱手后冲进了对面球场,在撞击时变形了。

6. 丢了分/输掉一局后,X怒气冲冲地用力将球拍甩出手,冲进他面前的球场,将球拍彻底毁坏。

7. 输掉一局后,X坐在椅子上,愤怒地数次将球拍砸到球场上,并彻底砸坏了他的球拍。在场的很多观众都看到了。

8. 输掉这分/一局后,X愤怒地用全力将球拍扔出,球拍脱手后飞到对面球场,弹跳了好几次,飞出六七米。

9. 输掉一局/失分后,X愤怒地用力将球拍扔出脱手。X站在底线往他身后的栅栏上砸球拍,击中约3米高的栅栏。

10. 输掉一局/失分后,X愤怒地用力将球拍扔出脱手。球拍从底线被扔出,正击中他自己的休息椅。

11. 输掉一局/失分后,X愤怒地将球拍扔出,球拍越过了他身后的围栏,飞出了球场。

12. 失分/输掉一局后,X愤怒地将球拍扔出,球拍越过围栏,离开了球场区域。当时X在底线,他把它扔过身后的围栏。

13. 输掉比赛/失分后,X沮丧地将球拍扔出。球拍从一个底线被扔到球场另一端的底线。

(三)违反体育道德的行为

1. X气得把球拍扔在地上。虽然不是很用力,但他已经被告知过好几次了,应停止扔他的球拍。

2. X一怒之下将球击入围栏,虽然没全力击打,但在同类情况发生后,X又扔出他的球拍,并愤怒地大声喊叫。

3. 失分后,X歇斯底里怒吼道:"那是个愚蠢的发球。"如此大声喊叫,足以干扰邻近球场的比赛。在此之前,X已被要求过停止咆哮。

4. 失分/输掉一局后,X 愤怒地将球击出,并击中了捡球的球童。尽管他不是故意的,但打到哪儿都是鲁莽的。球在球童身上留下了一大块瘀伤(默认)/球童没有因此受伤(此种情况要请裁判长到场)。

5. 失分/输掉一局后,X 愤怒地用力击球,球击中他对面的围栏。当时他在网前,球打在中线裁判/球童的 1 米范围内,这让他们害怕地跳起来。虽然他不是故意打中中线裁判/球童的,但他对着那个方向打就很鲁莽和不计后果。

6. 在一次有争议的司线员判罚后,当 X 再次失分时,他拿起球,故意将球打向之前有争议判罚的司线裁判方向。虽然球被轻柔/有力地击出,也没有击中裁判,但他是瞄准的,所以球离司线裁判很近,似乎是为了恐吓他。

7. 输掉这分/一局后,X 愤怒地将球击出场外,使其飞出 4 个球场。同时他愤怒地大声骂脏话。这在整个赛场上都清晰可闻。

8. 在一个有争议的呼报后,X 大声愤怒地对主裁判说:"你是世界上最糟糕的裁判,你太愚蠢了。"这可被在场的所有观众、对方选手以及主裁判听到。他一边指着主裁判,一边盯着主裁判说这话。

9. 一个有争议的呼报后,X 大声愤怒地对主裁判说:"你在糊弄(欺骗)我。"这可被在场的所有观众、他的对手以及主裁判听到。他说这话的时候盯着主裁判并指着主裁判。

(四)可听到的污言秽语

1. 在输掉比分/比赛后,X 愤怒地大声骂脏话。球场上的观众和主裁判都清楚地听到了。

2. 输了分/比赛后,X 愤怒地大骂脏话。整个赛场都清晰可闻。

3. 输了分/比赛后,X 生气地骂脏话。主裁判和身后的观众都清楚地听到了。

4. 在输了分/比赛后,X 生气地骂脏话。球场尽头的观众和主裁判都可以听到。X 说这话的时候已经在底线了。

5. 输了分/比赛后,X 愤怒地用西班牙语大喊大叫。虽然主裁判不明白他说的所有内容,但主裁判清楚地听到他骂脏话。

(五)言语攻击

1. 在对一个有争议的边线呼报之后,X 盯着主裁判,同时愤怒地用手指指着主裁判骂脏话。这话虽然声音不大,但是是对主裁判说的。

2. 在对一个有争议的边线呼报之后，X 盯着主裁判，同时愤怒地用手指指着主裁判骂脏话。这话说出来声音很大，在场的所有人都听到了。

3. 两名球员对边线判罚呼叫意见不一。X 直视 Y（代指 X 球员的对手）并骂脏话。球场上的每个人都可以听到。

（六）场外指导

1. 当 X 接近底线时，X 的教练看着 X，并挥动了他的手，做了一个正手手势，这时候，X 正看着他的教练。

2. 这分结束，主裁判看到 X 在他的教练附近接球。主裁判的左底线裁判告诉主裁判，当 X 靠近他的教练时，他听到 X 的教练说"上旋到反手"。声音很大，X 可以听到。

（七）可以添加到任何报告中的附加注释

有时违规不是太严重，但却需要给出判罚，以示公平。因此，可以添加以下评论，裁判长才能明确你的想法。

1. X 在此违例之前表现良好；当他这样做的时候他道歉了，并且在后续的比赛中没有再犯。

2. X 一骂人，他立即道歉，并在后续的比赛中没有让违例事件升级。

五、司线的手势

（一）"Out"或"Fault"

手臂完全向侧面伸展，指向球"Out"或"Fault"的方向，手掌面对主裁判，手指伸直并拢。绝不能用手势代替口头呼报。这个手势是除了口头的"Out"或"Fault"之外的次要信号（如图 3.6、图 3.7、图 3.8 所示）。

图 3.6　司线（边线）裁判站姿放松状态－工作状态－左侧出界手势－右侧出界手势

图 3.7　司线(端线)裁判(主裁判对面)坐姿－右出界手势－左出界手势

图 3.8　司线(端线)裁判(主裁判同侧)坐姿－右出界手势－左出界手势

(二)"好球"或"安全信号"

五指并拢、双手靠拢、指尖向下或斜向下(如图 3.9、图 3.10 所示)。无口头上对好球的要求。这个手势在沉默中使用;在比赛中判断击球落点后使用,以确认球是好球[约在线内 3 英尺(约为 1 米)]。

图 3.9　司线(边线)裁判站姿放松状态－工作状态－好球手势

(三)"未看见"或视线被遮挡的手势

双手放在脸前,居于眼睛下方,让裁判看到手背(如图 3.11 所示)。该手势表示司线员因被遮挡而无法判罚。无口头的呼报,只有无声的手势。

图 3.10 司端线和发球线的裁判坐姿 – 好球(安全信号)手势(面对主裁判) – 手势(主裁判侧面)

图 3.11 "未看见"或视线被遮挡的手势

图 3.12 司端线、发球线、司网裁判对脚误、穿网、擦网以及更正的手势

(四)"脚误""穿网""擦网""更正"手势

手臂完全向上伸展,同时发出"擦网"或"穿网"的呼报;手臂完全向上伸展,同时发出"脚误"的口头呼报;手臂完全向上伸展,呼报"更正"(如图 3.12 所示)。

［注:本节部分内容翻译自 2021 年国际网球联合会(ITF)技术官员职责和操作程序,来自国际网球联合会官方网站(www.itftennis.com)］

第六节　诚信与信任赛制

一、诚信的含义

诚信是一个道德范畴,是公民的第二个"身份证",是日常行为的诚实和正式交流中的信用统称。泛指待人处世真诚、老实、讲信用等等。

诚信是以真诚之心行信义之事。诚,真实、诚恳;信,信任、相信。所以说,诚信,是诚实无欺、信守诺言、言行相符、表里如一。但它一般主要是指两个方面:一是指为人处世真诚,尊重事实,实事求是;二是指信守承诺。

"诚",是儒家为人之道的中心思想。立身处世,当以诚信为本。宋代理学家朱熹认为:"诚者,真实无妄之谓。""诚"是一种美德。

"信",《说文解字》认为"人言为信",朱熹认为"以实之谓信"。可见,"信"不仅要求人们说话诚实可靠,切忌说大话、空话、假话,而且要求人们做事也要诚实可靠。而"信"的基本内涵也是信守诺言、言行一致、诚实不欺。

"诚"主要是从天道而言,"信"主要是从人道而言。故孟子曰:"诚者,天之道也;诚之者,人之道也。""诚"本是自然固有之,效法天道、追求诚信是做人的道理、规律。二者在哲学上虽有区别,但从道德角度看,"诚"与"信"则是同义等值的概念,故许慎在《说文解字》中云:"诚,信也。""信,诚也。"其基本含义都是诚实无欺、信守诺言、言行相符、表里如一,这也是做人的基本要求。

在一般意义上,"诚"即诚实、诚恳,主要指主体真诚的内在道德品质;"信"即信用、信任,主要指主体内诚的外化。"诚"更多地指"内诚于心","信"则侧重于"外信于人"。"诚"与"信"一组合,就形成了一个内外兼备并具有丰富内涵的词汇,其基本含义是指诚实无欺、讲求信用。千百年来,诚信被中华民族视为自身的行为规范和道德修养,并在其基本字义的基础上形成了独具特色并具有丰富内涵的诚信观。

二、诚信的作用

诚信是人必备的优良品格。讲诚信的人,处处受欢迎;不讲诚信的人,人们会忽视他的存在,所以我们人人都要讲诚信。诚信是为人之道,是立身处世之本。

1. 立人之本。子曰:"人而无信,不知其可也。"孔子认为人若不讲信用,在社会上就无立足之地,什么事情也做不成。

2. 齐家之道。古人说:"夫妇有恩矣,不诚则离。"只要夫妻、父子和兄弟之间以诚相待、诚实守信,就能和睦相处,达到家和万事兴的目的。若家人彼此缺乏诚信、互不信任,家庭便会逐渐四分五裂。

3. 交友之基。只有"与朋友交,言而有信",才能达到"朋友信之"、推心置腹、无私帮助的目的。否则,朋友之间充满虚伪、欺骗,就绝不会有真正的朋友。朋友是建立在诚信的基础上的。

4. 为政之法。《左传》云："信，国之宝也。"这指出诚信是治国的根本法宝。孔子在足食、足兵、民信三者中，宁肯去兵、去食，也要坚持保留民信。因为孔子认为"民无信不立"，如果人民不信任统治者，国家朝政根本立不住脚。因此，统治者必须"取信于民"。正如王安石所言："自古驱民在信诚，一言为重百金轻。"

5. 经商之魂。在现代社会，商人在签订合约时，都会期望对方信守合约。诚信更是各种商业活动的最佳竞争手段，是市场经济的灵魂，是企业家的一张真正的"金质名片"。

6. 心灵良药。《孟子·尽心上》云："反身而诚，乐莫大焉。"只有做到真诚无伪，才可使内心无愧，坦然宁静。诚信给人带来最大的精神快乐，是人们安慰心灵的良药。人若不讲诚信，就会造成社会秩序混乱，彼此无信任感，后患无穷。正如《吕氏春秋·贵信》所说，如果君臣不讲信用，则百姓诽谤朝廷，国家不得安宁；做官不讲信用，则少不怕长，贵贱相轻；赏罚无信，则人民轻易犯法，难以施令；交友不讲信用，则互相怨恨，不能相亲；百工无信，则手工产品质量粗糙，以次充好，丹漆染色也不正。可见失信对社会的危害何等大啊！

总的而言，诚信对于自我修养、齐家、交友、营商以至为政，都是一种不可缺少的美德，可见诚信在人类社会非常重要。

三、诚信的范畴

诚信是做人的基本准则。

1. "戒欺"是诚信的重要准则之一，即不自欺亦不欺人。《礼记·大学》说："所谓诚其意者，毋自欺也。"意谓真诚实意就是不自欺。宋代哲学家陆九渊也说："慎独即不自欺。"即使在闲居独处时，自己的行为仍能谨慎不苟且，不会自欺。中国现代学者蔡元培先生说过："诚字之意，就是不欺人，亦不可为人所欺。"

2. 中国古代哲贤认为如何对待过错，是君子与小人的重要区别之一，强调知过即改，是诚实的一种表现。《左传·宣公二年》曰："人谁无过？过而能改，善莫大焉。"孔子曰："过而不改，是谓过矣。"韩愈曰："告我以吾过者，吾之师也。"陆九渊曰："闻过则喜，知过不讳，改过不惮。"古人申居郧曰："小人全是饰非，君子惟能改过。"

3. 重诺守信十分重要。如果我们对别人许下诺言，就须认真对待，对自己的承诺负责，切勿掉以轻心，失信于人。在平日待人处世时，我们可先从守时开始做起，然后对家人、朋友信守承诺，以诚信待人。

4. 中国古代哲学家认为诚信是人的修身之本，也是一切事业得以成功的保证。《河南程氏遗书》云："学者不可以不诚，不诚无以为善，不诚无以为君子。修学不以诚，则学杂；为事不以诚，则事败；自谋不以诚，则是欺其心而自弃其志；与人不以诚，则是丧其德而增人之怨。"这说明"诚"对于做人、做事而言是何等的重要。

5. 中国古代哲人要求言行一致，《礼记·中庸》曰："言顾行，行顾言。"切不可"自食其言""面诺背违""阳是阴非"。所以朱熹认为"信是言行相顾之谓"，要求"口能言之，身能行之"，这才是"国宝"；如果"口言美，身行恶"，那是"国妖"，是君子所不取的。孔子说过："始吾于人也，听其言而信其行；今吾于人也，听其言而观其行。"意思是说，从前孔子对人，只要听了他讲的话，就会相信他的行为；现在孔子对人，当听了他讲的话后，还要观察他的实际行为。在这里，孔子肯定道德实践是评价诚信品格的标准。

人没有真诚，生活便没有分量。让我们在真诚中舒展心灵的双翼，在真诚中领略世界的风采。留住真诚，生命便有了前进的依托；留住真诚，你我便有心灵的共鸣。让我们在诚信里感受温暖，让我们在诚信里憧憬未来。

四、诚信的西方之道

西方哲学家、伦理学家与中国圣贤一样，都十分重视诚信之道。西方哲贤对诚信之道的诠释，并不像中国儒家经典般有条理和系统。现主要挑选出几位较具代表性的西方哲贤，谈谈他们眼中的诚信之道。

1. 人生修养。古希腊哲学家亚里士多德认为：只会讥讽而不务实，是一种不足；而言过其行，名过其实，又是一种虚夸。所以，他在《尼各马可伦理学》一书中提出"信实是虚夸和讥讽的中道"，并肯定只有既不过誉亦非不足的中道之信实，才是一种美德。法国历史学家托克维尔主张以诚实的态度对待生命。他指出："生命既不是受苦，也不是欢乐，生命只是我们必须做的事业。我们必须诚实经营这事业，直到生命终结。"所以，我们在生命历程中，要做老实人、说老实话、做老实事。

2. 人际关系。英国著名诗人、戏剧家威廉·莎士比亚认为诚信是最能使人安心的东西。而美国著名科学家、文学家、外交家本杰明·富兰克林进一步认为人与人之间和人生中最重要的幸福，莫过于真实、诚意和廉洁。英国哲学家弗兰西斯·培根认为："从来最有能力的人，都是有坦白直爽的行为、信实不欺的名誉的。"英国小说家乔治·艾略特更具体强调朋友、夫妻、父子和同伴之间要以诚相待、肝胆相照。她曾说过："两个灵魂结合在一起，在彼此的工作、成就与不幸中互相支援，直到最后告别的静默时刻降临，这是何等美妙的事。"

3. 政治方面。希腊著名哲学家伊壁鸠鲁对政治的诚信十分重视，他认为国家起源于自由人的"共同协定"，所以诚实地遵守这一项协定是人们的义务。美国著名社会学家吉洛维奇充分肯定诚信在治国中的重要作用，他认为："信任是国家唯一的支撑物，也是国家稳定的维持物。"

4. 经济方面。美国著名学者富兰克林从理性的角度出发，认为诚信是一种工具，而信用就是金钱，他说过："要记住，信用就是金钱。如果一个人把他的金钱放在我这里，逾期不取回，那就将利息或者在那段时间用这笔钱可以得到的一切给了我。只要一个人信用好、信誉高，并且善于用钱，这种所得的总额就相当可观。"这就是说，信用是一种能为人们带来物质财富的精神资源。所以，在市场经济中，必须充分发挥这种无形资产的社会功能。德国著名哲学家恩格斯充分肯定诚信在商业社会中的作用，指出"大商店的老板是珍惜自己的声誉的。假如他们出售劣等的掺假的货物，最吃亏的还是他们自己"，"大零售商在自己的买卖里投下大宗资本，骗局一旦被识破，就要丧失信用，遭受破产"。德国社会学家马克斯·韦伯指出，伦理道德对于社会经济的发展来说是一种重要的"支持性资源"。

中西方诚信之道相同之处：中西思想家均肯定诚信之道是维持人类社会发展秩序的基础，并肯定诚信的基本含义都是诚实不欺。

中西方诚信之道相异之处：

（1）由于社会制度和文化传统的差异，中西方在诚信之道上也有不同之处：中国人的诚信之道建立在"原善说"的基础之上，儒家认为人类生而具有善性，具有仁爱的"良心"，只要通过自身修养即可求得诚信之道，认为诚信源于人类的"良知"。西方的诚信之道则是建立在"原罪说"的基础之上，基督教认为人类生而有罪，所以种种灾难随着原罪而来到人间。因此，只有相信上帝是万物的终极真理、是至善的化身、是人类道德的最终根源,相信只有上帝会赎人类的罪、拯救人类的灵魂,人类才能求得至善和幸福。著名神学家奥古斯丁认为,我们"只有照着信心而生活,而且我们只能够这样做,以我们的信心与祈祷,盼望那给我们以信心之上帝会帮助我们。"他认为信仰源于神。奥古斯丁以《圣经》中的"诚信即智慧"为根据,宣称信仰既高于理性,也高于知识,只有信仰才能给人类以真理,使人类道德完善。

(2)诚信伦理方面。中国人所讲的诚信主要是一种"身份"伦理,而西方人所讲的诚信则是一种"契约"伦理。在古代中国自然经济社会里,主要是在家族、部落和村镇等狭小的范围内讲诚信,这是身份网络中的一种宗法亲情伦理。主要要求臣民对君主忠诚,子女对父母顺从,妻子对丈夫忠贞。这完全是一种人身依附关系,而不是建立在彼此人格完全平等的基础之上。如果臣民、子女、妻妾试图摆脱这种依附关系,就会受到国家和家族的严厉惩罚。西方的诚信之道则是随着商品与货币经济的发展被提出的一种互利互惠的契约伦理。西方社会契约论者皆把诚信视为人的一种承诺、履约的道德法则,把道德与法治结合起来。西方学者格劳秀斯指出守约是人的本性,人们订立契约,就会产生民法。他认为"有约必践""有罪必罚"。英国政治家、哲学家托马斯·霍布斯从人性自私论出发,认为人生来是自私的,只会维护自己之利益。人类必须通过订立社会契约,由国家以法律指导人民的行为,以谋求共同利益。为了保证利益的实现,就必须履行已订立的契约。他进一步认为守约为正义之源,无契约即无正义,有约而不遵行即为不义。

五、网球运动竞赛的信任制

在体育比赛中,规则是保证比赛顺利、公平进行的基础,是双方认可的、共同遵守的制度。裁判员要根据规则在比赛中做出公正的判罚。对于多数运动项目而言,没有裁判执法的比赛不能算正式比赛。但对于网球来说,采用无裁判员执法制的信任制也是一种比较常见的形式。信任制是指在网球比赛中不设置裁判员这一席位,每位选手要根据准确判断,来负责自己半场上的所有呼报。信任制已经成为未来网球比赛的发展趋势。在网球发达的国家,很多专业比赛也多采用信任制。

（一）网球信任赛制制定的缘由

1. 最能体现诚信、友好的网球竞技精神。网球运动是一项"绅士运动"，承载的不仅仅是竞技体育本身，更多的是要向大众传播网球文化和网球素养。网球运动除了让参赛者之间进行技术比较外，更能展现一个人的素养。所以信任制比赛就相当于是网球的一个载体，大家是在一种诚信、友好的气氛中相互尊重，比的是技术，赛的是素养。

2. 使参赛运动员更快地掌握网球比赛规则。这一点无须太多解释。需要注意的是，对于首次参加信任制比赛的选手，比赛前组委会应当提前组织领队教练，让他负责向参赛选手讲清楚比赛的裁判规则。而在比赛期间，让裁判赛前强调可以适当多设置几名巡场裁判，以防止参赛选手不熟悉信任制规则而导致的比赛混乱。一般而言，经历过一两次信任制比赛的选手，之后很快就会适应这种形式。

3. 可以降低办赛成本，为运动员提供更多的参赛机会。采取信任制可以相应减少裁判人员的数量，从而大量节省办赛的人力成本，使更多的机构可以以较低成本组织赛事，让选手得以参加更多的比赛，充分体验网球这项竞技体育的乐趣，并通过比赛获得更高的网球技巧、培养更好的心理素质和规则意识。

（二）无裁判信任赛制

网球运动是一项高雅运动，参与此项活动的人们会感受到其儒雅和绅士的氛围，因此网球比赛经常使用的赛制是信任制。所谓信任制比赛是指不需要裁判对比赛事实问题做出裁决，依靠参赛双方相互信任，相互认定比赛事实所完成的比赛形式。然而，在我们的印象里，没有裁判判决的比赛是不能称为比赛的。网球等项目比赛特有的信任制比赛形式越来越普及，因此，参加比赛之前，了解信任制比赛的注意事项尤为重要：

1. 相互信任对方，相信对方做出的判断，不能为一两个球破坏了比赛的和谐气氛。

2. 离球较近的一方做出裁决，并大声呼报出来或做出手势。

3. 发球前，由发球员大声呼报场上现有比分。

4. 双方运动员对事实问题有异议，该球可以重赛，也可请裁判员到场。

5. 双方运动员对比分有异议，所有双方均同意的比分有效，有异议的比分重赛。

6. 双方运动员对事实问题判断一致,而对如何处理有异议,可提请裁判上场裁决。

另外,信任制比赛不是没有裁判,而是不需要裁判判决。比赛中往往场上或场边都有裁判,裁判员会行使他的职责,促使比赛顺利进行。如果运动员居心不良,靠不正当手段赢取比赛,必将受到严厉的处罚,同时也直接影响到运动员的名誉。

ITF 关于信任制比赛的一些规定:每个球员负责每次在他/她球网这边(场地上)的判罚(如喊"出界"),所有的"out"或者"fault"必须在球跳起后迅速喊出,而且足够大声让对手能够听见。在拿不准的情况下,球员必须给出对对方有利的判罚。如果一个球员不正确地喊了"出界"同时认识到其实这是一个好球,那么这一分应该重赛,除非这是一个致胜分(winner)。在这种情况下错误呼报了两次的球员丢掉这一分。发球方应该在每个第一发球前呼报分数,声音大到足够让对方听见。双方球员(们)(发球方或接发球方)均可呼报"重赛""两跳"和"误击"。均可质疑的好处在于可以让比赛继续,当一方球员(们)百分百确定该分需要重赛时才能被重赛。只有裁判长(或巡场裁判)才能判罚"脚误",且仅限于在场地上。在任何情况下,接发球员均不能对发球方呼报"脚误"。如果球员对他/她的对手的行为或者判罚决定不满意,他/她应该叫巡场裁判/裁判长到场。

网球信任制比赛通用规则和礼仪:

1. 如果在判断这个球是好球还是出界球的时候有疑问,那么必须把有疑问的这一分作为一个好球判给对手。不能叫重赛这一分。

2. 球在自己的这一边界内时,对方要求时你有义务向对方报所有的球,来帮助其了解这个球是好球还是出界球,并且报出对自己不利的球,如自己打过去明显感觉出界的球。

3. 所有"出界""擦网"必须第一时间喊出(比如:对方还没有回球或者自己回球失误以前)。否则,要按照不确定的原则让比赛继续打下去。

4. 不能向观众谋取是否出界上的帮助。

5. 如果喊了"出界"同时认识到这是一个好球,应该改正自己的判断。

6. 为了避免比分上的争议,发球方在开始一局以前必须喊出局分(比如 5 比 4),在开始一发前喊出小分(比如 30 比 40)。

7. 如果双方选手不同意分数,那么他们回到双方都同意的分数重新再打。

8. 不能拖延比赛、发脾气,或者出现违背体育道德精神的行为。

9. 等到别的场地完成一分的比赛之后,再请场地上的球友帮忙捡回球或者自己过去捡回(不能妨碍其他场地上的比赛)。

在土场进行的比赛,还有一些附加的程序,所有球员都应该遵循:

1. 检查球印应该在结束一分的一击后立刻进行,或者当击球停止之后(一个回击是允许的,但是球员必须马上停止)。

2. 如果一个球员对对手的判罚不肯定,那么他/她可以让对手指示出球印。球员可以到对面场地去检查球印。

3. 如果球员抹去了球印,那么他/她同意了对这一分的判罚。

4. 如果对球印有不同的意见,巡场裁判或者裁判长可以对判罚做出最后决定。

5. 如果一个球员喊了“出界”,他/她应该在正常情况下能够指示出球印。

6. 如果一个球员不正确地喊了“出界”,同时认识到其实是个好球,那么喊“出界”的球员丢掉这一分。

非土场是否出界的争议(对于没有在土场上进行的比赛而言):

1. 巡场裁判/裁判长被参赛选手叫到场地上处理争议时,在没有看该场比赛的情况下,巡场裁判/裁判长应该问球员是谁喊的出界(在谁的那边发生的争议),并且问他/她对这个球是否确定。如果球员对这个球很确定,那么维持他/她的判断。

2. 如有明显的发现,找个裁判对这场比赛的继续进行很有好处——试着找一个裁判由其在裁判椅子上行使所有的裁判职责,并呼报所有界内外。如果这办不到(比如,没有一个有经验的裁判,或者根本没有裁判椅),另外一个给巡场裁判/裁判长的选择是由该巡场裁判/裁判长留在场地上观看剩余的比赛。他/她需要告诉双方球员:他/她将改正明显的由球员做出的错误判罚。如果巡场裁判/裁判长不在场上并且发生了必须上场处理的一场比赛——当一个球员做了一个明显有利于自己的错误判罚,巡场裁判/裁判长可以到场地上去告诉球员:第一次错误的判罚是会被视作一次无意干扰并且这一分应该重赛。

3. 巡场裁判/裁判长必须同时告诉球员后面的比赛中明显的错误判罚将被视为故意干扰并且将会丢掉这一分。另外,巡场裁判/裁判长可以对球员的干扰比赛行为做出违背体育道德的判罚——如果巡场裁判/裁判长确信球员在有意地进行对自己有利的判罚时。巡场裁判/裁判长必须小心——在没有被要求或者不必要时不要过多地干涉比赛，或者在很接近的判罚（很难判断）中使用"干扰规则"。作为惯例，在使用"干扰规则"以前，巡场裁判/裁判长必须非常确定有人做了一个非常坏的呼报判罚。

土场球印争议（只在土场）：

如果裁判长（或者巡场裁判）被叫到场地上来处理一个争议，他/她应该搞清楚球员们是不是同意这个球印就是当时那个球的球印。如果球员们都同意这就是那个球印，但是不同意根据这个球印而做出的是出界还是界内的判断，那么裁判长（或者巡场裁判）将根据这个球印来做出决定——是界内还是出界。如果球员们不同意这就是当时那个球的球印，那么裁判长（或者巡场裁判）应该搞清楚球员最后进行了一个怎样的击球并且从方向上看这个球是从什么位置打过来的，这有助于决定哪个球印是正确的球印。如果这些信息没有帮助，那么把做出判罚的球员指出的球印作为最后的球印。

分数争议：

1. 如果裁判长（或者巡场裁判）被叫到场上来解决一个分数的争议，他/她应该讨论双方球员都同意的相关的分数或者局数。所有双方球员同意的分数或者局数有效，只有有争议的分数将会重赛。例如，一个球员说分数是 40 比 30，而他的对手说分数是 30 比 40，那么跟双方球员讨论并且发现他们不同意的只是这一局里面是谁赢了第一分。既然双方球员都同意在这一局中他们各自赢了 2 分，所以正确的决定是从 30 比 30 开始继续这一局的比赛。

2. 当局分出现争议的时候，使用同样的原理。例如，一个球员说自己是 6 比 5 领先，但是他的对手不同意，说是自己 6 比 5 领先。在讨论之后你发现双方运动员都声称自己赢得了首局的比赛。既然双方球员都同意在这一盘中他们各自赢了 5 局，所以正确的决定是从 5 比 5 开始继续这一盘的比赛。在最后一局接发球的球员，在下一局发球。

其他条款。这里有一些条款用来解决没有裁判时的难题。当发生一些有关重赛的争议时，脚误只能够由裁判长（或者巡场裁判）来做出，而不是接发球方。但是，喊脚误的裁判员必须正在场上。技术官员不在场上不能够进行脚误的判罚。

六、信任制赛事案例分析与讨论

（一）案例陈述 1

赛事背景：赛事规程规定，U14 女子单打比赛采取单淘汰、三盘两胜平局决胜制，其中每局若出现平分，获胜方比分须净胜两分。第一轮和第二轮比赛均采用"信任制"。

情况发生及判法：在比赛进行到第二盘局数为 4∶1 后的第 6 局比赛时，双方运动员在局分上出现分歧，导致比赛暂停，巡场裁判到场后分别听取了双方运动员的陈述，即 A 球员发球局，A 球员认为 B 球员赢得刚打完的那分后，B 球员暂先，该局还未结束；B 球员认为她赢得了刚才那个局点分，该局她获胜。巡场裁判听取陈述后得知：两人均对 40∶40 的比分无疑义和对争议前 B 球员赢得的那 1 分也无争议，两人争议焦点在 A 球员认为她刚才是在一区发球，B 球员赢得一分后，应为 B 球员暂先；B 球员认为刚才 A 球员是在二区发球的，她赢得这一分后，该局获胜。巡场裁判综合双方陈述后处理结果如下：在 A 球员发球时，她未主动报分，B 球员也未提醒发球方报分，如果报分了，则可以避免此次争议产生，双方均对争议负有责任。根据"信任制"中如果双方运动员对比赛分数有争议的方法：1.计算双方已认同的局数和分数，然后再重赛有争议的局数或分数；2.由双方同意的局数和分数再开始。该局未结束，继续进行比赛，由 A 球员在二区开始发球，双方运动员已经准备开始比赛。这时场外 B 球员父亲站起身走向巡场裁判，并让 B 球员停止比赛，让其不接受继续比赛的判法，要叫裁判长到场。巡场裁判询问 B 球员是否需要裁判长到场，B 球员说需要。裁判长到场后按照"信任制"处理争议流程，即分别听取了双方运动员陈述，然后用规则分别解释给双方运动员，做出与巡场裁判一致的判法，双方运动员均表示接受此判法，准备比赛。从巡场裁判处理争议到裁判长到场处理争议时间约为 20 分钟。此时 B 球员父亲又再次起身走向巡场与裁判长，并在场外大声告知 B 球员不接受此次判法，让其拒绝比赛，而后巡场裁判进入场地，B 球员做出了背包离场的决定。与此同时巡场裁判通过对讲机告知裁判长 B 球员弃赛的实际行为，裁判长让巡场裁判在场内告知 A 球员，并开表计时，开表 5 分钟后，裁判长同意巡场裁判和 A 球员离开比赛场地。最后比赛结果记录为：A 球员 6∶3、4∶1 获胜，B 球员弃赛。

（二）案例陈述 2

赛事背景：赛程规定只设了一位裁判长，无巡场裁判员；U12 女子单打比赛全程采用无裁判信任制；单淘汰，一盘平局决胜制，其中每局若出现平分，获胜方比分须净胜两分。完赛后双方运动员要将比赛用球归还至裁判长室，并告知完赛比分，双方无疑义后，方可离开。

听取双方运动员情况陈述汇总如下：L 球员 4∶3 局数领先后第 8 局 C 发球，0∶15，L 领先，此时双方运动员均未发生任何异常，继续比赛，C 赢第二分15∶15 后说不想打了，C 就开始发起球来，根本不管 L 是否准备好，L 还在前场，C 就接二连三的开始发球，并且球也没发出来，但一直在呼报比分："15∶0，30∶0，40∶0，结束"。然后背起球包离开了赛场，并向裁判长报 6∶4，C 球员获胜后离开。这时 L 球员向裁判长陈述了上述情况后，裁判长叫回 C 球员，C 球员说，她之所以出现自顾自的发球是因为 L 一直在赖球，L 赢得的第二分后，C 球员实在忍无可忍了，就出现与 L 球员所陈述的一样事实。当裁判长告知 C 球员应受到违反体育道德的判罚后，主动承认了错误，但一直在强调 L 球员因为不诚信，使得她处在精神崩溃的边缘，迫使她只能出此下策。裁判长将此情况上报给主委会后进行了妥善处理。

（三）信任制与理解人性

人性需要通过心理学和社会学两个层面去理解。信任制使得巡场裁判员或裁判长与运动员有了更多的交流，如果不是以谦逊的态度来对待，那么就很难从赛场发生的事件中窥探到人性。如果网球要论及到文化层面，就必定要触及到人性。上述案例中涉及到的双方运动员、家长、巡场裁判员和裁判长都体现出了人性的某个方面。网球运动使得人们多了一种理解人性的渠道，巡场裁判员或裁判长的角度是独特的，他(她)们可以在较极端的案例中学习并有所领悟，需要通过训练、热情和耐心才能达成，以便处理赛事中一般情况时能游刃有余。

一个人的心灵结构在童年早期起了决定性因素。在国内外赛场上，巡场裁判或裁判长可以看到不同年龄段的参赛儿童，甚至能关注到个别运动员的成长，但赛事中体现出的心理活动只是他(她)们的心理生活片段，不可能看到其整体生活方式，也不能以点概面的评价或确定他们在平时活动和一般行为模式中的表现。如案例所述，在赛场上巡场裁判或裁判长必须就事论事，可以通过储备知识和洞察行为，发现运动员的性格特征取向，并对其表现做出合理解释，最理想的是使其心悦诚服。遇到的每个案例分享,不仅仅是为了该赛事能顺利举行,而是为所有巡场裁判或裁判长输送利益,讨论并思考案例的同时,防微杜渐了不良性格特征在赛场中的形成。巡场裁判员或裁判长不自然地进入到了教育的范畴,并持续在教育与被教育间切换,逐渐形成了一定的教育模式,把自我对人性研究价值涵盖其中,并适时应用在赛事场景中。教育科学的源泉来自生活实践,人性科学亦然。一个优秀的巡场裁判或裁判长在处理运动员的场上问题同时,能通过言谈举止洞察其人性,这不仅需要具有较高的心灵生活的感知力,而且需要掌握更多对人类的认识。真正洞察人性需要具有同理心的能力,若曾经历过心理危机或能从他人身上精准识别出的人,才是真正能品味人性的人,这是创新性处理问题方法、策略、技巧的充分必要条件。具备能力和处理问题是两件事,因为无法预料问题的复杂性程度,所以唯有谦虚谨慎方能立足。

巡场裁判或裁判长必须保持谨慎的态度,也许用部分的结论就可以处理好问题,但是不是就能解决好这一类问题呢?在不竟然的情况下,要以观后效,确有实效方可沿用。有时候运用方法不得当或不适时,当对运动员的性格做出正确的结论后,伤害会出现。巡场裁判或裁判长是在不断积累中进步。他(她)们在自我的生活方式和模式下积累经验,使得形成了其特有的经历方式和内容。当经历相似赛场事件,每个人都会有每个人的解读,就是经历了同一判例的人结论也会有差异。可见经历并不一定会使人不断进步,还可能反复犯错,还可能知错无法改,还可能知错就是不改,还可能知错后祸及他人,还可能为错找借口来掩饰,等等。这不也是运动员会发生的嘛?巡场裁判或裁判长在处理完球场判罚后,双方运动员均有得出各种结论的可能性,就可以理解为什么运动员会出现屡判屡犯、屡教不改、永不再犯、从未出错等情境。巡场裁判或裁判长是否合理运用了规则,以及操作程序是否得当,都会对运动员经历趋于正向影响,直到正向经历融入到他(她)们的行为模式中,这是个潜移默化的教化过程。

人性科学除了心理层面,还有社会层面。赛事中,巡场裁判或裁判长的身份信任是毋庸置疑的,但会因误判、错判、漏判等出现而降低,这样的风险一直存在。不可无视的是,自我是维护自我利益的首选,伪命题或伪结论在一定程度上都会偏薄巡场裁判或裁判长的身份信任和专业信任。这可能是运动员、家长、教练竭力想呈现的,也许并不需求得到什么结果或承诺,只是为了表达某种态度和宣泄某种情绪而已。如果能充分了解彼此，就会处理好关系。执裁者和运动员就会站在各自立场上，据理力争。在处理问题过程中若理解了起作用的人性相关未知，则"理"增；若理解了相关人性的无意识力量会带来价值，则"力"增。这有助于巡场裁判或裁判长辨认出运动员行为中所隐蔽的、佯装和扭曲的伎俩。

在网球赛事实践中，特别是青少年赛事中自觉学习人性科学是有必要的。在网球赛事中执裁者运用规则、操作程序和可靠数据，其价值不仅取决于运用的合理程度，还会评估执行的人性化程度，使得某些清晰和深刻的视角会被肯定，或被效仿，或被超越。理论与实践相结合，才会让人性科学不断被世人所重视。在当今中国的家庭教育、学校教育或社会教育机构中，关于人类心灵的有效知识传授被忽略了，甚至很多内容都是错误的。以致于现在涌现了很多自媒体或公司以商业的方式，专门挖掘并教授当代中国人类心灵的应具备却缺失的那部分，消费者当然就是对自我有要求，想不断提升自我认知的人。网球赛事可以认定为是个教育场，场中人从中获得了正向力量，提升了自己，从而理解了生活的美好时光与至暗时刻，这是对人成长有意义的经历。每当执裁者们从赛场返回到各自生活中，失落感来自人对聚散分离的伤感，幸福感来自又体认了一次当今社会，或是又诠释了一次生活的独特视角。赛事是种行为模式，社会感和公共意识蕴藏其中，新方法、新观点、新思维会不断触动人们去反思与反省，让我们意识到因果律所导致的决定论，并不完全正确，变通成为创造性解决问题的另种途径。经验不断积累依赖于自我认识和自我批评的能力，而能力源泉与动力完全取决于自我意愿的达成程度，做自己的主人，发自己的光。

第七节　遵守规则与意义

当代诠释学自身蕴含的解释路径贯穿了网球运动的规律性、网球竞赛规则及意义、认知规范等。这都基于"语词①使用的类似法则的规律性"。这是由非语义

---

① 语词泛指词、词组一类的语言成分，逻辑学名词。在一个语言系统中，具有意义可用来代表事物的最小的词，文法学名词。今多称为"述语"或"谓语"。"语词"偏重于"语"，而"词语"偏重于"词"。"语词"除具备"词语"的意思以外，还是一种语言成分，还具有逻辑学的意思，还有"话语、文句"的意思等。

的和非规范性的词项刻画而来的。如此看来,语词的规律性与使用语词的规则存在双向建构,即语词规律性协助产生使用语词的规则,规则又会强化或衍生语词规律性。在双向结构过程中,"句"的作用显现,"句"的意义(既定语境因素)则确立了"句"存在的真值条件(有先见之明的条件接受)。此图景确立是由后期维特根斯坦关于意义和遵守规则的相关思想启发而来,与克里斯宾·莱特(Crispin Wright)的观点冲突。此图景立场建立在辩护公平上,通过不断论证回应辩驳(学术对话)而形成。最有价值的是在此对话过程中,相互关联的现象的真正本质得以显现,维特根斯坦对其讨论的最有建树的解读方式得以彰显。这启迪了笔者对网球规则的诸多方面的理解,本节就是在此思想背景下进行的探讨。

国际网球联合会(ITF)是网球运动的管理机构,它的职责和责任包括通过制定网球规则来保护这项运动的公正、廉洁与完整性。为协助 ITF 履行应有的责任,ITF 任命了一个网球委员会来持续监督比赛及其规则,当考虑到有必要给 ITF 执行董事会提出修订建议时,将在拥有规则修改最终决定权的 ITF 年度大会上提交修订建议。除已批准可选用的比赛程序和记分方法外,根据 ITF 自身的利益或相关方的申请,某些规则的变化可以由 ITF 批准,仅在有限的赛事或单项中和/或有限的时间内试用。这些变化不包括在已公布的规则中,并要求在批准的试用期结束时向 ITF 报告。

网球规则的官方正式文本始终使用英文表述,只有在国际网联的年度代表大会上,可以变更或解释其规则。修改协议需根据国际网联章程决议通知的规定提交至国际网联,该决议或类似性质的内容须通过投票表决,得票率超过 2/3 方可生效。规则的任何变更都要从下一年的 1 月 1 日起生效,大会通过表决另行规定的除外,董事会有权在下一年的年度代表大会批准之前,对所有的紧急问题作出解释。未经年度代表大会一致同意,任何时候都不得对本规则进行修改。

网球规则是对网球运动的明确指导,有典型的对规则"听说读写"的阐述(表达)方式,或对其的思考路径。理解网球规则的阐述(表达)方式就是对其赋予了语义内容的思考与探究。或多或少去做规则内容中所要求的事,就是遵守规则的行为确立。当球员或裁判员行为的直接源头不涉及网球规则内容中的构想时,就不需要通过理解或深思熟虑来决定遵守规则,但有时还是会倾向于诉诸遵守规则,他们把无意识的清晰表达给了自己。在此问题上的感受和约定俗成在不同的社群中是不同的。

一、规则的明示与隐式的规则

网球规则的形式有"明示的"和"隐式的"两种。前者是来自规则条款的明示，由框架性的文本所呈现，其意义被允许用来指导网球运动竞赛活动。后者如理论假定般，含糊且未知，但却明确遵守由自我思想产生语言来表达的规则（隐性的阐述或表达方式直接起作用）。

在网球裁判工作中，网球技术官员树立公平、公正、公开的信念赋予了网球规则存在的意义。明确的网球规则文本作用就是在于回应赛场上诸多模棱两可的质疑，如发生了什么事实说明球员或裁判是否明确遵守了规则？球员或裁判采取什么行动表明是否遵循了明确的规则？……如果规则内容是要求在某种情境下做出某类行为，那么（某情境下）一个行动就是遵循这个规则的当且仅当它是某类的行动。在公平、公正、公开的内容意义下开展网球运动竞赛，就会得到一个完整的对于明确地遵守规则的说明，即网球运动员行为准则和网球技术官员行为准则。

隐式遵守规则是在无范式的帮助下，由于事实使球员或裁判员隐式遵守某项给定的规则（确定或不确定），难以发现可能一个特定行动是违背了某项规则，从而对现象真正的意义表达产生怀疑。对于隐式遵守规则的完善解释是有可能被阐述或表达的。维特根斯坦在《哲学研究》中写道：或者一个规则既不是在教学中也不是在游戏自身中被使用；它也不是在一类规则中被确定。一个人通过观察其他人如何玩而学习这个游戏，但是我们说，根据这样的规则玩这个游戏是因为一个观察者可以从这个游戏的实践中读出这些规则——就像行动遵循了这个游戏的自然律。但观察者在这种情形下是怎么区分一个玩家的错误玩法和正确玩法的呢？是因为在玩家的行动中存在典型的标志。考虑典型的修正口误的刻画性行为，我们有可能认识到有人在如此做，即使不知道他的语言。

球员或网球裁判员隐式地遵守网球规则和准则，当且仅当其行动被理想的网球规则所决定（A），或存在趋向于球员或网球裁判员会修正不一致的个案，体现出在做出行动约束时反其道而行之的倾向（B）。条件 A 的作用是要具体说明球员或裁判员行动的哪方面确定了网球竞赛法则的内容。条件 B 的作用是要解释为什么球员或裁判员可以被看作在遵守某项规则,而不仅仅是服从自然律。自我修正的倾向展现出相应的不满足或/和满足的情绪,并由此支持了论及"目的"、论及"应该做什么"和论及"违反"。球员或裁判员不是依赖于通过隐式的自我修正的实践来明确识别什么行为被视为违反准则,而是依靠它敦促其使用诸如"违反""违背"等语词在不同情境下的运用。如此多样的情形就会被独立,并因偏离理想法则而被识别出来。

网球规则当然会存在例外,网球裁判员必须能适应突如其来的例外事实的考验,但在对不经意间的违背规则的裁决却要给予适当的宽容和理解。对于社群来说,裁判个人的试错有利于裁判社群的进步;对于个人来说,个人的试错会提高个人的素养,会促使自我反省的深入,有助于自我成长。例外是有自然主义因素存在的,规则可以被看作先验的解释性理论形式,即在例外时,被某些法则所决定的系统所组成。规则受行为偏差因素影响。在给定的语境下,理论可信度、先验法则、潜在干扰因素等应当被规定的问题,由标准的科学方法论来解决——参考经验的完整性、简单性与其他成功理论的融贯性等等。产生的解释说明来自经验和自然主义。

对隐式遵守规则的说明不可能用令人满意的方式来明确表达"理想条件",但又不会导致隐式行动违反其规则的条件,如此走上了"循证"之路,这是种高层次长期的假定。如此就不难理解 ITF 规则在文本首页就有"所有的规则,持续更新中"的标注。对隐式遵守规则的说明对隐式规则活动的假说影响是经验思考的问题,预设了应当给出一个关于何种条件是理想的、先验的说明。但错在假定需要这么做——必须使用标准的科学要求来发现哪个理想法则(条款)和潜在的干扰因素的特定结合,决定了隐式遵守规则活动(后验问题)。

简单性被论及仅当我们面对一个类似两个充分理解的假说何者为真的认识论问题。如德约科维奇击打网球后击中司线裁判眼部的案例。德约科维奇和主裁判站在各自的立场上看待此事实,但事实要明确是一个特定的规则被遵守需要说明各执一词假说的内容,即德约科维奇必须对被击中司线裁判的受伤负责。这使得最后的判罚不是依照德约科维奇的无意识预见,而是对造成非故意状态下的后果——导致不良事态发生"买单"。

在研究任何复杂经验时,隐式遵守规则行动运用哪条规则并不显而易见,与有意识的、深思熟虑的、明示的遵守规则相异。在明示的遵守规则情境中,可能仅仅靠内省就能说出遵守的规则,但在隐式情境中,最多期望通过内省能发现偶然地去做这或那特定的事的倾向。只有对于所有人来说,探求潜在规则的研究方法都是开放的、通用的且客观的,才能让大家意识并知道潜在的规则。

二、行动的偏离与修正

球员或裁判员之所以会出现偏离网球规则的行动,是因为要使得行动能被视为遵守规则,必须满足隐式修正自我的原始的偏离冲动的趋向。偶尔的自我修正的践行体现出了选择性的不满足,如此产生目标的趋向,是为了获得某种价值。价值使得行动偏离既定的轨道,但也是价值使得偏离的行动回归正轨。逻辑蕴含规范性,想要在自我明确的欲望下做什么但无法达成,可是在逻辑上却能达成,如此就能理解隐式的遵守规则。

明示的遵守规则,意义会影响理解,也会影响语言活动。遵守规则属于语言活动的一种形式。隐式的遵守规则与意义的关系,有争议的认为:用一个词意味着一个特定的东西就是隐式地遵守其使用的既定规则。如果这是正确的,那么任何围绕遵守规则的问题都会被意义所继承。规则不必与语词或语言有任何关系,所以既定与意义相关的问题(如在产生一个既定意义时,牵涉的是哪个既定规则的问题)不必与遵守规则的一般问题有关联。如此看来,我们不能认同这样的遵守规则问题——在给定情境中的"最一般形式"是否能确定球员或裁判员应该/不应该声称其语言的特定句子的问题,或说如何确定使用规则的是否适用问题。

有诸多规则与语词的使用并无关系(语义与语用的区别)。语言中的规则是高度不典型的,因为它们可以在许多不同的层面运作,并且对应不同类型的规范要求。尤其是可以区分:①意义 决定使用规则;②在共同体中,指导自我与他人对一个词意味同样东西的规则一致;③认知辩护的规则;④引导我们努力只接受那些为真的句子的规则。所以不能把语言使用当作基本的遵守规则的范式,容易导致混淆。

网球裁判员在从事裁判工作时,经常会遇到这样的自我疑问:"球员的语词意味着什么?""依据其意义和可用的证据,应该接受哪些句子?""应该想要接受哪些与真有关的句子?"……如此会突出以下三个思考:①为真的一般性的关于隐式地遵守规则呼之欲出;②考虑语词意义是否且如何从遵守其使用规则中导出;③考察意义在重要规范性中的特征。如此会出现某人的规则没有公开地被表达出来的情况,但有可能是有明确的、积极的意图去遵循一个给定的规律性,可能牵涉一个心灵公式,一个心灵的对其命题内容的"传送载体"。

隐式地遵守规则所牵涉的修正——实践必须来源于其他人,并且个体性的可能性也存在。"服从一个规则"是种实践,并且某人在服从某个规则并不是服从一个规则而是服从意义。"私人"地服从一个规则不可能,既然是规则,就是"公共"地服从。球员或裁判员遵守某个规则,不仅是主观感受的表达,还是客观的规律性(实践)存在,是个体的内在属性。隐式遵守规则的偏离情境可能是正向修正,可能是某些未服从的情境。实践是经验证据的重要部分,有助于获得什么样的理想法则,并与偶然的干扰因素一起影响了隐式遵守规则活动可被信任的结论。

三、理想的网球规则

每版 ITF 的网球规则的首页都有"所有的规则,持续更新中"的标注,这表明每一版的规则都不是完美的,都向着理想的法则做着修正。网球理想规则就是网球运动想竭力获取的尽头。如果无法获得网球理想规则是不是网球运动就停止了呢? 相反,正是因为对理想规则的渴望,每版网球规则成为趋向理想的阶梯,无限逼近网球运动的真善美。那么,能不能获得网球理想规则呢? 答案是否定的,因为理想规则存在这样一个事实,即用没有决定的事实来确定(唯一的)某个决定给定的现象。只要网球运动存在,相关的没有决定的事实就会一直持续存在,裁判员用确定(唯一)的某项条款来裁定给定的现象,显然是在用目前最好的规则之"盾"来抵挡未知事实之"矛"。人或事都存在不同的理想化,也就是存在不同形式的假定。假定某些复杂因素不存在,但又总是可能存在,这取决于有目的性地来规定在给定网球运动场景中要做什么样的简化假定。

每版最新的网球规则也可称之为理想规则,因为它是目前与以往相比最理想的规则。每版最新网球规则都是基于科学的最优化的理想化思考结果,它是结合了简单性、经验完善性和满足网球运动所需的方法论要求的规则。如此看来,出现了多个曾经是理想网球规则与现有的最新版规则并存的现象,但要知道最新的网球规则之所以是最理想的那个规则,是因为通过践行,让某个隐式的决定球员或裁判员对于某些语词使用的特定规则的不确定性向确定性发生了转变。在给出遵循的充分条件的困难中,找到了某个能被先验发现的条件,确定了条件如此或者如彼的存在。

语法——语义引擎的图像,是一个对规则决定的语言实践的本质的图像式的表述。语言实践是被规则决定的,从严格意义上来说这是指正确的语言实践概念和意义概念被规则决定。如果语词使用不是关于遵守规则的,那么正确概念和意义概念就无法进入这个图景,吸引力也就降低了。球员或裁判员明确打算顺应某条规则依赖于存在一个特定的心灵要素的结合,其具有意义。遵守某条规则必须将其从那些自身被规则决定的要素中导出,给定当前假设和意义就是遵守规则。

网球理想规则是一个明示规则,它的更迭既来自对明示规则的理解,又来自隐式地遵守规则。如果使用一个词语意味着某个特定的事或物,是遵守其使用规则的事情,那么,它至少有时候会是隐式地遵守规则,否则,会陷入一个循环,有可能是恶性的。就是任何明确既定规则的范式都在某个语词中,对其进行理解将要依赖某个更深刻的明示规则,理解更深刻的明示规则需要更更深刻的明示规则……

理解会被意义所影响,明示地遵守规则,会被带有倾向意义事实的解释所影响。解释依赖性具有传递且非自反的属性,所以每个词语意味其所是,在解释上要依赖球员或裁判员明示地遵守使用规则是不够的。只有一些语词(最基础)是以隐式规则的方式去理解的,而其他更进一步的以明确规则理解的语词,其规则是用最基础的语词表述,而更进一步的以明确规则来理解的语词,其规则则被此两组语词所表达,以此类推。

在对缺乏任何有说服力的语词逆向思考时,有两种意义性质是不可信的,即部分基于明示地遵守规则和部分基于隐式地遵守规则(理想规则和自我修正并存)。所以,如果遵守规则的确牵涉意义的组成,那么它总会是关于隐式地遵守规则的事情,以此避免循环。意义是任何类型的遵守规则。

某个语词的意义的主要特征是其各种被使用的方式,即各种包含此语词的句子和被接受的事实,以及因此被实现的情境。因此,意义组成性质会是那些能够解释所有这些接受现象的性质,会是词语基础的使用规则(先验的)。由经验发现,且通常很难做到:哪条特定的规则对任意给定词语的使用,在解释上是最基础的。并且,基础规则应该是比较容易遵循的,且会与为了要实现的结果的行动相关(为了试着相信真的东西)。由此,对于物的使用是被球员或裁判员接受的科学所指引;对于"真"的使用是被球员或裁判员使用等价图式所决定。

在对意义做必要解释时一般假定其组成说明。给定所谓意义组成性质时,任意具有哪个性质的词语会有特定的、其具有的外延时,才能算是完善的。对球场上发生的事实进行裁决依赖于具有真值导向的网球规则,但事实会产生复杂且多样的意义,使得网球规则对意义的全包容"力不从心"。消解如此矛盾是否可以通过认识到所谓规则的完善条件是错误的来解决? 回答是肯定的。球员和裁判员不应该期待能从某个语词的意义的组成性质直接导出其外延。尤其是,不应该期待能基于某个词语的意义组成使用规则来解释"为什么规则对于其所示的东西是真的,而不是稍微有些区别"。球员和裁判员就是依据规则在有限的范围内做具有约束力的事。

四、遵守设定的规则意义

设定意义是种遵守规则,可能是因为球员或裁判员用某个词的意涵,源自他/她对其整体使用的东西的解释。并且,很明显,一个好的解释候选就是他/她遵守了某些基本的使用规则。更进一步,意义有了明晰的规范性要求(语用最好不要替换),并且如果球员或裁判员假定意义事实是内在的有规定性的,似乎这一现象就刚好会产生。

1. 反思。以上动机都是无效的。从解释考虑,若上文对遵守规则分析大致是正确的话,那么球员或裁判员遵守一定的网球规则是基于两个要素:他/她被一定的网球理想规则所决定,需要用来解释其对于语词的整体使用;发生在偶尔自我修正的语境中,语词其所是并不是本质(不做解释工作)。所以某人意味其所是,是"依据于"遵守特定的规则,遵守规则对于意义是充分肯定的,但更精确的陈述是:意义仅仅是由使用的理想规则所组成的。

2. 考虑。意义的规范要求事实上不会从意义是遵守规则的预设中直接得出,因为相关规则和规范之间在一定程度上不相符合。明示的网球规则部分是由隐式地遵守所组成的,但不能保证的是部分的隐式遵守不包含在明示遵守规则内,所以对隐式地遵守规则仅在明示规则中出现的说明是狭隘的。此外,遵守规则的规范性要求相对实际来说是较少的,其仅满足顺应一定规律性的欲求的价值。但在如此价值和重要的工具和认识论的真信念,应用语词于其外延的元素的价值之间,还存在一个较大的鸿沟。本书的撰写就是为了填补此鸿沟做的些许的努力。所以,将意义看作遵守规则的某种并不会在反思上助力球员或裁判员说明其最明显的规范性要求的形式。另外,既然假定思想内容源于心灵的意义,并且既然允许这些项目可能变成内在的、普遍的(如思想语言的符号),那么意义是遵守规则的想法就值得被高度怀疑了。因为尽管对于思想语言符号的使用也很像是被规则决定的,这些理想规则的运作很可能与修正的实践毫无关联。的确,"自我修正"不可能发生于如此深入的认知层面,是很可能的。

将意义识别为遵守规则的担忧与另一个担忧是密切相关的。"自我修正"是一个意向性状态,因为它涉及选择性回应。那么,如果这些状态必须是心灵上明确说明的,此过程中所用到的词项意义就存在循环的威胁,就不能由遵守规则所产生。也许球员或裁判员可以将这些状态当作隐式欲望的状态,但如此就有必要对这样的状态用非意向性的词项(如"万一""真有可能"等)来给出可信的分析。然而,维特根斯坦在《哲学研究》中指出,显然并不存在那种"无差错的自我修正行为"。如果有,则对将意义视作遵守规则的反驳就可能是有缺陷的;但如果没有,否认理由就是:将意义基于遵守规则之上,可作为一个完全的非语义的还原(如照本宣科、按图索骥等)。

意义是真正规范性的各方面,包括与真信念的价值相关、与认知规范的价值相关、与顺畅交流的价值相关。所具有的规范性要求,有现有案例能很好地处理现象,所以没有理由将意义看作组成性的、规范的,它是生成性的、自由的。

(注:本节内容部分翻译自保罗·赫维奇的《真实的现实意义》,牛津大学出版社2010年版)

五、网球规则

1. 场地

场地为长方形,长78英尺(23.77米),单打比赛场地宽27英尺(8.23米)、双打比赛场地宽36英尺(10.97米)。用绳索或金属缆绳悬挂的网在场地正中将场地分开,绳索或金属缆绳应穿过或连接到高度为3.5英尺(1.07米)的两个网柱上。球网应完全展开以使其完全覆盖两个网柱之间的空间,且网眼必须足够小,以确保球不能穿过。网的高度在中心处为 3 英尺（0.914 米），在中心处用带子（中心带）将网牢牢地固定住。绑带应覆盖绳索或金属缆绳和网的顶部（网带）。网带和中心带应该完全是白色的。如图 3.13 网球场地平面图所示。

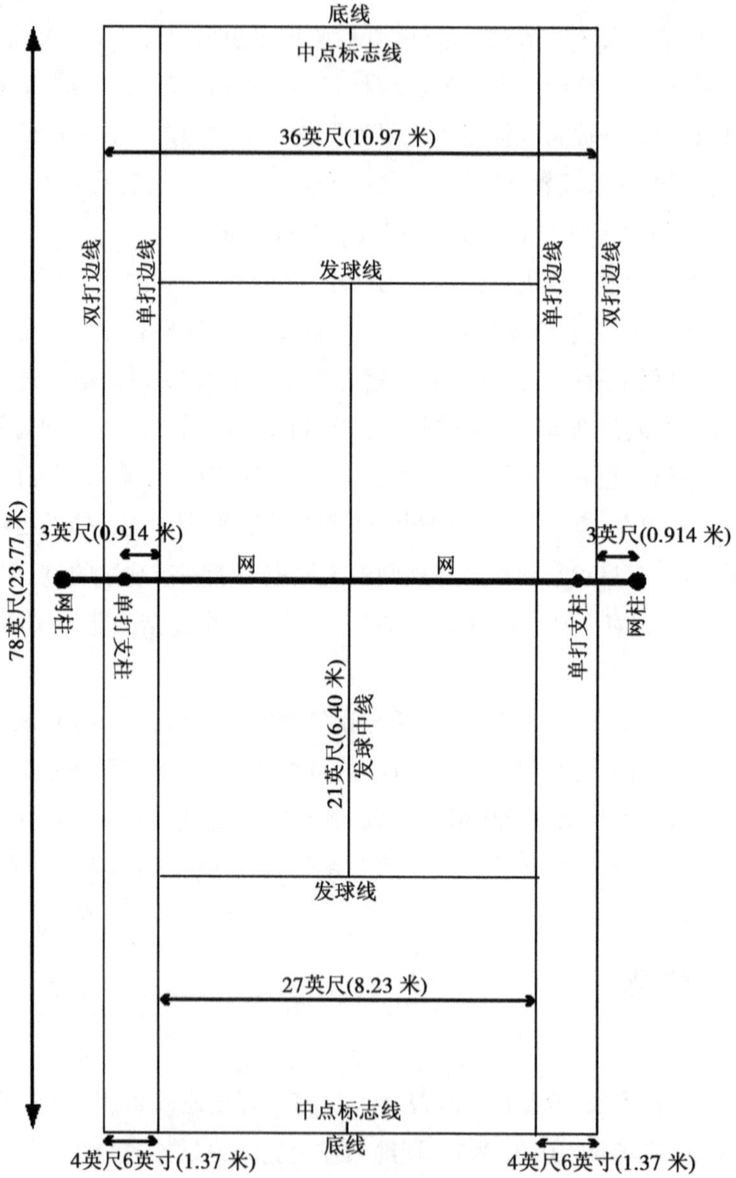

图 3.13　网球场地平面图

● 绳索或金属缆绳的最大直径应为 1/3 英寸(0.8 厘米)。

● 中心带的宽度应为 2 英寸(5 厘米)。

● 网带两边的宽度应该在 2 英寸(5 厘米)和 2.5 英寸(6.35 厘米)之间。[在双打比赛中,网柱中心应在双打场的两侧 3 英尺(0.914 米)处。在单打比赛中,如使用单打球网,网柱中心应在单打场地两侧 3 英尺(0.914 米)处。如使用双打球网,球网应由两根单打支柱支撑,高度为 3.5 英尺(1.07 米),两根单打支柱的中心应在单打场地两侧外 3 英尺(0.914 米)处。]

● 网柱应为边长不超过 6 英寸(15 厘米)的正方形方柱或直径为 6 英寸(15 厘米)的圆柱。

● 单打支柱应为边长不超过 3 英寸(7.5 厘米)的正方形方柱或直径为 3 英寸(7.5 厘米)的圆柱。

● 网柱和单打支柱顶部不超过网带缆绳 1 英寸(2.5 厘米)。[球场两端的线叫作底线(或端线),球场两侧的线叫作边线。在单打边线之间画出两条与网平行的线,两侧均距网 21 英尺(6.40 米),这两条线叫作发球线。在球网两侧,发球线与球网之间的区域应被发球中线分成相等的两个发球区。发球中线应与单打边线平行并在边线正中间。球场两端底线应由一条长 4 英寸(10 厘米)的底线中点平均分成两半,底线中点应画在球场内并与单打边线平行。]

● 发球中线和底线中点宽 2 英寸(5 厘米)。

● 球场的其他线的宽度应在 1 英寸(2.5 厘米)至 2 英寸(5 厘米)之间,而底线可达 4 英寸(10 厘米)。场地上所有尺寸的测量都应该以线的外沿为基准,并且球场所有线的颜色都要与球场表面颜色呈明显对比。除 ITF 公布的规范外,禁止在球场、球网、网带、网柱或单打支柱上刊登广告。除上述场地外,ITF 公布的"红色"场地和"橙色"场地可用于 10 岁及以下网球比赛。

2. 永久固定物

球场上的永久固定物包括后挡板(挡网等)和侧挡板(挡网等)、观众、观众看台和座位、球场周围和上方的所有其他固定设施、主裁判、司线裁判、司网裁判以及在其规定位置的球童。在使用双打网柱和单打支柱的单打比赛中,单打球支柱以外及其与网柱之间的球网部分为永久固定物,不视为网柱或球网的一部分。

● 在球网上,距网柱中心 0.914 米(3 英尺)以内的区域可以放置广告,但广告不应影响运动员的视野和比赛环境。执行机构可以在球网下部,距离球网顶端至少 0.51 米(20 英寸)的位置放置一个非商业标识,但不能影响运动员的视野和比赛环境。

● 在场地后侧和两侧可以放置广告及其他标志或物体,但不能影响运动员的视野或比赛环境。

● 在场地界线之外的地面上可以设置广告及其他标志或物体,但不能影响运动员的视野或比赛环境。

● 虽然有上述规定,但设置在球网上、场地后侧和两侧、场地界线之外地面上的广告,颜色不能是白色、黄色或其他亮色,以免影响运动员的视野或比赛环境。

● 在球场界线以内的场地表面不能有广告及其他标志或物体。

3. 网球

根据网球规则批准用于比赛的球,必须符合 ITF 公布的规格。国际网球联合会应就网球或某型号球是否符合 ITF 公布的规定或是否被批准用于比赛进行认定。此类认定程序可由任何相关方主动做出,也可由任何一方(包括任何运动员、设备制造商或国家协会或其成员)提出申请。此类认定和申请应按照国际网球联合会适用的审查和听证程序进行。活动主办单位必须在活动开始前公布:

(1) 比赛的用球数(2、3、4 或 6)。

(2) 换球规定要求(如果有的话)。如果比赛中换球,可以按照以下任何一种规定操作:

① 在规定的奇数局数后换球,这种情况下考虑到热身时间的用球,比赛中第一次换球的时机应比其余换球的时间提前两局。平局决胜局在换球计算中算一局比赛。平局决胜局开始时不得换球。在这种情况下,换球时间将推迟到下一盘第二局开始时。

② 在一盘开始时换球,若比赛中如果球破了,该分将被重赛。

案例:如果球在一个分结束时软了,这一分该重赛吗?

判罚:如果球是软的,没有破,这一分就不能重赛。

注:任何根据网球规则进行的比赛中使用的球,必须在国际网球联合会发出的国际网球联合会认可球的正式名单上。

4. 球拍

根据网球规则批准用于比赛的球拍,必须符合 ITF 公布的规格。任何球拍或其样式是否符合 ITF 公布的规定,或是否被批准使用,由国际网球联合会裁定。该裁定程序可由任何相关方提出申请,包括任何球员、设备制造商或国家协会或其成员。此类裁定和申请应按照国际网球联合会适用的审查和听证程序做出。

案例 1：球拍击球面上允许有一组以上的拍弦吗?

判罚：不允许。规则提到了一组交织的拍弦(而不是几组)。

案例 2：如果拍弦在一个以上的平面上,球拍弦是否被认为是均匀和平坦的?

判罚：不是。

案例 3：可否在球拍的弦上放置减振装置(避震器)? 如果可以,能放在哪里?

判罚：可以,但这些装置只能放置在交织的拍弦外的范围里。

案例 4：在一分比赛中,一名球员把拍弦打断了。球员可以用这个球拍继续打下去吗?

判罚：可以,除非竞赛组织者特别禁止。

案例 5：球员可否在比赛中同时使用一个以上的球拍?

判罚：不可以。

案例 6：影响击球特性的电池可以安装进球拍里吗?

判罚：不可以。禁止使用电池,因为它是一种能源。太阳能电池和其他类似设备也是如此。

5. 一局中的得分

(1)常规局。在一个常规局中的得分如下,发球方的得分要呼报在前：

没有得分——"0""Love"

第一分——"15"

第二分——"30"

第三分——"40"

第四分——"Game"

如果双方对手球员/队伍均得三分,则为"平分"。在平分之后,赢得下一分的球员/队伍的得分为"占先"。如果同一球员/队伍又赢得了下一分,那么该球员/队伍就赢得了"这一局";如果其对手球员/队伍赢得了下一分,比分重新回到"平分"。球员/队伍在"平分"后,必须连续得两分,才能赢得"这一局"。

(2)平局决胜局。在平局决胜局中,记分为"0""1""2""3"等。第一个赢得七分的球员/队伍赢得"这一局"和"这一盘",前提是与对手的得分有两分的差距。如有必要,平局决胜局将继续进行,直到达到该分差为止。轮到发球的选手应在平局决胜局中先发第一分球,之后两分由对方发球(在双打中,由对方队伍中轮到的球员发球)。在此之后,每个球员/队伍连续发两分球轮流交换,直到平局决胜局结束(在双打比赛中,各队延续这一盘原有的发球轮换顺序)。按照发球顺序,本应在平局决胜局中先发球的球员/队伍在下一盘第一局中接发球。

(3)局分"无占先"计分法。在"无占先"的常规局的比赛中按如下方式计分,发球运动员的比分在前:

无得分——0

第一分——15

第二分——30

第三分——40

第四分——局比赛结束

如果双方运动员/队都赢得3分,这时的比分叫"平分",然后进行决胜分。接发球员将选择从场地右半区还是从左半区接发球。在双打比赛中,接发球方的两名队员在决胜分时不能改变接球站位。赢得决胜分的运动员/队赢得这一局。

在混双比赛中,与发球员同性别的接发球员应当接决胜分的发球。接发球方的两名队员在决胜分时不能改变接球站位。

6. 一盘中的得分

一盘比赛中的得分与记分有不同的方法。两种主要方法是"长盘"和"平局决胜"。两种方法都可以使用,只要在赛事之前宣布即可。如果使用"平局决胜"的方法,还须宣布最后一盘选用"平局决胜"还是"长盘"的方法记分。

(1)"长盘"比赛中首先赢得六局的球员/队伍赢得"这一盘",前提是与对手有两局的差距(领先对手两局)。如有必要,该盘应继续,直到达到两局局数差距。

（2）"平局决胜"盘比赛中首先赢得六局的球员/队伍赢得"这一盘"，前提是与对手有两局的差距（领先对手两局）。若双方得分达到六局平，则进行平局决胜局。

（3）短盘制。先赢得四局并净胜对手两局的运动员/队赢得这一盘。如果局分达到4：4，则进行"平局决胜局"的比赛。或者，如果赛事批准方同意，也可以在局分3：3时进行"平局决胜局"的比赛。

（4）短盘制平局决胜局。短盘制平局决胜局只能用于短盘制比赛。先赢得5分的运动员/队赢得这一局和这一盘，当比分达到4：4时，将进行决胜分。发球的次序和数量由赛事批准方决定。运动员/只需要在第4分结束后换场地。

7. 比赛的得分

（1）一场比赛的得分和记分（一场比赛的赛制）为三盘两胜（球员/队伍须赢两盘来赢得比赛）或五盘三胜（球员/队伍须赢三盘来赢得比赛）。

（2）平盘决胜局（七分制）。当比赛的盘分达到1：1，或在五盘三胜制的比赛中盘分达到2：2时，则用"平盘决胜局制"代替决胜盘来决定比赛的胜负。先赢得7分并净胜对手两分的运动员/队，将赢得"平盘决胜局"和整场比赛。

（3）平盘决胜局（十分制）。当比赛的盘分达到1：1，或在五盘三胜制的比赛中盘分达到2：2时，则用"平盘决胜局制"代替决胜盘来决定比赛的胜负。先赢得10分并净胜对手两分的运动员似，将赢得"平盘决胜局"和整场比赛。

注：当采用"平盘决胜局"代替决胜盘时：

● 发球顺序保持不变（规则第5条和第14条）。

● 在双打比赛中，就像每盘开始时那样，各队的发球和接发球顺序可以改变（规则第14条和第15条）。

● 在"平盘决胜局"比赛开始前，应有120秒的盘间休息。

● 即使在"平盘决胜局"前本应换新球，此时也不能换球。

8. 发球员和接发球员

球员/队伍要分别站在球网两侧。发球员是指将第一分的球发出开始比赛的球员。接发球员是指准备好将发球员所发的球击回的球员。

案例：允许接发球员站在场地外吗？

判罚：可以。接发球员可以选择在自己球网一侧的线内或线外的任何位置。

9. 挑边和发球权选择

在热身开始前,要通过掷硬币的方式选择在第一局比赛中的场地位置,以及发球或接发球。通过掷硬币获得挑边权的球员/队伍可以选择:

(1) 在第一局比赛中担任发球员或接发球员,在这种情况下,对手应选择在第一局比赛中的场地位置。

(2) 在第一局比赛中的场地位置,在这种情况下,对手应选择在第一局比赛中担任发球员或接发球员。

(3) 要求对手做出上述选择之一。

案例:如果热身停止了,而且球员离开球场,双方球员/队伍是否有权进行新的选择?

判罚:是的。最初的掷币结果保持不变,但双方球员/队伍可以做出新的选择。

10. 交换场地

球员应在每盘第一局、第三局和随后的每一个奇数局结束时交换场地。球员还应在每盘比赛结束时换场,除非该盘比赛的总局数为偶数,在这种情况下,球员在下一盘第一局比赛结束时交换场地。在平局决胜局中,每六分后要交换一次场地。

在"平局决胜局"中,运动员在第 1 分后和随后的每 4 分后交换场地。

11. 活球期

除非呼报了发球失误"fault"或重赛"let",球从发球员发球击出的那一刻开始就处于活球期,直到这分结束。

12. 压线球

如果球压到线上,则视为球压到了这条线限制的场地内。

13. 球碰到永久固定物

如果比赛中的球在击中正确的场地后触碰了永久固定物,则击出该球的球员赢得该分。如果比赛中的球在落地前触碰到永久固定物,则击出该球的球员失分。

14. 发球顺序

在每一个常规局结束时,接发球员将成为下一局比赛的发球员,发球员将成为下一局比赛的接发球员。在双打比赛中,每一盘第一局发球的队伍应决定该局由哪位球员发球。同样,在第二局比赛开始前,其对手队伍应决定该局由哪个球员发球。第一局发球员的搭档在第三局发球,第二局发球员的搭档在第四局发球。按照这个发球轮转顺序直到这一盘的结束。

15. 双打接发球次序

在一盘比赛的第一局中,接发球方的队伍要决定哪一名球员接该局的第一分发球。同样,在第二局比赛开始前,其对手要决定谁将接该局的第一分发球。一局中的第一分接发球员的搭档应接发第二分,这个接发球的顺序应保持到这一局和这一盘比赛的结束。在接发球员回击发球后,队伍中的任何一名球员都可以击球。

案例: 双打是否允许只由队伍中的一人跟对手进行比赛?

判罚:不可以。

16. 发球(站位与动作)

在发球动作即将开始前,发球员双脚应站在底线后(即离球网较远),并应在底线中点和相应边线假定延长线范围内。发球员应用手将球抛向任何方向,并在球落地前用球拍击球。发球动作在球员的球拍击到球或没有击中的那一刻完成。只能用一只手击球的球员可以用球拍抛球。

17. 发球(位置与落点)

在常规局中,发球员应交替地站在场地底线后的右半区和左半区发球,每局比赛都要从右半区开始发球。在平局决胜局中,应在场地底线后的左右半区交替发球,本局第一次发球在右半区。发球应越过球网,落点在球网另一侧对角线的发球区,之后接发球员才能将球回击。

18. 脚误

在发球动作过程中,发球员不得:

(1)通过走动或跑动来改变位置,而轻微的脚下移动是允许的。

(2)任意一只脚触碰底线或球场。

(3)任意一只脚触碰边线假定延长线以外的区域。

(4)任意一只脚触碰底线中点的假定延长线。若发球员违反了这条规则,就是"脚误"。

案例 1：在单打比赛中,发球员是否可以站在单打边线与双打边线之间的底线后发球?

判罚：不可以。

案例 2：是否允许发球员一只脚或两只脚离地?

判罚：可以。

19. 发球失误

出现如下情况为发球失误:

(1) 发球员违反规则 16、17 或 18。

(2) 发球员试图击球时没有击中球。

(3) 发出的球在落地前触碰到永久固定物、单打支柱或网柱。

(4) 发出的球触及发球员或发球员的搭档,或发球员及其搭档所穿戴的任何物品。

案例 1：在发球时把球抛起后,发球员决定不击球而是接住球。这是发球失误吗?

判罚：不是。抛球后决定不击球的球员,可以用手或球拍接住球,或让球弹起。

案例 2：在有网柱和单打支柱的场地上进行的单打比赛中,发出的球击中单打支柱,然后落点在正确的发球场地。这是发球失误吗?

判罚：是的。

20. 第二发球

如果第一次发球是发球失误,发球员应没有延误地立即从发球失误的同一半区(底线后左/右半区)再次发球,除非此次发球是在错误的半区发出的。

21. 发球和接发球的时机

在接发球员准备好之前,发球员不能发球。但是,接发球员应配合发球员的合理节奏,并应在发球员准备好后的合理时间内准备好接发球。接发球员只要试图回击,便视为准备好了。如果是接发球员没有准备好的情况,则不能将此次发球判为失误。

22. 重发球

如果满足以下条件,则该发球可以重发:

（1）发出的球触及球网、网带或中心带，并且为好球，或在触及球网、网带或中心带后，在落地前触碰接发球员或接发球员的搭档或他们所穿戴的任何物品。

（2）当接发球员没有准备好时，球就发出了。在重发球的情况下，该次发球将不被计算在内，并且发球员将再次发球，但重发球不能抵消以前的发球失误。

23. 重赛

当被判定（呼报）重赛时，除了是一次重发球的情况，整一分要重赛。

案例：在活球期，另一个球滚到球场上，判罚（呼报）重赛。这一分，发球员之前有一次发球失误。发球员现在得到的是第一发球还是第二发球？

判罚：第一发球。这一分须重赛。

24. 球员失分

如果出现以下情况，球员将失分：

（1）球员连续发球两次失误。

（2）在比赛中，球落地弹跳两次前，球员未能回击球。

（3）球员在比赛中回击的球击中规定的场地外地面，或球落地前击中一个场地外物体。

（4）球员在比赛中回击的球在球落地之前击中永久固定物。

（5）接发球员在发球落地之前回击发球。

（6）球员在比赛中故意用球拍接住球或故意用球拍触球超过一次。

（7）球员或球拍（不论是否在球员手中），或球员穿戴的任何物品，在活球期的时候触及球网、网柱/单打支柱、网绳/球网金属索、网带/中心带或对方场地。

（8）球员在球过网前击球。

（9）比赛中的球触碰球员或球员穿戴的任何物品，但球拍除外。

（10）比赛中的球触碰到球拍而球拍并没有在球员手中。

（11）活球期，球员故意地改变球拍的形状。

（12）在双打比赛中，两名球员在接回球时同时击打到球。

案例1：发球员发完第一发球后球拍在球落地前脱手并触网，这是发球失误还是发球员失分？

判罚：发球员失分，因为球拍在活球期碰到网。

案例 2：发球员发完第一发球后在球落到正确的发球区外后脱手的球拍触网，这是发球失误还是发球员失分？

判罚：这是发球失误，因为当球拍碰到网时，球已经不在活球期了。

案例 3：在双打比赛中，接发球员的搭档在球落地之前触网，什么是正确的判定？

判罚：接发球的队失分，因为接发球队员在活球期触网。

案例 4：在击球前或击球后，越过了球网的假定延长线，球员是否会失分？

判罚：在这种情况下，只要球员不触碰对方场地，该球员不失分。

案例 5：是否允许球员在比赛中越过球网进入对方的场地？

判罚：不允许。球员失分。

案例 6：一名球员在比赛中扔球拍击球，球拍和球都落在对方的球网一侧，而对手没击到球，哪位球员赢得这一分？

判罚：向球抛球拍的球员失分。

案例 7：发出的球在落地前击中接发球员或在双打中击中接发球员的搭档，哪位球员赢得这一分？

判罚：除非是重发球，否则发球员赢得这一分。

案例 8：一名站在球场外的球员在球落地之前击中或接住了它，并声称获得了这一分，因为球绝对要飞出正确的场地。

判罚：球员失去这一分，除非回击的球是好球。在这种情况下，这分将继续。

25. 有效回击

以下情况是有效回击：

（1）球触碰球网、网柱/单打支柱、网线/球网金属索、网带/中心带并落在正确的场地内；规则 2 和规则 24 第（4）条规定的除外。

（2）比赛中的球落在正确的场地后，旋转或被吹过球网，球员来到网前击打球网另一侧的球，落点在正确的场地，但不违反规则 24。

（3）回击的球碰到的网柱或从网柱以外打入，不论是高于还是低于球网高度的水平线，只要球落在了正确的场地内；规则 2 和规则 24 第（4）条规定的除外。

（4）球在不接触球网、网绳或网柱的情况下从单打支柱和相邻的网柱之间的网带下穿过，打入到正确的场地。

（5）球员在本方球网一侧击球后，球拍越过球网，球击入正确场地。

（6）球员回击的球击中另一个位于场地内的球。

案例1：球员回击球，击中单打支柱，并打入正确的场地。这是一个有效回击吗？

判罚：是的。然而，如果发球击中了单打支柱，那就是发球失误。

案例2：比赛中活球期的球击中另一个位于场地内的球。什么是正确的判定？

判罚：比赛继续。然而，如果不确定是不是比赛中的实际用球被回击，则应该重赛。

26. 干扰

如果球员在打这一分时因对手的有意行为而受到干扰，该球员应赢得这一分。但是，如果球员由于对手的非故意行为或自身控制范围之外的原因（不包括永久固定物）而在比赛中受到干扰，则该分须重赛。

案例1：一次无意的二次击打（连击）是干扰吗？

判罚：不是。见规则24第（6）条。

案例2：一名球员声称他因为认为对手受到干扰而停止比赛，这是干扰吗？

判罚：不是。球员失去一分。

案例3：比赛的球击中了一只飞过球场的鸟，这是干扰吗？

判罚：是的。这一分将被重赛。

案例4：在一分中，开始就有球或其他物体停在球员球网一侧，对球员造成干扰，这是干扰吗？

判罚：不是。

案例5：在双打比赛中，发球员和接发球员的搭档被允许站在哪里？

判罚：发球员的搭档和接发球员的搭档可以在本方的场地内或外的任何位置上站位。但是，如果球员给对手制造干扰，那么就应该适用干扰规则。

27. 更正

作为一项原则，当发现与网球规则有关的错误发生时，所有先前打过的比分有效。发现的错误应按以下方式予以纠正：

（1）在常规局或平局决胜局中，如果球员在错误的半区发球，应在发现错误后立即更正，并根据比分从正确的半区发球。错误发现之前的发球失误将被计算在内。

（2）在常规局或平局决胜局比赛中，如果球员在错误场地端，应在发现错误后立即纠正，并根据比分从正确的场地一端发球。

（3）在常规局中，如果球员发球次序错误，一旦发现错误，原应发球的选手应立即发球。但是，如果这一局在错误被发现之前已经打完，发球顺序将按照错误的打下去。在这种情况下，换球局数都应比原定晚一局。

（4）在发球次序错误被发现前的对方发球失误将不予计算。在双打比赛中，如果一方队员的发球顺序错了，在错误被发现之前的发球失误将被计算。

（5）若球员在平局决胜局中发球次序错误，在偶数分后被发现，错误要立即被纠正。若在奇数分后发现错误，发球顺序将保持不变。在错误被发现之前的对方发球失误将不被计算。在双打比赛中，若同一方队员的发球顺序错了，在错误被发现之前的发球失误将被计算。

（6）在双打比赛的常规局或平局决胜局中，若接发球次序出现错误，则该错误将保持不变，直到发现错误的这一局比赛结束。在他们下一次接发球局时，将恢复原来的接发球顺序。

（7）如果平局决胜局在双方"6局平"时开始，而原定这一盘是"长盘"，那么如果只打了一分，这个错误将立即被纠正。如果在第二分开始后发现错误，该盘将继续以"平局决胜"进行。

（8）如果常规局在双方"6局平"时开始，而原定这一盘是"平局决胜"，如果只打了一分，错误将立即被纠正。如果在第二分开始后发现错误，该盘将继续"长盘"，直到比分达到8局平（或更高的偶数），此时将进行"平局决胜"局。

（9）如果一盘以"长盘"或"平局决胜"开始，而原定最后一盘为"平盘决胜"，则在只打一分的情况下，应立即更正。若在第二分开始后发现错误，该盘将继续进行，直到某一球员或球队赢了3局（从而赢得此盘）或直到比分达到"2局平"，这时将进行"平盘决胜"。但是，如果在第5局的第二分开始后发现错误，这一盘将继续作为"平局决胜"进行。

（10）如果没有按照正确的顺序换球，错误将在本应用新球发球的球员/队伍下次发新局开始前换新球来更正。此后换球的时机和局数将按照原定的进行。在一局比赛中不能换球。

28. 临场技术官员/裁判员的角色（可参见前文裁判职责）

对于安排技术官员的比赛，其作用和职责：

（1）裁判长对网球规则的一切问题具有最终权威，其裁决为最终裁决。

（2）在指定主裁判的比赛中，主裁判是比赛中所有事实问题的最终权威。

（3）如果球员不同意主裁判对网球规则的解释，他们有权请裁判长上场。

（4）在分配司线裁判员和司网裁判员的比赛中，他们做出与线或网相关的所有判罚（包括脚误判罚）。如果主裁判确定司线裁判员或司网裁判员犯了明显的错误，主裁判有权改判司线裁判员或司网裁判员的判罚。主裁判负责在没有指定司网裁判员或司线裁判员的情况下对任何一条边线（包括脚误）或球网进行呼报。

（5）不能判罚的司线裁判应立即向主裁判做出相应手势，由主裁判做出判罚。如果司线裁判不能判罚，或者没有司线裁判，主裁判不能对一个事实问题做出判定，该分将被重赛。

（6）在裁判长坐在球场上的团体比赛中，裁判长也是事实问题的最终权威。

（7）主裁判认为必要或适当时，比赛可随时停止或暂停。

在天黑、天气或不适合比赛的球场条件下，主裁判也可以暂停或暂停比赛。当比赛因天黑而暂停时，应该在一盘比赛结束时进行，或者在一盘比赛进行到偶数局后进行。暂停比赛后，比赛恢复时，场上球员的得分和位置保持不变。

（8）主裁判或裁判长要根据具体实施的行为准则对比赛的连续性（时间规范）和运动员接受指导的行为进行判罚。

案例 1：主裁判在改判后给发球方第一次发球，但接发球方争辩说应该是第二次发球，因为发球方已经发球失误一次了，这种情况可以叫裁判长到场做出判罚吗？

判罚：可以。主裁判对规则问题（具体情况所适用的条款应用）做出第一判罚，但是如果运动员对此判罚申诉，可以叫裁判长到场做出最后判定。

案例 2：一个球被判罚出界，但球员却申诉这是个好球，可否请裁判长到场做出判定？

判罚:不可以。主裁判对事实问题(与具体事件中实际发生的情况的问题)做出最后的判定。

案例3:如果主裁判认为在这一分的前面几回合有明显错误判罚,主裁判可否在这分结束时改判司线裁判?

判罚:不可以。主裁判只能在明显的错误发生后立刻改判司线。

案例4:司线裁判呼报"出界",然后运动员申诉争辩这个球是好球,主裁判可以因此改判司线吗?

判罚:不可以。主裁判不能因为运动员的申诉而改判司线裁判。

案例5:司线裁判呼报"出界",主裁判没有看清楚,但是认为是好球,主裁判可以改判司线裁判吗?

判罚:不可以。主裁判只能在确定是明显错误时才能改判司线。

案例6:主裁判宣布比分后,司线是否允许更改判罚?

判罚:允许。如果司线发现了一个错误,只要不是由于球员抗议或申诉的结果,就应尽快进行纠正。

案例7:如果主裁判或司线呼报"出界",然后改判为好球,正确的判罚是什么?

判罚:主裁判必须判定最初的"出界"呼报对球员造成了干扰。如果是一次干扰,那么这一分将重赛。如果没有干扰,击球的运动员赢得这一分。

案例8:球被吹过球网,球员正确到网前准备击球,其对手干扰他击球,正确的判罚是什么?

判罚:主裁判必须判定这次干扰是故意的还是无意的,要么判给被干扰一方得一分,要么重赛这一分。

29. 比赛的连续性

作为一个原则,比赛应是连续的,从比赛开始(从比赛的第一个发球开始)到比赛结束。

(1)分与分之间最多允许25秒,当球员换边时,最多允许90秒。但是,在每一盘的第一局之后和"平局决胜"局中,比赛必须是连续的,球员须不休息间断地更换场地。在每一盘的结束会有一个最多 120 秒的盘间休息。最多的时间限制是从上一分结束到下一分发球开始。赛事组织可以向 ITF 申请批准延长球员换边的 90 秒和盘间休息的 120 秒。

（2）如果由于球员不可控的因素，衣服、鞋子或必要的装备（球拍除外）损坏或需要更换，可以允许球员用额外合理的时间来调整。

（3）不得给予球员恢复身体状态的额外时间。但是，如果球员的身体状况是可以治疗的情况，可以允许 3 分钟的医疗暂停。若在赛事开始前公布，也可以允许上厕所/换装时间。

（4）如果在赛事前公布，组委会可允许最多 10 分钟的休息时间。此休息时间可在五盘三胜制比赛的第三盘之后，或在三盘两胜制比赛的第二盘之后。

（5）除非赛事组委会另有规定，热身时间不得超过 5 分钟。

30. 指导

指导被认为是通过任何方式对球员的沟通、建议或指导。在有队长在赛场中的团体项目中，队长可以在盘间休息和球员在局间换边时对球员进行指导，但不能在每盘第一局比赛后球员交换场地时进行指导，也不能在平局决胜中换边时进行指导。在所有其他比赛中，指导是不被允许的。

案例 1：如果指导是以隐秘的方式发出信号，是否允许球员接受指导？

判罚：不允许。

案例 2：当比赛推迟，是否允许球员接受指导？

判罚：允许。

案例 3：是否允许球员在比赛期间接受教练上场指导？

判罚：赛事组织机构可以向 ITF 申请教练上场指导许可。在允许的赛事中，指定的教练可以进入赛场，并根据赛事组织机构规定的程序指导球员。

31. 球员技术分析设备

根据网球规则批准用于比赛的球员技术分析设备必须符合 ITF 公布的规范。国际网球联合会应就此类设备是否获得批准做出决定。该决定自动生效，或由相关利益方（包括球员、设备制造商或国家协会或其成员）提出申请。此类决定和申请应按照国际网球联合会适用的审查和听证程序做出。

附则

网球规则的审查和听证程序：

1. 介绍

（1）这些程序于1998年5月17日由国际网球联合会董事长（"主席"）批准。

（2）董事会可随时补充、修改或变更本程序。

2. 目标

（1）国际网球联合会是网球规则的管理者，并致力于：

① 保障网球运动的传统特征和完整性。

② 积极地保留比赛传统性需要的技术技能。

③ 鼓励改进，保持比赛的挑战性。

④ 确保公平竞争。

（2）为确保就网球规则进行的公正、一致和迅速的复核和聆讯，须适用本程序。

3. 范围

本程序适用于以下裁定：

（1）规则1——场地。

（2）规则3——球。

（3）规则4——球拍。

（4）网球规则附录Ⅰ和Ⅱ。

（5）国际网球联合会规定的其他网球规则。

4. 结构

（1）根据这些程序，裁决应由仲裁委员会发布。

（2）除有权根据本程序向申诉法庭提出申诉外，上述裁决应为最终裁决。

5. 应用程序

应做出以下裁定：

（1）根据董事会的动议。

（2）在按照本程序收到申请后。

6. 理事会之任命及组成

（1）裁判委员会由国际网球联合会董事长（"主席"）或其指定人员任命，其人数由董事长或其指定人员确定。

(2) 如果超过一人被任命为理事会成员,则理事会应提名一人担任理事会主席。

(3) 主席应有权在任何审查和/或听证前及在任何审查和/或听证时规定程序。

7. 理事会提出的裁决

(1) 根据董事会动议而发出的任何拟议裁决的细节,可提供给在拟议裁决中有利益关系的任何善意人士或任何球员、设备制造商或国家协会或其成员。

(2) 任何获此通知的人须被给予一段合理的时间,在此期间,他可就所建议的裁定向主席或其指定人提出意见、反对或索取资料的要求。

8. 申请裁决

(1) 对裁决有真正利益的任何一方,包括任何球员、设备制造商或国家协会或其成员,均可申请裁决。

(2) 任何裁定申请必须以书面形式提交给主席。

(3) 为使裁定申请有效,裁定申请必须包括以下最低资料:

① 申请人的全名和地址。

② 申请日期。

③ 一份清楚说明申请人在要求做出裁定的问题中的利益的声明。

④ 申请人拟在任何聆讯中所依据的所有相关文件证明。

⑤ 申请人认为有必要提供鉴定证据的,应当包括审理该鉴定证据的请求。这种请求必须指明所提议的任何专家的名称及其相关专长。

⑥ 当就球拍或其他器材提出裁定申请时,必须连同裁定申请一并提交有关器材的原型或确切的复制品。

⑦ 如果申请人认为存在特殊或不寻常的情况,需要在指定的时间内或在指定的日期之前做出裁决,还应包括一份描述该特殊或不寻常情况的声明。

(4) 如裁定申请不包含第8条所述的资料及/或设备。主席或其指定人应通知申请人,并给予申请人规定的合理时间来补救缺陷。申请人未在规定时间内弥补缺陷的,驳回申请。

9. 召开理事会

(1) 主席或其指定人员在收到有效的申请或董事会的动议后,可以召开一个管理委员会来处理该申请或动议。

（2）如主席认为该申请或动议可在不举行聆讯的情况下以公平方式解决，则裁定委员会无须举行聆讯来处理该申请或动议。

10. 理事会的程序

（1）仲裁委员会主席应规定任何复核和/或聆讯的适当形式、程序和日期。

（2）主席应就第 9 条第（1）项所述事项向任何申请人或任何对所建议的裁决感兴趣的个人或协会发出书面通知。

（3）主席应规定所有与证据有关的事项，并不受有关程序和证据可采信的司法规则的约束，只要审查和/或听证以公平的方式进行，并为有关各方提供合理的机会来陈述其案件。

（4）根据这些程序，任何复核及/或聆讯：

① 将在私下进行。

② 可由仲裁委员会休会及/或延期。

（5）主席有权随时增选具有特殊技能或经验的委员加入理事会，以处理需要这种特殊技能或经验的具体问题。

（6）仲裁委员会应以简单多数做出规定。理事会成员不得弃权。

（7）主席要通过全面的考量做出最终的对申请人的裁决，包括申请过程的合理花费以及在听证和测评过程中委员会的合理花销以及报告所需设备费用等。

11. 通知

（1）仲裁委员会一旦做出规定，须在合理可行范围内尽快向申请人或任何对建议裁决感兴趣的人士或团体发出书面通知。

（2）该书面通知应包括仲裁委员会规定的理由摘要。

（3）在通知申请人或在仲裁委员会指定的其他日期，仲裁委员会的裁决将根据网球规则立即生效。

12. 现行网球规则的应用

（1）根据裁判委员会发布临时裁决的权力，现行网球规则应继续适用，直到裁判委员会的复审和/或听证结束，并由裁判委员会发布裁决。

（2）在任何复审和/或聆讯之前和期间，仲裁委员会主席可发出在实施网球规则和本程序（包括发布临时裁决）中被认为合理必要的指示。

（3）这种临时裁决可包括对根据网球规则使用任何器材的限制令，直至裁定委员会就该器材是否符合网球规则的规定做出裁决。

13. 委任及组成申诉审裁处

（1）申诉法庭应由主席或其指定的董事会成员任命。

（2）做出原裁决的仲裁委员会成员不得是申诉审裁处的成员。

（3）申诉法庭应由主席或其指定人员确定的人数组成，但不得少于三人。

（4）申诉法庭应从其内部提名一人担任主席。

（5）主席有权在任何申诉聆讯前和聆讯时规定程序。

14. 应用程序申诉

（1）申请人（或对建议裁决感兴趣并提出任何意见、反对或要求的人士或团体）可对仲裁委员会的任何裁决提出申诉。

（2）申诉申请须符合以下条件才有效：

① 在接获裁定通知后 45 天内，以书面形式向做出裁定的仲裁委员会主席提出申诉；

② 必须列出所申诉的裁定的细节；

③ 必须包含申诉的全部理由。

（3）在收到有效的申诉申请后，做出原裁决的裁定委员会主席可要求申诉人支付合理的申诉费用，作为申诉的条件。申诉成功后，申诉人须偿还申诉费用。

15. 召集申诉法庭

主席或其指定人员应在申诉人支付任何申诉费用后召集申诉法庭。

16. 申诉审裁处程序

（1）申诉审裁处及其主席应按照上文第 10、11 和 12 条所述事项进行程序和聆讯。

（2）根据网球规则，申诉审裁处一旦通知申诉人，或在申诉审裁处指定的其他日期，其裁决即具有约束力和终局性。

17. 总则

（1）如果一个仲裁委员会只有一名成员，该成员应作为主席负责规范听证会，并应规定在任何审查和/或听证会之前和期间应遵循的程序。

（2）所有审查和/或听证会均应以英语进行。在任何听证会上，若申请人和/

或其他个人或组织发表评论、反对或要求提供信息,不会说英语,必须有口译员在场。在可行的情况下,口译员应是独立的。

(3)仲裁委员会或申诉审裁处可公布其裁决的摘要。

(4)根据本程序做出的所有通知均应采用书面形式。

(5)根据本程序发出的任何通知,应从通知发送或传送给申请人或其他相关方之日起被视为通知。

(6)如仲裁委员会合理认为该申请与仲裁委员会在该申请日期前36个月内做出规定及/或裁定的申请或动议大体上相似,则仲裁委员会可酌情驳回该申请。

六、2023 年规则变化

为了对网球竞赛规则的潜在变化进行试验,相关部门可以申请在特定期限内或特定赛事中更改本规则。网球竞赛规则委员会将慎重考虑相关申请,申请通过后将提交国际网球联合会董事会正式批准。

以下对网球竞赛规则的临时变更是于 2020 年、2021 年和 2022 年最初由国际网球联合会董事会批准,由于新型冠状病毒大流行导致 2021 年举办的赛事数量有限,因此经与申请方商议,这些临时变更延长至 2023 年。

规则 2——永久固定物:

● 获得国际网球联合会运动员分析技术(PAT)设备许可的公司可以将 PAT 装置附着于网柱上,用于界线判罚和运动员分析。

规则 30——指导:

● 除青少年赛事外,在 ITF、WTA、ATP 和大满贯赛事中可以允许场外指导。在比赛间隙,场外教练可以给球员非语言(如手势)指导。在球员与教练同一侧的时候,允许场外教练以简短的语句指导。

备选程序和计分方法:

● 大满贯赛事可以试行在男子、女子单打和双打比赛中,当决胜盘比分达到6:6时使用一个十分制平局决胜局决定比赛胜负,包括大满贯的轮椅单打、双打比赛和青少年单打比赛。

10 岁及以下年龄组的网球比赛:

● 在 10 岁及以下年龄组的网球比赛中可以使用以下高度的球网:

● 在红球场地上,球网中心的高度为 0.600 米(23.6 英寸)至 0.650 米(25.6 英寸)。

● 在橙球场地上,球网中心的高度 0.650 米(25.6 英寸)至 0.700 米(27.6 英寸)。

● 在绿球场地上,即规则 1 中描述的(全尺寸)场地,球网中心的高度为 0.700 米(27.6 英寸)至 0.800 米(31.5 英寸)。

在规则试行期间,在 10 岁及以下年龄组三种类型的网球比赛中,各国家协会在上述规定的范围内有权决定球网中心的高度。

在试行阶段结束后,申请方应向网球竞赛规则委员会提交一份报告。

网球竞赛规则委员会由大满贯、ATP、WTA 和国际网球联合会国家网球协会的相关代表组成。

第四章

诠释网球技术官员工作的八字方针——"严肃、认真、公正、准确"

TENNIS

越是不确定的时代，信仰、使命、愿景、价值观这些"选择之锚"就愈加重要。 这些东西不会让我们每一次都赢，但是它们确实可以让我们在选择的关头，成本低、效率高、无大错、可积累。

——《选择之锚》

TENNIS

第一节　关于"严肃、认真、公正、准确"的研究综述

网球裁判社群对"严肃、认真、公正、准确"这八个字耳熟，却不能道其详。原因可能在于这八个字不仅限于适用网球裁判社群，适用太广，不是三言两语能说清楚的；可能是因为每个人对这八个字的内涵已经达成了共识，无须再费心劳神地去做解释；可能是由于其内涵太过凝练，在实践应用时，其信念指引出现了理论断层；可能是因为网球裁判员在行动中反复诠释其内涵，在实践中举一反三，而忽略了对信念的思想诠释。对于网球裁判员社群，甚至体育运动裁判员社群来说，长久以来都没对这八个字做系统性思想探索，可能就在于网球裁判工作偏向"做得实在"，而不提倡"说得漂亮"或"思得精彩"，工作是"干"出来的，不是"想"出来的。身处信息化时代，行动试错成本远高于思维试错成本，行动创新必须和思维创新并举。行动"巨人"的背后一定要有其信念之"山"。我们可能习惯了以师徒观下的行动为主导的裁判员成长的路径依赖，脚踏实地、一步一脚印地，沿着前人的路径你追我赶。如此路径下的新人辈出是令人欣慰的，但忽略了信念指引的行动创新，群体综合能力就会受限。本书就是在网球技术官员的行动力与其信念之"山"之间做理论思想桥接，乐此不疲。

"严肃、认真、公正、准确"是网球技术官员的行为准则，更是其职责信念，被中国各级别网球技术官员视为圭臬。在这八字方针的指引下，新中国网球运动开展得有条不紊。它是国际网球联合会的裁判工作程序在我国实践中的信念精华体现。当今国际国内网球职业和群众赛事如火如荼地进行，其内涵历久弥新，是我国网球技术官员普遍的、基础的、永恒的信念抉择。

一、从西方学术观点看待八字方针

"严肃、认真、公正、准确"内嵌于行动中，属于行动的一部分，它带有行动的倾向性，是心灵的一种状态。它以一种观念的方式存在，并且在一定程度上促进了观念的形成，使得人们对其想象的事物信以为真。它或以态度的方式存在，抑或以意识的方式存在。它可以是种身心状态，兼容着身体与心理。马克思主义认识

论认为,对八字方针本质的探讨,必须基于与人联系的多种关系上才能更加明晰。

"严肃、认真、公正、准确"的西方知识观就是在与知识建立联系后产生的观念——知识是一种"普遍性的公共信念"。依西方学术界观点来看,会出现以下三种情况:

1. 网球裁判相关知识不包括此八字方针。根源来自柏拉图的《理想国》的论断,即此八字方针是种意见,而网球知识来自真理,意见和真理区别甚大。或者说知道与网球相关的事发生了与相信该事真的发生了根本就是两回事。

2. 网球裁判相关知识涵盖了此八字方针的意义,就是因为它们有共同的受众。网球裁判相关知识就来自确定此八字方针为真的合理性。

3. 网球裁判相关知识可能会来自确定此八字方针为假的合理性证伪(真的不合理性)。但要知道知错、差错、纠错也会构成相关知识,成为知识的一部分。

"严肃、认真、公正、准确"的西方真理观的形成基于与真理的关系建立,但并不取决于其真实性或真理性。依西方学术界观点来看,会出现以下三种情况:

1. 此八字方针不属于真理范畴。如若把此八字方针视为意见的话,意见有时会判定为错,那么就不能称之为真理,因为真理不会有错的成分。

2. 此八字方针是真理。此八字方针不触及态度时,则属于真理范畴。

3. 此八字方针被认定为真理不仅受有效性和有益性影响,还要看是否能被事实验证,如果分别都是正向影响则为真理,反之则不能称为真理。

西方学者对信念问题的研究开展得较为广泛和深入,虽然思想和观点有所差异,也不是基于马克思主义认识论,但对之后的相关研究还颇有价值和意义,也为本书的写作提供了必要的理论参考和借鉴。

二、从中国学术观点理解八字方针

从马克思主义哲学来看,"严肃、认真、公正、准确"是一种内在的确信与判断。它是对网球裁判相关理论的真理性和践行的正确性的内在确信;它以一种心理状态或精神状态而存在;它是由相信及其相信对象组成的;它是一种观念和看法。

"严肃、认真、公正、准确"的中方知识观依然是基于与知识关系上的观念。中方在西方学术界观点基础上表露出以下几种观点:

1. 所有网球裁判知识可以转化为此八字方针。此八字方针的建立可以基于科学知识,也可以基于非科学(伪科学)知识;它的形成可以基于理论知识,亦可以基于经验知识。人在确信的知识与信念之间起到了至关重要的作用,没有人对经验的感性确证,没有人对知识的理性审视,此八字方针不可能被确立。

2. 此八字方针的外延超越知识的广度。基于科学的网球裁判知识必定存在可错性,这使得在知识层面此八字方针与网球裁判知识内容关系可以有广义和狭义之分,也可以毫无关系。仅凭借相信就能成为知识,岂不荒唐?

3. 网球裁判知识内含了此八字方针的标准。基于对网球裁判知识的明确或知道状态程度,我们制定了此八字方针的标准。如若我们在践行此八字方针时,无形中标准就被明示。

"严肃、认真、公正、准确"的中方践行观是基于与行为关系上的观念。从马克思主义哲学来看,此八字方针经常以目的或动机的形式贯穿于人的践行,并与情和意想关联,形固为某种观念意识引领人的行动。此八字方针内含理论的实践性和现实性,需要通过人的践行才能体现出来。

第二节　对于"严肃、认真、公正、准确"内涵的理解

"严肃、认真、公正、准确"符合认知论中的信念意义。它是在网球裁判实践过程中形成的,被网球技术官员采纳为真实的从事网球裁判事物本质的认识或观念,并成为网球技术官员行动的指导原则。这八字方针是网球技术官员的认识行为和结果,受网球技术官员的主、客观状况的影响。其类型和其表达方式均不尽相同。"严肃、认真、公正、准确"内涵的确定是对与其有关的所有网球裁判事宜讨论的前提和基础。该信念的内涵丰富且复杂,对这八字方针的理解有很多视角,不同学科、不同从业者对其理解也就会有所差异。它在实际工作中会促进裁判工作开展,也会产生诸多矛盾。一般来说从心理学和社会学视角去理解居多,这也是本书着重要阐述的内容。

本书是从哲学认识论意义上而非信仰意义上来讨论"严肃、认真、公正、准确"的。鉴于涉及主体对其八字方针的接受和态度,主体的态度及其辨别就具有决定性意义。从马克思主义哲学认识论出发,可以从以下几点来把握此八字方针的

内涵：

1."严肃、认真、公正、准确"是对网球裁判事业的一种认识结果，是对与网球工作相关的客观事物的认识，其内容具有客观性，一定程度上反映了网球裁判工作的本质。我们既要网球裁判员对此八字方针的"认同的态度"的确定，又要网球裁判员接受此八字方针蕴含的倾向性和意向性，还要求网球裁判员在此八字方针下有合理性的践行。此八字方针在国内外网球赛事中对网球技术官员具有政治约束意义，在裁判具体工作中葆有权威指导意义。既强调网球裁判员在该信念形成中的作用和意义，也强调网球裁判员认识的客观基础和信念的客观内容。

2."严肃、认真、公正、准确"是基于网球裁判工作的一种认识，是基于实践基础上的观念，是网球裁判员在从事网球裁判工作过程中对网球赛事中的客观事物（认识对象）本质特征的把握，是一种主客体关系的反映，是一种基于实践的主体对客体的认识关系。

3."严肃、认真、公正、准确"是网球裁判员对裁判对象的辩证的、能动的反映。网球裁判员在该八字方针形成过程中的作用无疑是十分重要的。没有网球赛场上的人、事和物就不可能有该信念的产生，更缺少不了网球裁判员践行。网球裁判员的认识活动是该八字方针产生的基本机制。如此，我们更愿意看到的是网球裁判员能动的反映、辩证的认识，而不是死记硬背规则和生搬硬套条款。该八字方针的表现形式多种多样。对同一事物的认识不同，就会有不同的信念产生，可能只是匹配其中一条，亦可能同时适恰多条，亦可能是由某条引申而得。

4."严肃、认真、公正、准确"是践行的指导原则。该八字方针来源于实践，也必定会回到实践中去。它是被网球技术官员采纳为真实的、关于从事网球工作事物本质的解释、评价、结论或预测，并成为网球裁判员行动的指导原则。

一、八字方针的主体

"严肃、认真、公正、准确"作为网球技术官员认识活动的结果，可以在网球裁判工作中对相关事物本质做解释、评价、结论或预测，与认识主体——人关联，人本身和人对此八字方针的影响必定会涉及人的存在问题。网球技术官员是此八字方针的主体，也是其载体。

人的自然存在可分为肉身存在和思想存在。人的肉身存在是人活于世的基础和前提，是思想产生、表达、传播、犹存的物质基础。思想决定了人所要走的路，信念决定了在此或彼的思路上可以走多远。信念架构思想，使其内涵丰富而多彩；信念引领思想，使其立场坚定而执著。信念是我们从现实走向理想（实现梦想）的指北针，能让我们在迷途中不再徘徊。

"严肃、认真、公正、准确"的生成过程就是网球裁判员的认知过程。此八字方针由裁判员的心智生成，形成裁判员独特的心理状态，与其生理状态共存于人的内部。八字方针可谓是一种精神引领，我们坚定执行便会顺利完赛。它会引领我们用积极的、良好的心态去克服种种困难。我们只有在思想上认定、信任它，才能与践行形成一个"思想——行动——思想"的处事循环。为了便于对此八字方针进行具体分析，我们可以把其分成普遍、特殊、整体、局部等模式。此八字方针依赖于信者而存在。如此，此八字方针是个信念集合，在当代中国不仅被网球技术官员团体的"群体信念"（"公信"）作为"常识"存有，还被每个网球技术官员个体信念所谨记，还被网球运动员认可而犹存，最重要的是与我国社会主义核心价值观契合。

"严肃、认真、公正、准确"的本质或真伪不受信众的多寡影响，不被信众的身份地位所左右。该八字方针自提出到现今，已有30余年，一直被网球裁判从业者所葆有，其传播是随着我国网球赛事开展的广泛程度而逐渐被各级网球裁判员所认知，甚至成为各级别网球裁判考试中必考内容之一。在各级各类网球赛事中其行事功效和价值引领被世人所认可。对于初出茅庐的网球裁判员来说，需要把对这八字方针从陌生转变为熟知并坚信持存；对于经常从事裁判工作的人来说，通过践行把相信转变为坚定不移的确信；对于网球裁判社群权威人士来说，通过思想和行动的融汇表达，打消与之相悖的疑虑，调试好限度，使得这八字方针"公信力"经久不衰、历久弥新。

二、方针贯彻的理解

"严肃、认真、公正、准确"的分类研究有助于我们从不同的视角来理解和把握其内涵。

如果能意识到此八字方针的重要性、精炼性、引领性、正当性……那么诸多属性就能成就其价值所在。其生成或存在方式，可以是有意识或无意识的，也可以是下意识或潜意识的。基于人脑和机体的活动程序、步骤和机制，与八字方针相关事件的起因、经过、结果均存有某种意识的属性，思与行在不自觉中与之匹配，或在自知中主动与之契合。意识是思与行动互通的"钥匙"，思通过意识促行动达成，行动通过意识促思延绵；意识是个人和他人的"黏合剂"，自发和自觉意识可以在个人和他人之间互相触发，个人和他人通过意识的自觉而携手并进，个人与他人通过意识的自发而志同道合。

恪守"严肃、认真、公正、准确"就一定能使其为"真"信念？不然，真与伪共存于网球裁判工作中。从理论为"真"到践行为"真"，再到以行动验"真"中，会出现失真和伪真。马克思主义认为，真理即是主观与客观相一致，认识的真理性可以通过实践来检验。此八字方针的客观性在于不以人的意志和认识而改变，其主观性在于网球技术官员的辨识与判断。主观性基于个体认识的正确性或真实性，个人可以用可靠的证据佐证其为真。如此的认识特性直接影响甚至决定着该八字方针的确立和对其的"置信度"，并进而对网球技术官员的情、意、行产生影响。

网球裁判工作中，"严肃、认真、公正、准确"的信念引领与人的践行匹配程度会出现评价偏差。这不是对八字方针本质的质疑，而是因对其内涵的复杂性和丰富性经验程度不足而引起的。我们在赛场执裁过程中，对遵守或违反此八字方针的行动都有经验上的准备，因为被前人或自己实证过。但如果在遇到前所未有之情境时，以什么样的手段、方式、方法去完成是最为恰当的，则是仁者见仁、智者见智了。摒弃了想当然，唯有八字方针的引领可达"真、善、美"。例如，行为举止的严肃是否有利于与临场运动员或教练交流？语言的认真是否就能达到事半功倍的效果？判罚的公正是否就能体现裁判员的德行？准确的呼报是否就能证明业务能力的高低？……

三、方针贯彻的表达

"严肃、认真、公正、准确"已经深入网球裁判员内心，习惯成自然的状态当然也会在表达中体现。裁判员在执裁时对八字方针的恪守，可以体现在语词的显性或隐性表达中，也体现在行动中。当网球裁判员在审时度势的经验下运用语词去做陈述、描述、解释、告知等时，语词的选择、句型的运用等均可以在显性的言语中体现。有些词语是规则和条款以及职责与操作程序里固有的，信念通过固定语词得到表达,表达多次后也就了然于胸了。隐性的言语表达相对较难,体现在为了准确表达语义或表露某种主观态度及语法结构、逻辑组合的运用上。这直接关系到语义的可理解限度和表达意义的传达程度,就是我们常说的词要达意。通过事实的陈述过程本身就可使信念生成,并不需要死记硬背规则和条款,信念意义的生成比内容更重要,"做得漂亮"也就远胜于"说得美了"。显性的和隐性的言语技巧均可随着经验的积累而被熟知,但这里面动作的成分是举足轻重的。除了言谈还有举止,如用词得当还要辅以语气的抑扬顿挫,表达态度还要辅以表情和眼神,再辅以手势的表达,其意义表达会更为突出。高水平的网球裁判员言语表达除了表达自己的主观意图外,还善于把他人的"信"给深挖出来,以求共识,以达解释到位。赛事过程中的很多时候,裁判员得到他人认可,不仅仅表现在秉公执裁上,更多表现在激发了他人固有的对科学的"信"、对知识的"信"、对道德的"信"、对态度的"信"、对情感的"信"等深层而复杂的"信",这些都要基于"严肃、认真、公正、准确"才能达成。

四、对八字方针认识的发展

依据词语分类,对"严肃、认真、公正、准确"的认识可从三个层面展开,即概念(名词)认识、情感(形容词)认识、行动(副词)认识。对该八字方针的认识是在践行基础上的网球技术官员对客体的能动反映,是网球技术官员的思维对客体真相无限接近的过程。如此,在马克思主义认识论中,"严肃、认真、公正、准确"的概念认识(下定义)契合真相和真理的认识是无限的、无止境的论点;"严肃的、认真的、公正的、准确的"情感认识契合能动的反映论;"严肃地、认真地、公正地、准确地"行动认识契合有选择性的反映过程,如网球技术官员基于自身感知觉对事物的构成、重构、预测等。起因、经过和结果散落在这三种认识中,构成多层次复杂循环,以此对"严肃、认真、公正、准确"的认识会不断拓展。

五、对八字方针价值观的解读

价值观是关于价值的一定信念、倾向、主张和态度的系统观点。价值观起着行为取向、评价标准、评价原则和尺度的作用,能成为我们认知和行动的支点。当认知和行动几乎为零时,价值观起到引领作用。验证价值观对认知和行为的统摄,需要利用时间这个因素。价值观不是对于单个事实而言的,而是对于在某个过程中的一个个选择性节点上,选择此或彼的价值而言的,多出现在政治、经济、文化中。价值观属于观念范畴,内含心理学和社会学内容。

"严肃、认真、公正、准确"是中国裁判事业的价值观取向,这是西方网球运动来到中国后,为了更好地开展网球赛事和网球裁判工作,依据中国国情与网球文化被提出的。它是在网球裁判工作过程中形成的,被网球技术官员采纳为真实的与网球裁判相关的事物本质的观念。简言之,就是被中国网球技术官员确信为正确的观念。它是我国网球技术官员的航标灯,引领着与网球裁判相关的认知和行动。网球运动乾坤虽小,却自成天地,其中有生活、有道德、有人生……八字方针是网球技术官员用来评价行为、事物以及从各种可能的目标中选择自我目标达成的准则。

新时代,中国文化软实力的建设重点就是核心价值观,这是在 2014 年 2 月中共十八届中央政治局第十三次集体学习《把培育和弘扬社会主义核心价值观作为凝魂聚气、强基固本的基础工程》时所提出的。网球运动是西方社会发展到一定阶段的文化产物,必定存有诸多西方社会的价值观念和价值取向。网球运动发展至今,除了网球运动本身的运动竞技属性外,各层次、各级别的娱乐性网球赛事也颇受大众青睐。网球裁判队伍就成为直接服务于赛事,参与赛事管理和执行的社会群体组织。这八字方针早在 30 多年前就被提出,那时还没有"核心价值观"概念。但事实证明,这八字方针的确给网球裁判事业带来了生命力、凝聚力、感召力,大大促进了网球运动在中国的开展。新时代,网球运动在我国广泛开展,其价值体现必定要与我国社会主义核心价值观契合,其中网球裁判事业的核心价值观是关键,因为它具有约束力,代表网球运动的"公信力"。此八字方针的践行肯定了其历史价值,也赋予其新的使命——网球运动融入中国元素。新时代新征途,中国网球裁判事业核心价值观研究势在必行,以下几个方面不得不谈:

1. 中国古代核心价值观,逐步形成了以"仁、义、礼、智、信"为主的核心价值观,总体受儒家思想影响。西方社会自文艺复兴和启蒙运动以来,倡导人性解放,自由、平等、博爱等价值观被提出,逐渐形成了基于个人本位主义的价值体系。美国把"自由、民主、人权"等作为核心价值观。

中国古代没有产生过类似网球的运动项目,网球文化本身不具有中国元素,当然也就不会内含中华优秀传统文化。资本主义国家代表——美国把网球推向全世界，网球文化不仅具有鲜明的西方文化特色，还具有浓厚的资本主义市场和商业气息。新时代，中国是世界的重要组成部分，我们在对中华优秀传统文化自身进行创造性转化和创新性发展的同时，也会对世界优秀文化张开双臂，兼容并蓄，共享人类文明，倡导人类命运共同体意识。按新时代中国特色的要求，对网球运动的价值内涵和表现形式进行改造，推陈出新，激活网球运动在中国的生命力，如2020年中国网球巡回赛的横空出世。按时代的新进步和新进展，让以网球运动为代表的西方文化与中华优秀传统文化碰撞，使中西方文化内涵互相补充、拓展、完善，使双方都在一定程度上增强了自身影响力和感召力。

2. 培养和弘扬社会主义核心价值观必须立足于中华优秀传统文化。前文已经对中西方文化做了比较，阐述了中华文化特色。中华传统美德是中华文化精髓所在，被国际社会所盛赞。罗素如是说，"中国至高无上的伦理品质中的一些东西，现代世界极为需要"。继承和发扬中国优秀传统文化需要有科学的态度，如此才能用所创造出来的精神财富化人、育人，增强文化自信同时增强价值观自信。当今中国深入挖掘和阐发中华优秀传统文化，讲仁爱、重民本、守诚信、崇正义、尚和合、求大同的时代价值，使得中华优秀传统文化成为涵养社会主义核心价值观的重要源泉。但要知道"德行天下"不仅在中国，还在其他国家、地区和民族。网球运动中的"德性"与"德行"体现，从网球裁判视角来看犹佳。中国属于世界，世界需要中国，深入挖掘他国优秀文化为中国所用，有助于提升中国文化软实力。

3. 中国的网球运动是微观践行社会主义核心价值观的场域，具有代表性，把鲜明的西方文化产物渲染上"中国红"的同时，又不失其运动本来面目，本身就是在践行创造性转化和创新性发展。网球裁判事业在其中起到了关键性的作用，因为它衔接了网球运动与中国人。"严肃、认真、公正、准确"作为中国裁判事业的核心价值观不仅为自身设定了边界，而且对参与网球运动的人进行社会主义核心价值观的教育引导，做到了润物细无声。中西方文化融合下的网球运动对人的思想观念、价值判断和道德情操的影响极具代表性。网球运动一定程度上触发了国人对贵族精神的深层次理解，促进了对"礼"与"仪式感"的深入解读，增强了对规则意识的遵守。

4. 起源于西方宫廷贵族运动的网球，自带贵族气息和贵族精神。新时代，走向全面小康生活的国人需要深入认知贵族精神。

西方所崇尚的贵族精神不是养尊处优、不是追求生活的悠闲奢华、不是形式主义的贵族生活,而是以荣誉、责任、勇气、自律等价值为核心的先锋精神。国人对富贵的一般理解在于物质的富,而西方社会的富贵重点在于自制力的贵,这来源于合作意识和自律精神的培养。贵族精神宣扬的是克己,是自我奉献,并服务国家。贵族是尊严和品行的化身。骑士精神其实就是贵族精神的一部分,它作为一种道德理想,长久影响着西方人的民族性格(如有风度的竞争)。贵族精神提倡低调、节约、慷慨,宣扬的是一种担当精神和社会责任感。法国政治学家托克维尔认为,贵族精神的实质是荣誉,它不是非要基于物质条件才能存在。贵族精神内含高贵的气质、宽厚的胸怀、悲悯的情怀、高尚的精神、承担的勇气、坚韧的生命力、人格的尊严、人性的良知、不媚、不娇(骄)、不乞、不怜,以及始终恪守美德和荣誉高于一切的原则。

新时代,国人需要做精神上的贵族。真正的规约精神由三个重要方面组成:一是文化的教养,抵御物欲主义的诱惑,不以享乐为人生目的,培育高贵的道德情操与文化精神;二是社会的担当,作为社会精英,严于自律,珍惜荣誉,扶助弱势群体,担当起社会与国家的责任;三是自由的灵魂,有独立的意志,在权力与金钱面前敢于说不。而且具有知性与道德的自主性,能够超越时尚与潮流,不为政治强权与多数人的意见所奴役。贵族精神的高贵之处在于干净地活着、优雅地活着,有尊严地活着,不会为了一些眼前的现实利益,去背信弃义、不择手段。基于这样一种意义来讲,精神的贵族和所谓富有之人应该是没有关系的。精神的贵族不一定富有,富有之人不一定是贵族,因为此种贵族精神用钱买不来。

5. 中国贵族文化在春秋时代留有踪迹,其首要标志是"礼"。中国上古的贵族都是武士,贵族男子均以当兵为荣,视冲锋陷阵为乐。春秋时代的车战是一种贵族式的战争,竞技方式、布阵程序、交战原则均离不开"礼"的约束。春秋"战争礼"讲究承诺,遵守信义,不以阴谋狡诈取胜。战时,文雅风流,仍"重人道、讲礼貌、守信用",贵族风度高于胜负心。现在看来迂腐的礼仪更多来自当时阶级笃守的文化信念,这从仪式和礼节中表现出来。欧洲中世纪的"骑士精神"是面镜子,映射出了中断绝迹的中国贵族传统文化,使得当今人们能重返先秦祖先的内心世界。中西方贵族均注重仪表、言谈举止的细节,体现出深入骨髓的教养。贵族礼教精神中的一个重要原则,就是贵族在任何时候都要保持尊严和风度。贵族虽有保守和特权的方面,但别忘了他们还有优雅、超越和敢于担当的一面。

礼仪是宣示价值观、教化人民的有效方式。网球礼仪由来已久,融入了社会主义核心价值观,一方面网球运动有利于养成弘扬社会主义核心价值观的生活情境和社会氛围,这是因为网球运动受众较广,可从儿童到老叟,不分男女,甚至残障人士也可参与;一方面网球运动对道德教育的重视,通过网球礼仪以及网球规则、条款、操作程序可以体现出来,与"非礼勿听,非礼勿视""礼者,人之规范,守礼所以立身也"等中国传统道德规范如出一辙。如此,按社会主义核心价值观的基本要求,把中国优秀传统文化融入网球运动礼仪的规章制度和行为准则中,进行再解读成为可能。中国网球裁判事业就理所应当地担负起这样的使命,传播主流价值,增强国人的认同感和归属感;在国内外重大比赛、群众性网球竞赛中上升到国家层面,以发挥社会教化作用。

6."严肃、认真、公正、准确"作为中国裁判事业的核心价值观之所以能长久不衰、历久弥新,最根本的原因在于此八字方针并不涉及国家意识形态层面的核心价值观,不涉及社会形态的讨论,只涉及社会和公民层面,如此就跨越了意识形态各异的国家、地区和民族。价值观是一组无所谓对错的排序,价值观"正",与当下主流价值观一致,符合公序良俗。此八字方针必须与中华民族、中国的历史文化相契合,与国人正在奋斗的"中国梦"相结合,与国人需解决的时代问题相适应。树立和培养社会主义核心价值观,网球运动提供了"勤学、修德、明辨、笃实"这样的舞台,网球裁判工作任重而道远。

第三节 从知识观学习"严肃、认真、公正、准确"

"严肃、认真、公正、准确"在马克思主义认识论中得到解读,事实证明,此八字方针在网球运动中发挥着重要作用,联结着"践行—认识"和"认识—践行",建构了"践行—认识—践行"循环系统,推动网球事业在中国的蓬勃发展。深入探究作为中国裁判事业的核心价值观的"严肃、认真、公正、准确",需先从概念释义开始。

一、概念释义

"严肃"的释义有以下三种,可以形容人的状态也可以形容气氛:①态度严正、庄重。出自《吕氏春秋·尊师》:"和颜色,审辞令;疾趋翔,必严肃。"态度层面涉及心理范畴,如此严正、庄重则成为个体主观评价以及由此产生的行为倾向性。②严格、认真。出自汉蔡邕《议郎胡公夫人哀赞》:"教诲严肃,昭示好恶。"与行动直接搭配,严格与认真在表达一定行动范畴中可通用,多出现在对某事物比较级表达上。③严谨有法度。出自《北史·邵惠公颢传》:"文帝诸子并幼,遂委以家务,内外无不严肃。"用行动、态度的"谨"来强调"严",用法度来强调"肃"的程度和适用范围。

"认真"的释义有以下两种:①切实负责而不马虎随便。出自《元史·王克敬传》:"世俗喜言勿认真,此非名言。临事不认真,岂尽忠之道乎?"《老残游记》:"那八个管帆的却是认真的在那里管,只是各人管各人的帆。"这是对行动、态度的强调,不仅给出了"切实"的前提,还给出了行动指南。②当真。《红楼梦》:"打了干的打亲的。还是卖弄你女儿多,还是认真不知王法?"分词释义为"认为是真的",蕴含真与伪的比较,真理的识别,实与虚的甄别。与细心比较,认真是被动按规矩处事,细心是主动处事,认真不一定细心,细心一定认真。

"公正"的释义为公平正直,没有偏私。出自《荀子·正论》:"上公正则下易直矣。"《汉书·朱邑传》:"为人淳厚,笃于故旧,然性公正,不可交以私。"公正属于伦理学的基本范畴。没有偏私是指依据一定的标准而言没有偏私,因而,公正是一种价值判断,内含一定的价值标准。在常规情况下,这一标准便是当时的法律。公正的英文为 justice,英语中的 jus 本身就有法的意思。公正的英语以 jus 为词根演变而来,也说明了这一点。任何一个社会都有自己的公正标准,所以,公正并不必然意味着"同样的""平等的"。

"准确"的释义为严格符合事实、标准或真实情况,重在行为方式或效果,强调没有误差或偏差。表明准确前逻辑上已有事实、标准或真实情况存有,在符合论基础上论准确的成立,即没有误差和偏差。要知道思的准确难度远小于行动,行动的难度成本更大,所以着重在行动方式和效果上符合。实际上只能是在大体上谈准确,不可能完全符合,只能是最大限度地趋向无差别。

二、关系

以上四个词语的释义显示，它们均与行动产生联系，出现在行动的全过程中。为了便于更好地体现此八字方针的应用价值，我们还需对四个词汇的内在关系做进一步厘清。

图 4.1 表明，准确真包含于公正，公正和准确真包含于认真，认真、公正、准确真包含于严肃。准确可指时间与空间数据上的精确，需要以数值佐证。也可指意义上的符合，需要以适恰程度佐证。公正属于伦理学范畴，是一种价值判断，就其内涵的价值标准来说，关键并不在于评判尺度的准确性，而在于适恰性。所以公正中有非准确的成分存在。真包含于公正内的准确，提供了可供参考的标准。没有绝对准确的标准，相对准确的标准存在的价值在于其可以是

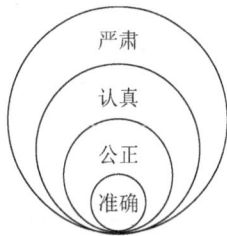

图 4.1　"严肃、认真、公正、准确"关系图

个坐标系。后续的行动在这个坐标系上行事时，其偏差或误差的产生一定程度上肯定了其标准的准确性；另外一方面也校准了行动，以保持较高的行动力。但要知道在明确划定准确与非准确界限情况下，也可以根据其适恰程度来调适其准确标准。认真中不仅有公正与准确，还真包含了非公正和非准确成分。正是因为认真前逻辑——"切实"的存在，使得在行动中认真并不被既定的公正和准确所左右，使得行动通过认真品质可以构建异样的公正和准确，即行动中的主体摆脱了既定的公正或准确界定，依自身主观的价值标准去行动，力行标准再造。

严肃真包含认真、公正和准确。由于主、客观评价的存在，严肃和认真、公正、准确求同存异，即严肃是认真、公正、准确的保证，但亦然会有严肃的非认真、非公正、非准确状态存在；认真与非认真、公正与非公正、准确与失准状态下均会出现严肃状态。行动的认真可以体现出严肃的状态，但对人或事物的认真程度不能直接对应其严肃程度。对认真的程度鉴别分为自我主导（主观）和评价标准（客观）两种，这存在对认真程度的认可问题。自我认真程度与自我意识相关，行动在基于自认为的认真下进行，使得行动表达为自我的认真，有可能是真实表达，也有可能表达受限于自我能力（能力不足），即意识到认真的程度，但行动力不从心，或有意限制自我能力发挥（保存实力），但仍能依认真的最低标准行事。当依一定标准

客观评价认真时,会出现对认真的认定问题,即自认为的认真与标准认可程度一致,自认为的认真与标准认可程度不一致(不认可或存在认可差异)。正是因为认真程度中存在自我(主观)与标准(客观)认定差异,所以严肃状态可以保证,但程度难以界定。会出现以下几种状态:自认为的认真行动正好达到预期严肃状态;自认为认真对待了,但严肃状态有所欠缺;不必太认真也能达到预期严肃状态;全力以赴的自我行动超出了预期的严肃状态。公正、准确分别与严肃关系的主客观分析与认真分析趋同,主体只有保证在自我认知与审时度势的行动处世中始终保持正向循环,才能达到自我实现与处世完满。

三、广义与狭义

根据现代信息加工心理学的有关研究,广义知识是指主体通过与其环境相互作用而获得的信息及其组织。依知识储备主体分类可分为个体知识和人类知识。依属性分类则分为:陈述性知识,主要指言语信息方面的知识(回答是什么的问题);程序性知识(回答怎么办的问题),派生出两个亚类——对外行事的智慧技能和对内调控的认知策略。在网球裁判技能掌握中,执裁经历可以极大地丰富经验以达到行动的自动化,而受意识控制的认知策略,在积累经验的同时,不断积累认知模型,行动亦可以形成自动化。但这两个亚类也都有着推陈出新和实现自我创造的过程,自动化结构或认知模型在不断的"破"和"立"中循环。

英国哲学家波兰尼(Michael Polanyi)把知识分为显性知识与默会知识。显性知识又称明言知识,指能用语言文字(包括数学公式或图表)等诸多符号表达的知识。默会知识又称缄默知识,是指只能意会不能言传的知识。陈述性知识是显性知识,程序性知识部分是由缄默知识组成的。美国心理学家奥苏贝尔(David Pawl Ausubel)的有意义言语学习理论,将陈述性知识分为机械知识和有意义知识。网球裁判知识是网球知识中的重要组成部分,言语和文本文件是其显性知识,缄默知识多数存在于行动过程中,正是程序性知识使得行动得以实现。在行动中,网球裁判员通过陈述或描述,与他者进行沟通和交流,那就必定需要有记忆参与的机械知识和基于理解获得意义的知识参与其中。

如图 4.2 所示,陈述性知识的学习阶段是新信息激活短时记忆与长时记忆中的相关知识,并建立联系,从而形成新的意义(价值)建构。而后把此类建构融入长时记忆中,以备巩固与转化。最后意义(价值)根据需要被提取或运用。程序性知识以陈述性知识为起点,学习与理解规则和条款。接着练习某规则或条款下的诸多变式运用。最后用某些规则或条款支配人们的学习行为,以达其自觉遵守的目的。

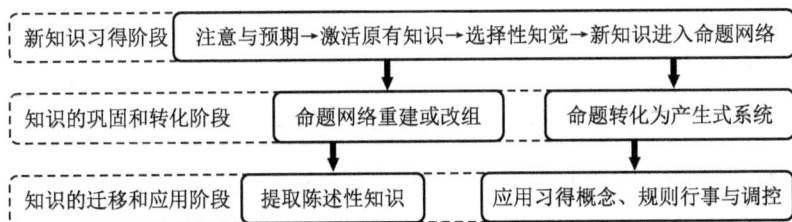

新知识习得阶段	注意与预期→激活原有知识→选择性知觉→新知识进入命题网络
知识的巩固和转化阶段	命题网络重建或改组 　命题转化为产生式系统
知识的迁移和应用阶段	提取陈述性知识 　应用习得概念、规则行事与调控

图 4.2　广义知识学习阶段与分类模型

网球裁判相关知识得到了普遍性的共同信任,所以知识与信念有部分重叠,部分重叠的知识就是命题性的知识(表象的知识)。网球裁判员知道某命题(知识),亦可以相信某命题(信念),这原本是两类事,却可在同一命题上得到整合。程序性(操作性)知识放弃了对象命题的真假辩护,它着重展现的是技能,只在运用知识适恰程度上会有所要求。八字方针在形式上往往是通过命题性的形式被给予网球裁判员,要求做到"严肃、认真、公正、准确",会以口号或宣誓的方式被网球裁判员提出,但不涉及如何做,只相信某表象下体现出来严肃、认真、公正、准确,不存在对操作层面的相信,因为人的主观性参与其中,要因地制宜、因人制宜和审时度势才能恰如其分。如此看来,程序性(操作性)知识不是信念的范畴,它不能直接成为指导网球裁判员的行为原则。如有必要,且有可能,则必须把程序性(操作性)知识转换成命题性知识,转换成原则,进而转化为信念,才能指导裁判员们的行为。

由此可知,知识只有先被网球裁判员在实践中变成信念,固化为其内心的确信,才会对其认知活动和实践活动产生影响。网球裁判员所从事的网球裁判工作在一定的需求和动机指导下开展,是有预期的行动。八字方针从知识转化为践行的指导意义(价值)不言而喻。网球裁判员在从事与裁判相关的活动中会产生一定的认识结果(知识),而只有裁判员坚信所获得的知识,才会给从事认识和践行的自我以信心,从而推动认识和践行向更高层次发展。此八字方针在概念、情感、行动层面呈现出的各种形态,会被不同的裁判员践行,适恰与否都会产生极大影响。在践行中,网球裁判员只有将自己认识的结果(知识)内化为确信并坚信,才可以使其成为指导自身践行的内驱力。否则,对"践行—认识"只能停留在单方面确证阶段,从而无法实现"认识—践行"的自我创造层次,那也就不可能成为一名称职的网球裁判员。

四、心理表征

知识的心理表征是指信息有心理活动中的表现和记载方式,即神经网络理论、命题与命题网络理论、图式与脚本理论、双编码理论。神经网络理论是基于人脑科学以及全身神经系统研究所提出的。在心理学中命题是指由语词表达意义的最小单元。命题在传达一定信息的同时,也会隐蔽某些意义。知识的学习和掌握本质就是对命题的学习。命题网络由若干个命题彼此联系而成。表现为较复杂的句子或由多个句子围绕一定的意义组成的段落。科林斯和奎廉(M. R. Quillian)的研究证实了知识以命题网络分层次储存于人脑中。现代认知心理学认为,较复杂的、整块的知识是用图式表征的。人们把有关许多属性组合的知识储存方式称为图式,图式一般由客体图式(空间)和事件图式(有序时间)组成。反复出现的有序事件的图式称为脚本。双编码理论认为,陈述性知识是以言语、意象(表象)两种方式表征的。它们的区别在于言语方式的表征,是以词为最基本单位,词是客体、事件和抽象观念的代码,与表征对象的联系是任意的,且多为序列的。意象(表象)方式的表征,具有与知觉对应的形象性,包括视觉、听觉、动觉等,能同时对表征对象的多种特征进行编码。知识就是由言语、意象表征的联想网络构成的。

五、网球裁判陈述性知识的学习过程和条件

依美国心理学家奥苏贝尔关于认知的研究可知,网球裁判陈述性知识学习的结果由以下两种形式组成:①对网球裁判相关的规则、条款、操作程序等的文本记忆类学习,结果是形成 S(条件)与 R(反射)的联结(行为的单位)。②对言语符号或其他符号在裁判员头脑中引起的心理意义(如表象、概念、命题等)的规则条款类学习。如果用知识的表征理论来说,就是对网球裁判员头脑中获得表象、命

题、命题网络和多种形式的图式学习。

以上两种学习结果的性质不同,其学习过程和条件也不尽相同,因此解释不同类学习理论也就有所不同。联想主义学习理论适合解释文本记忆类的学习;强调认知和组织的学习理论适合解释字义或词义等意义层次的学习。网球裁判员学习的最终目的就是有效地形成组织良好的认知结构。奥苏贝尔提出的有意义言语学习理论较好地解释了学生通过命题知识的学习而形成组织良好的认知结构的过程。有意义言语学习的实质,就是符号所代表的网球裁判相关新知识与学习者认知结构中已有的适当观念建立"非人为的"和"实质性的"联系。非人为的联系是新知识与认知结构中有关观念在某种合理的或逻辑基础上的联系。例如,网球裁判规则和条款以及操作程序中的很多内容都是基于公平、公正观念提出的。实质性联系指新的符号或符号代表的观念与学习者认知结构中已有的表象、已有意义的符号和概念或命题的联系。网球裁判学习中有意义言语学习的外部条件为,网球裁判学习相关材料本身与个体能力范围内的有关观念可以建立非人为的实质性的联系。而内部条件则要求裁判学习者必须具有意义言语学习的心向。网球裁判员认知结构中必须具有适当的知识,以便与新知识进行联系。网球裁判员必须积极主动地使某种具有潜在意义(价值)的新知识与自身认知结构中有关的已有知识相互作用,使其对已有知识进行改造,新知识就此获得了具有实践性的心理意义。

六、学习类别

网球裁判相关符号表征学习是指,网球裁判员学习单一或组合符号的意义。其心理机制就是符号与其代表的事物或观念在网球裁判员认知结构中建立相应的等值关系(如图 4.3 所示)。

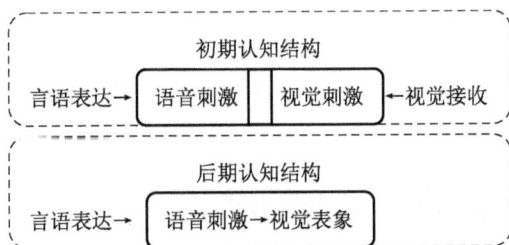

图 4.3 言语表达获得意义的时段

网球裁判相关概念学习是对同类事物的共同关键特征的掌握,其过程分两种:①概念形成,网球裁判学习者从大量的裁判事物的不同判例中独立发现其共同的关键特征的过程;②概念同化,网球裁判学习者利用认知结构中原有的网球裁判相关概念来理解新的概念。

网球裁判相关命题学习有两种:①非归纳性命题学习,只陈述一个具体裁判事实,反映两个以上特殊事物间的关系。例如在网球裁判员对球场事实问题做出判决时,不仅要反映事实问题中的是非关系,还要区分是事实问题还是规则问题。②归纳性命题学习,陈述多个裁判事物或属性的一般关系的命题。例如对多种击球的情形或属性是有效还击还是无效还击进行命题陈述。网球裁判相关命题学习基于网球裁判相关概念学习,本质是对其复合概念关系的学习。

命题学习的同化过程有以下三种:

1. 下位学习,又称类属学习,认知结构中具备网球裁判知识观念的概括水平高于新学习的知识。此类学习中的派生类属(亚类)是指新学习的裁判相关内容只是原有认知结构中所持观念的一个特例,或者是原先学习过的命题的一个例证。此类学习中的相关类属(亚类)是指学习的裁判知识是原先学习过的概念的深入、精确、修饰或限定。派生类属与相关类属学习的主要区别在于学习之后原有观念是否发生本质属性的变化。在派生类属学习中新的观念被纳入原有观念之中,原有观念的本质属性不发生改变。而在相关类属学习中新知识与原有观念有一定的关联,新知识的学习同时也引起原有观念的扩展、深化、精确化或修正。

2. 上位学习,又称总括学习,是指在认知结构中基于某些观念学习一个包容性程度更高的命题。原有观念从属于新学习的观念(总括概念)。例如上文所述基于准确观念对公正命题的学习、基于公正观念对道德命题的学习。

3. 并列结合学习是指,新旧知识处于同一层次的意义联合学习。如上文所述"严肃、认真、公正、准确"分别存在于概念、情感、行动三个认知层面中,对其在同一个认知结构中的学习就属于并列结合学习。新旧观念在同一个认知层面没有从属关系和总括关系。

七、网球裁判陈述性知识学习的策略

对逻辑构成较简单的网球裁判陈述性知识的学习主要是对符号表征的学习

和具体案例的学习,重在熟记,理解难度相对较小。有以下三种学习策略:

1. 复述策略,是指为了熟记网球裁判相关文本信息而对信息进行多次重复的过程。此类策略倾向于机械记忆与背诵相结合。

2. 精加工策略,是指对网球裁判相关记忆材料进行细节补充、案例试举、分析推论,或与其他观念形成联想,以达到长期保持的目的。如与"严肃、认真、公正、准确"信念产生联想,使得知识内容和信念都在一定程度上得以长期保持。很多记忆方法就属于此类策略。

3. 组织策略,是指发现网球裁判知识中的层级关系、从属关系或嵌套关系等,并以某种结构长期有效存有。此类策略实质是发现需要记忆的项目的共同特征或性质。

对逻辑构成较复杂的网球裁判陈述性知识的学习主要是对复杂言语材料中的意义(八字方针)的学习。网球裁判员为了比赛顺利进行,按照职责相应的工作程序,对临场出现的实际情况做出有效裁定,就必须对复杂言语材料中的意义进行学习,以此来掌握并校准较复杂的陈述性知识。习得的言语材料中的意义(八字方针),如果以命题网络或认知图式(脑图)的形式储存,则能被持久保持且易于提取和应用。此类学习策略重在阐释,理解难度相对较大。一般分三种类型:①边学习边讲述材料、摘录、画线、圈重等复述策略。②释义、写概要、创造类比、用自己的话写注释、解释、自问自答等精加工策略(做笔记有助于指引个人的注意、发现知识的内在联系、建立新旧知识之间的联系)。③提纲挈领、脑图展示等组织策略。

八、知识、信念、行动

有些哲学家认为,知识蕴含信念(如图4.4),但有的哲学家却认为信念蕴含知识(如图4.5),知识只是信念的一种形式,是一种有关真命题的信念,所以知识和信念基于此可以相互转化。但有的哲学家认为知识和信念根本不是从属或包容关系,是两个完全不同的概念。柏拉图在《理想国》中将知识与信念区别开来,认为知识对应于有关共相的认识,而信念对应于现象的认识。有关共相的认识把握的是真理,因此相对应的知识就是有关真理的认识。知识蕴含真理,知识是不可以错的,而信念则没有蕴含真理,信念是可以错的,因为人们可以相信真命题,也可以相信假命题。

图 4.4　知识蕴含信念　　图 4.5　信念蕴含知识

　　康德对事物的判断分为三个层级，由低到高依次是：意见—信念—知识。罗素也认为信念与知识有所不同。如果"刻舟求剑"中的人真的在最后找到了一模一样的剑，那是不是就能认为"刻舟求剑"的方法论就是对的呢？误认为真实，也会信以为真，最后确证信念不成立。纯属巧合的"真"不能归于知识。对知识的确认和对信念的保持是两类事。不管用知识定义信念还是用信念定义知识都是有所偏差的，原因就在于人的主观性在起作用，导致行动会使得知识与信念失调。但要知道，当我们论及知识的时候，必定会牵涉"信"与"不信"。

　　如此看来，"严肃、认真、公正、准确"作为网球裁判员的"真理"，需要得到裁判员们的确认，不信则不能成为信念，但可以"不知"；网球裁判规则、条款、职责、操作程序等相关知识作为公认的"信念"，得到了承认。网球裁判员要将个人的主体信念转化为知识，就必须进行辩护——让网球裁判社群承认该信念为真信念，符合八字方针，同时为其开拓适用范围。如此网球裁判相关知识就是普遍性的公共信念。

　　八字方针是网球裁判相关知识指导裁判工作的中介，呈现出中间主体性。马克思认为，全部社会生活在本质上是实践的。网球裁判工作是其认识的基础，也是八字方针产生的源泉。而网球裁判工作又是以相关理论和知识为指导的，知识要想指导裁判员工作，信念必须参与其中，担当知识指导实践的中介。人类任何有意义的行为或行动都不是下意识的，而是受意识所"指挥"。正如恩格斯所说："在社会历史领域内进行活动的，是具有……追求某种目的的人；任何事情的发生都不是没有自觉的意图，没有预期的目的的。"我们用意识来"指挥"我们的行为，生理和心理机制是最简单的。其实，人们的行为，特别是社会性行动，表面上看，直接地受制于简单的生理和心理机制，实际上间接地受我们对客体世界的认识所获得的知识的制约。如在网球比赛中，运动员都不会去触碰场地上的球网,不会去助跑发球。可见,网球相关知识约束着运动员的行为,也给裁判员划定了判罚边界。八字方针在网球裁判实践中,在三种"域"(概念、情感、行动)中给定了一个起点,分别在这些起点基础上进行探究与再探究,从而有可能就该域形成一种对于事物本质的解释、评价、结论或者预测,自圆其说,自成体系。由此,该八字方针给相应的科研提供一个可供推论的基本前提,依此前提,科学理论才能够借助语言和逻辑以定律、定理或定义等形式展开,才能成为指导实践的原则。

第四节　从真理观把握"严肃、认真、公正、准确"

"严肃、认真、公正、准确"和与网球运动相关的真理都是在网球裁判实践过程中形成的对客体的认识,此八字方针被网球裁判员广泛采纳、确信,为关于网球裁判事宜本质的解释、评价、结论或者预测。不管裁判员确信的内容是否与客体相符合,都是裁判员对客体的一种反映和认识,并成为网球裁判工作的指导原则。该八字方针对于网球裁判员来说是真切的、是确信不易的,具备真理性。与网球运动相关的真理是人们在网球运动中产生的对客观事物及其规律的正确反映,是主观对客观的符合,是相对于谬误而言的哲学范畴。

一、信念的"真"需要反思与批判

基于载体和表达方式不同,"严肃、认真、公正、准确"的"真"来源于意象(非言语)和言语(特殊意象)陈述两个方面。此八字方针的意象就是,网球裁判员在从事裁判工作后,依据感觉来源进行言语和非言语的表象信息传递,裁判员思维结构中形成与网球裁判相关的人、事、物等的加工形象,产生物理记忆痕迹和整体的结构关系。此物理记忆痕迹本质就是裁判员凭借感觉来源信息和创新代理信息所构建起的暂时性联结关系。从广义意象分类来看,此八字方针并不指涉具体内容,只存在于感觉中;此八字方针包含网球裁判工作中所有人、事、物。从狭义意象分类来看,裁判员在工作中有意识地表现出"严肃、认真、公正、准确"的画面以及带有画面感的具体内容;裁判员在无意识状态下也会表现出此类画面,当主动去接纳和再现它时,则表露为意象,如梦境。

总而言之,意象是一种承载记忆的结构体,是一种生理结构体,是一种有效信息的组合体,也可以是意象与意象之间的组合体。单一意象的神经基础是神经元簇(群组)。一组神经元簇相当于一组信息编码体,与特定感觉信息表征相对应(联系),它自上而下地承载着相关感觉信息连接关系,是一种高级的信息载体。意象是思维活动的基本单位,意象是用来指代事物,以唤起相对应的感觉,激发思维活动的涟漪。思维是基于意象单元的互动,记忆中的影像、文字、声音都只是外界的信息在主体中用意象储存的一种形式,意象是外界的信息在主体内部构建成的精神体,是思维的工具与元件。

"严肃、认真、公正、准确"作为信念或真信念是有区别的,成为真信念必须存有与其相符合的事实。而信念并非一定要与事实相符合,不符则不能成为真信念。真伪信念依赖于与其外在世界的特定关系。如图4.6所示,陈述本身具有真伪的不确定性,使得信念真伪难辨,原因在于我们无法判断陈述是否源起真信念、真认识和陈述本身是否以真的言语意象为载体。就算陈述缘起于真信念、真认识,但以伪的言语意象为载体,这也会导致伪信念产生。如果陈述源起于伪信念、伪认识,但陈述却以真的言语意象为载体,则信念看似为真,其实为伪信念。如果"严肃、认真、公正、准确"为真,则作为其依托的陈述必为真,反之亦然。

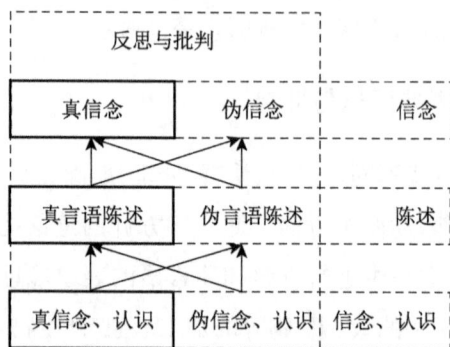

图4.6 信念、认识、陈述关系图

陈述的真伪问题与信念的真伪问题分属于两类,不能因为陈述的真伪就贸然质疑信念的真伪。信念是否具有真理性在于它是否反映了事物的真相,我们确信的命题或判断是否与客观实际相符合、相一致,因此,对某一信念的真理性的判断就是看该信念是否获得确实无疑的充分理由和证据的支持。例如,在临场比赛某情境中一旦网球裁判员采纳"严肃"这一信念时,"严肃"往往会被其信以为真,裁判员认为此情境是严肃的,必须严肃地做出处理,该裁判员确信的命题或判断与客观实际情境相符、相一致。这里我们可以看到,"严肃"本身并不真正具有真理性,我们需要对"严肃"进行批判性考察,"严肃"的出现在此情形下是否恰当,以便让"严肃"的行动尽可能正确。网球裁判员做出符合实际和客观规律的行为需要正确的信念指引,如此,对"严肃、认真、公正、准确"的真理性审视是进行批判性考察的首选。

总之,真理在"严肃、认真、公正、准确"的形成中具有至关重要的作用。此八字方针是否具有真理性,关系着我们能否认识网球赛场上存在和变化的根源,关系着网球裁判员能否更好地发现网球裁判工作的客观规律,从而关系着其能否做出正确的决定和采取有效的行为。为了更好地让八字方针具有真理性,就需要网球裁判员们在实践中对他们所持有的"严肃、认真、公正、准确"信念进行有效的反思和批判。

二、阐释的标准(真理)

身处信息时代的我们,一提及"真理"就定会被亚里士多德的科学建制所影响。作为传统真理论的经典代表人物,亚里士多德认为,真理存在于命题或判断中;真理本质在于命题或判断与其对象相符合。真理本质就是种"符合",即是存在图像与被描画对象的符合关系,且不论图像或对象的本性。如此忽略了存有和非存有中的真存、伪存、实存、虚存。中世纪,真理为"事物与理智相符合"。从当代语言哲学来理解,即命题与它所表达的事实之间的相应或相符关系。20世纪,真理成立需要通过论证才能实现,一个理由不足以使真理成立,哪怕它来自有基础的经验中。

胡塞尔认为,真理并非存在于判断中,而是来自意向性本身的意识,真理先于"事物与理智相符合"。真理具有明见性,即客体作为意向性现象的自我显现。海德格尔认为,真理是"存在"向理智的开放与显现,而并不是存在与思维的相符合。海德格尔如是说,真理就是"此在的敞开状态",而此在的敞开状态就包含在世存在者的被揭示状态或被阐释状态中。存在是自我表现和自我呈现,以至于为我们知性可达。真理成为存在开显其自身最特有的本质事件。所谓的真理事件,其结构就是解蔽与遮蔽的统一,它来自自然与人类世界的原始争执。

真理符合论属于真理认识论,探寻观念与事物的符合的正确性。真理开显论属于真理存在论,不考虑存在与思维是否符合,而是存在本身对我们的表现或存在自身的揭示。区别就在于真理是理智对存在的正确认识,还是存在对理智的深层开显。

伽达默尔认为,诠释学的理解真理与真理标准应用是两回事。理解是种意义的开启,而不是检验某种技艺。诠释学所需持有的真理态度不是某种事先规定的真理标准与理解相符合,而是不受任何标准束缚,去发展某种与诠释学经验相匹配的认识和真理的概念。

三、诠释学真理的特征

诠释学真理既是可直观认知的,又是恍然闪现的。伽达默尔认为,事物的"真存"无须建立在任何证明和确实性之上,它是一种原始的经验方式,此经验是人在从事事物过程中才得以显现的。如此,真理亦会恍然闪现,会被人用言语表达出来,也许是未被证实的猜想,也许也未有被确凿证据所支撑,可能是较合适的被保留下来,成为候选。换言之,可能就是我们现在所经常提及的创新或创造,灵光乍现后的遗存,其涉及的领域有所拓展。伽达默尔如是说,修辞学自古代的传统以来,就是一种真理要求的唯一辩护者,这种真理要求维护或然性,即似真性,并捍卫对共同理性恍然闪现的东西以反对科学的证明要求和确实性要求。

诠释学真理具有现实性和实践应用性。真理只对真正从事真理探索者开显。真理经验的积累,来自对真理的开放性追求。真理分享或参与了继承或传承到我们的意义。实践智慧就藏匿于不断追求真理的过程中。"理解"本身就是一种应用事件。我们在诠释学中并不是要重复找寻某种普遍基础的东西,吸引我们去探索的可能就是利用某些普遍东西应用于自己所需之处。为了理解文本的意义和意思时,我们必须把文本与相应境况联系起来。古典型的真理之所以被我们继承与传承,就在于它的价值历经了时空的考验,不断被后续历史所重新理解和应用。真理的诞生和显现需要有其合适的境遇。

正是有了网球运动才使得人和物获得了至善至美的独特情景,正是网球运动才使得被阐释的事物获得真的观念,从而被观察的相应领域获得了新的拓展。

四、真理促信念形成

真理是开显,而开显就是事情本身或意义构成物在阐释过程中得到完美的呈现。事情本身首先是作为一种制约主体前见任意性的客观性而出现的。当伽达默尔讲到海德格尔所描述的理解过程是开始于前理解,尔后前理解被更合适的理解所修正,正是这种不断进行的新筹划过程构成了理解和解释的意义运动,他说:"谁试图去理解,谁就面临了那种并不是由事情本身而来的前见解的干扰。理解的经常任务就是做出正确的符合于事物的筹划,这种筹划作为筹划就是预期,而预期应当是'由事情本身'才得到证明。"因此,对于伽达默尔来说,"诠释学的任务自发地变成了一种事实的探究"。"谁想理解,谁就从一开始便不能因为想可能彻底地和顽固地不听文本的见解而囿于他自己的偶然的前见解中——直到文本的见解成为可听见的并且取消了错误的理解为止。谁想理解一个文本,谁就准备让文本告诉他什么。因此,一个受过诠释学训练的意识从一开始就必须对文本的另一种存在有敏感。"

不过,这种事情本身必须通过它在其中向我们呈现的方面而表现出来,这方面我们称为"观"。这里所谓事情本身向我们呈现的方面,我们必须理解为事情本身"来到"语言表达。"能被理解的存在就是语言"充分地揭示了这一点。文本的一般意义作为事情本身是通过对它们的语言表达而表现出来的。任何语言表达都是具体的、特殊的,既有时间上的差异,又有空间上的区别。每次理解,或者说,每一种语言表达虽然并不完全表现事情本身的整体性,而是仅表现它的部分或方面,但在所有语言表达或"观"里却是对事情本身最完全的表现。真理就在事情本身的这种完全表现中,这样,真理与经验结合起来。经验不是科学或知识,经验的本质不是绝对不变的,而是在于它不断与新经验发生关联,因而在伽达默尔看来,真理就绝不是绝对真理,而是经常包含与新真理的联系。

"严肃、认真、公正、准确"无疑是在网球裁判工作过程中形成的,被网球裁判员采纳为真实的关于其执裁本质的观念。此八字方针首先可被认为是一种认识活动的结果,但由于认识对象涉及人、物、事件等,网球裁判员在认识过程中会受到人本身存在千差万别的限制,情境的多样性也不尽相同,从而导致了网球裁判员的认识过程和认识结果有所差异。正如马克思主义经典作家所指出的："我们只能在我们时代的条件下进行认识，而且这些条件达到什么程度，我们便认识到什么程度。"并且，"事实上，世界体系每一个思想映象，总是在客观上受到历史状况的限制，在主观上受到得出该思想映象的人的肉体状况和精神状况的限制"。这就决定了网球裁判员对客体的认识往往见仁见智，体现在他们的信念在真理性方面有差异。

"严肃、认真、公正、准确"的正确性（真理性）直接影响人们对它的接受和相信。八字方针之所以能成为网球裁判社群的信念，是因为有充分根据和理由能够证实其真存。由此可以看出真理对八字方针形成的重要性。如此，在网球裁判践行中，要不断增强此八字方针真理的包容性，需要在不断探索中前行。其内涵越丰富，信念越正确，就使网球裁判对执裁过的和将要执裁的临场赛事越有把握，裁判员就越有信心、就自信。同时，此八字方针的真理性影响裁判员执裁的正确性和有效性，从而在一定程度上关系着网球运动存在的意义和价值。网球临场客观事物的真存与虚构直接关系到网球裁判员对真理认识的层级问题。利用想象、设想、猜想、假想、假设等虚构方法和手段可以把握真理，是因为基于言辞的真和陈述的真，往往是利用了个人的肯定、认为、相信等，使他人信以为真。前文所述，认识有意象和言语陈述两个载体。人的感性认识通常就是指与意象相关的认识，它可以把握知识为真的意象受自然主义影响。自然的、物理的客观实在不受任何陈述真伪表达所左右，但存在两者受人为匹配适恰程度的影响，即陈述的言辞与客观事物及其规律之间的匹配。真理依赖于陈述言辞的表达，虽说身体语言也可以表达真理，但受限于隐蔽性，往往会产生歧义，显然没有言语陈述来得直接和到位。信息论创始人香农（Claude Elwood Shannon）认为，信息量不取决于信息的长度，而取决于减少了多少不确定性。获取信息立场的转变，不是加强信号强度，而是增加信号冗余，传播有效性。在传播信息的效率上，信息量大并不是优势，以各种形式频繁出现才具竞争力。

从本体论来看，真理独立于认识（向主体内）和陈述（向主体外）而存在，处于某种自由态或游离态。真理虽然会被主体认识的深度和广度所束缚，使得主体认识层次和内涵因此而发生变化，但真理不会因为束缚而不存在。真理由以为真的陈述形式构成。正确的认识由真理和为真的陈述构成。当主体陈述真理时，主体只会因选择陈述的匹配项的适恰程度来影响真理的表达,而不会影响真理存在。

从认识论来看,真理是一种特殊的语句、陈述系统。真理如果离开认识与陈述,就会一直处于隐蔽状态,不被人所知。真理往往显现在主体正确认识中,可以说真理是基于认识而存在的,但正是由于主体认识的千差万别,对某种客观事物的正确认识与否,与该种客观事物在某种意义上的语句、陈述对应与否,真句存在与否并不影响真理真存。认识和陈述都是有限的,有限的认识一定程度上影响了陈述的表达,但陈述不会被约束在有限的认识中,人对语言的创造会使得陈述千姿百态,创造的自由与约束中的创造并行不悖。当用言语陈述信念或认识时,我们只能在此限度内评判其真伪。言语陈述的真是信念或认识为真的前提,主体的伪陈述会导致真信念或真认识的输出有误。马克思主义真理观如是说,真理属于认识的范畴,是一种特殊的认识,是认识中正确的一类,即"人们对客观事物及其规律的正确反映"。由上文所述可见,真理与语言的密切关系不言而喻。当我们用些特殊的陈述措辞或句式,将意象等与"真"关联时,在某种意义上与客观事物或其规律构成对应,满足于语义功能表达,一般不追究其相关真理。把握住真理的认识是正确的认识,就是把握住与事物及其规律在某种意义上构成对应的陈述语句的认识(即承认该陈述是真的)。承认了某语句、陈述是与某种事物或其规律在特定意义上构成对应的语句、陈述,也就承认了与该语句在该意义上构成对应的事物及其规律的存在。如此看来,与某陈述在特定意义上构成对应的对象是否客观存在,并不依赖于我们对此的信念或认识。与某陈述在特定意义上构成对应的对象是否客观存在,不受我们认为或相信它客观存在影响。信念与真理存在重要联系,真理有助于信念的形成,而信念在真理的形成与发展中起着重要作用。

五、具身创造的时间观

网球裁判员的工作对象是网球临场运动员,与之产生的思考以及思维方式均与网球运动中人的身体活动密切相关。前文已经对网球项目的所属运动类型、特征、属性做了详细阐述,本小节则是进一步对体育运动项目做本体论阐述,使得网球裁判员和网球运动员在同一本源上探究成为可能,即具身创造。把握具身创造的规律就可以掌握网球场上身体活动的规律,使得诸多事件可以依确定性的规律被思考和实践。网球裁判员的执裁过程中身体参与的自我创造均受临场运动员的具身创造影响,而临场运动员的具身创造则可以从时间和空间上去把握,这使得在整个比赛过程中网球裁判员与临场运动员处于共时和同场域中。

"具身"指全身或身体部分的结构和活动图式(外显活动)。"创造"的定义为制造前所未有(新颖性)的事物。具身创造是在具身认知视域下论及创造。具身认知是研究人之所以为人,最好的、最全面的切入点。具身创造是指人全身或身体部分的新颖性活动图式(外显活动)。身体、脑在环境的交互作用下,在人整全的意义上,对人无处不在的创造研究是适恰的。创造在空间和时间上的解蔽与遮蔽的融构特征,充分体现了创造的具身性和情境化。从源起来看,创造心智和认知必定基于情境中的具体身体结构和身体活动,创造心智即是具(体)身(体)的心智,源初的认知内涵与具(体)身(体)结构和活动图式。具身创造的研究旨在研究人类的动作行为创造能力、创造发明过程及其规律。

(一) 现代时间观念

时间是物质运动过程的持续性和顺序性,是物质运动过程的顺序更替和前后联系的表现。时间观包括三个方面:第一是时间感知觉,它与一个时代的社会文化心理和个体的特定心境相关联;第二是见诸多文献的实践性概念,这在某种程度上反映了时间感知觉;第三是对时间问题的哲学分析,这个方面与时间感知觉的关系并不总是确定的。

具身创造要顺应时代发展,需具备科学具身创造的时间观。对模糊时间观(自然时间)和精确时间观(计时工具)、主观时间观(相对时间,如生物钟)和客观时间观(绝对时间,如原子时)的认知,有助于具身创造,从而充盈计时实践内容。我们须从语义理解、语法规则组成、语气判断、语境感受等上去把握时间范围和时间节点,特别是理解模糊时间语言,如"慢点""再快点""早些""停会儿"等。

具身创造可在时间瞬时性和周期性上产生,要学会驾驭瞬时(击球瞬间),捕获瞬时(不浪费每分每秒),"放大"瞬时(慢动作);要学会周期增缩(动作完成快慢)、周期集中(动作强化)、周期相位(工作与休息)、周期重演(动作重复)、周期演进(动作改进)。

要想使具身创造能力提高和持续发展必须充分认知时间效应,即时间"时隔

166

效应"（合理运用两个事件之间的时间间隔解决问题）、时间"持续效应"（用坚持不懈、持续不断的方法解决问题）、时间"漂移效应"（用单一思维方式解决了多思维方式未解决的问题）、时间"相关效应"（把相关分析引入实践研究领域，并进而探讨相关因素之间的反馈效应）、时间"链式反应"（由于"时间链"的作用，事物之间出现的反应紧密相扣、连续不断）、时间"互补效应"（把失去的时间补回来）、时间"增值效应"（时代赋予时间更多价值）。

具身创造可以利用时间差异进行，即顺时差（走在时间的前面，如先发制人、笨鸟先飞）、逆时差（时间的滞后现象，反向时差，如浪费时间、打破自然时间）、零时差（准时准点，时间一致）。

（二）具身创造的时间逻辑

意识的统一性是所有一起存在、彼此相随的观念、感觉或行为的统一。构成意识统一的记忆系统是一个时间性系统；在意识中通过现在把过去和未来联结起来的这种特殊的联系，似乎同样构成了时间性和意识统一性的基础。

1. 生物性时间。在大自然规律中，人身体的自然生长包括生长发育过程、生理作息时间、身体机能衰退过程等，这是具身创造研究不可忽略的时间认知基础。个人动作行为最小时间单位是"刺激到直接反应"的时间，这是因人而异的，但后天对间接反应时间可以弥补先天造成的反应时间差异，理解并运用好最小时间单位有助于具身创造。

人从诞生那天起直到生命结束，每个具身创造均有其时间标志。对同一个体在不同时间段或时间点的纵向研究、对相同时间不同属性的个体的横向研究、对到达相同时间的不同个体的综合研究，是研究具身创造发展、学习、控制及其因果关系和改变因素等的三个视角。生物性时间主要有年龄、骨龄、生物钟时间、个人心理时间、个人参照时间等。

2. 社会性时间。人的社会性依赖于人的生物性而存在，人的具身创造亦然。人是动物的一种，具有觅食、防御和性三大本能，其行为均以生存为目的。本能是形成习得行为的基础，习得行为在一定程度上能够影响本能行为。研究表明，本能与习得行为只是两个相对的概念，它们是交叉的、交互作用的关系，而不是截然分离的两个行为层面。为了避免个人主观时间的确立会让人类协作产生困难与分歧，人类社会制定出了若干时间标准（客观时间），并在一定范围内约定俗成遵照执行,如世界标准时间、计时器时间、互联网标准时间等。时间的社会价值不言而喻。

3. 虚拟时间。虚拟时间是指相对于现实时间提出的非时间性和非时间化的虚构时间。数字化时间无法精确记录人的生物性时间,与日俱增的信息浪潮淹没了人的身体,在庞大的数据量面前,人显得如此渺小。具身创造引入虚拟时间概念是必要的、必然的客观诉求,如预估时间、假定时间、估算时间等。

(三)时间观下的体育运动具身创造

我们通过图 4.7 所示来探讨时间观下的具身创造。在具身创造前首先必须明确目标,即解决什么类型的问题、达到什么样的程度。具身创造目标包括发展、学习和控制三个方面,它们互相渗透。以学习和发展目标为主的创造,是自我创造,属于内部创造,是较低级别具身创造。以发展与控制目的为主的创造属于较高层次的具身创造。如果目标达成过程中运用了不同寻常的创造路径组合,则可称为具身创新。因为人的差异性,学习目标达成的程度不一致,如此原先的具身创造路径会因人而异,是创造路径利用时间不合理还是该路径在时间因素上接受程度有限? 是在时间掌握不好的路径上有所改变或者用其他时间路径触类旁通? 从多种类的社会时间上去提高驾驭时间能力的练习,练习中加入多种时间类型和时间组合,加大在持续效应方面的练习,让动作有所发展;对于目标达成好的人来说,需要创造出多种路径和多种路径的组合。在各种虚拟时间设置下,进行动作周期演进练习,以提高技能水平。

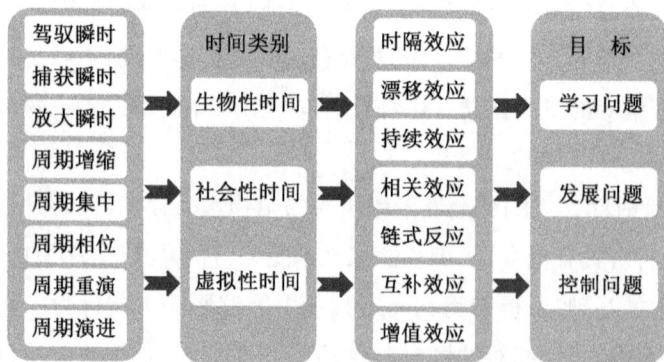

图 4.7 时间观下的具身创造路径图

时间观下的具身创造规律。具身创造是以解决问题为目的，目标制定是否合理至关重要。目标有两种：一种是客观目标（达到一定的客观标准），如必须在约定俗成的时间内完成的目标（在规定时间内完成规定动作、在一定要求下完成动作时间越长越好、在最短时间内完成既定的动作、无时间限制的目标达成等）；另一种是主观目标，即由人的主观意识暂时性设立的目标。在事先不考虑个人差异因素情况下，目标难度越高，时间路径组合复杂程度越高，则具身创造力越高，反之则越低。

人有时间逆向考察的能力，即时间反求法，包括时间反求和时序反求。对于具身创造的路径历史可以进行回顾和检阅，可以对创造路径进行全面的、系统的、深入的科学分析和研究，对在具身创造路径中出现的各种现象进行追溯、研究、总结和借鉴，必要时还可以进行"时间再现"。时间反求法与把握正序时间一样，是促进经验积累的重要方法，特别是现代科技的介入使得时间反求法成为具身创造的利器。

具身创造标准或最佳路径形成后就会成为一个范式，因为身体差异的原因，其在运用过程中需要在现有的路径上进行科学化再创。模糊时间的管理属于基于具身创新的知识（概念）创新。模糊时间定量法（模糊时间精确化），是指把严密的数学方法注入模糊区域之中，对模糊时间现象进行数学化分析和定量化研究。这是从控制时间的角度来说时间定量，而不是从身体视角出发，这种方法有利于建立科学的工作秩序，保持必要的时间弹性，避免陷入大面积时间失控的困境。把模糊时间再划分，有助于我们把握时间。具身创新根据目标需要，会精确到千分之一秒。模糊时间聚焦法，是调整或集中零散的模糊时间，集中运用。一条具身创造路径会在多种模糊时间下进行，对模糊时间进行目标聚焦是有必要的，可以节省获得最佳创造路径的时间。另外为达目标会有多条创造路径的模糊时间叠加和交错，这就需要我们对模糊时间的使用进行科学规划，使其利用精准化、合理化。模糊时间贮存法，在具身创造中就是用时间换创造事物或创造经验，让无价的时间有价值。

在时间类型和时间效应选取时，时间规律运用原则以能有效实施具身创造为基础，不管问题是否能解决、目标是否能达成、目标完成程度如何。在不同类型时间叠加和交错中与在具身创造路径不断探索和重复中身体通过感知觉,并将其储存在记忆中,形成了经验,凭借反思,找到一条适宜的、合理的、有效到达预期目标的最佳路径,并且这条最佳路径是符合个人最佳或最经济原则。在每次创造中选取时间规范和规律时,实践路径本身就是在创造。选择合理的、科学的、适宜的具身创造路径及其组合方式是要不断去尝试和摸索的。若反思能力高则会总结出若干条具身创造路径,以备后用,使得遇到相近或类似的问题或目标后,能随时调用或截取,这就是具身创新的经验价值所在。如果在具身创造中不能达到预期,但路径又被视为最优或最适路径时,会有一系列帮助具身创造的辅助器材或装备被创造出来,以此来促进目标达成,而创造并使用辅助装备的动作行为也成为人类具身创造的一部分。预期目标达成后,某个具身创造路径就会被认定为标准路径或最佳路径。在遇到目标很难完成、难以完成或完成效果不好时,建立的"集束"或"集合"的具身创造路径往往会被"单一"或"单调"的路径所取代,使得目标出乎意料地顺利达成,如足球点球射门中,对助跑时间节奏的把握会更有利于破门概率的增加。

具身创造路径的建立与排列组合,时间反求的路径改善、改进与再造,时间正序与时间反求的具身创造路径的混组都属于具身路径创造,在达成既定目标后,可能会使一系列问题得以解决,触发或促进其他目标达成。具身创造路径互为目标与基础,并可以预判或预言出未来目标达成的可能,预示将来其他问题得以解决的路径或路径选择。

(四)具身创造与时间意识

时间意识除了心理在时间上的意义,还有时间观念的意义,是时间观念的代名词。个人的观念和心理都很抽象,但都由个人的言行来表示,虽有区别,但属同一类。我们时常会发现,总有一些时刻会永驻心间,它不受时间法则约束,处于纯粹的状态,它同属于过去与现实,并且比过去和现在更加能感受到真实。时间作为生命流向的参照,佐证了人类情感生成、驻留、湮灭的心路历程,呈现在人类多姿多彩的生活中。

内化与身体的时间描绘出时间意识的生成脉络与意义层次。人们从时间角度欣赏更多的风景,经历着记忆被留存、被建构或是被遗忘的过程,其中必定会关联专属于每个人的历史时刻和时间观念,显现的是对过去、现在和未来等不同层面的时间性,以及它们之间关系的认知,以便模拟出已销声匿迹的过往。利用时间的特性和身体的可塑性,重构以身体为中心的思维方式,使得创造无处不在。

六、具身创造的空间观

(一) 现代空间概念

空间是运动着的物质的伸张性、广延性,是指物体的位置、规模和体积。从爱因斯坦的广义相对论中可知:物体运动或一个力作用时,它会影响空间的结构;反过来空间结构的变化也会影响物体的运动和力的作用方式。

1. 生物性空间与社会性空间。在人的不断成长中,周围空间让人成为主体意识中包含空间性的人(包含结构)。人与空间的相互作用呈现出作为人类自身组成部分的社会生活环境,社会生活环境的基础就是空间。具身创造研究与应用的意义在于其社会性。人的身体处在空间之中并且占据一定的空间,人的差异就是界限、就是一种空间分割。由于生存的本能需要,人必须把周围的空间作为生存所依赖的物质的来源场所。单个的人不能构成社会,单个的部落也不能构成社会。人自身的空间需要和不同于自身的他人空间并存,这样,"界限"就产生了。由此可见,空间可以被分割,同时又被空间所连接(分连结构)。

2. 赛博空间(cyberspace)。当今科技发展日新月异,我们必须认知虚拟实在的存在,这就是赛博空间,它是指在虚拟技术中,虚拟实在出现的空间,表征了虚拟实在的"广延性"。在赛博空间中,通过计算机基质,所有实在都变成了各种类型的信息。当虚拟实在与信息不分彼此之时,那么一切对象和行为方式都成了一种二进制的逻辑结果。赛博空间构成的基质是一种二元数理逻辑,当数理逻辑用到经验的实验之后,科学通过演算就会在时间和空间中理解物理运动。

(二) 社会空间中的具身创造

自然空间并不存在界限,但人为了表达生存意愿,通过具身创造能力显示出身份,从而与他人之间产生了界限。界限是社会性的,具身创造的过程,是分界一方的主体使自身的权利、身份获得分界另一方认可的过程(建构),也是打破界限

（解构）、融为一体的过程。

在社会空间范畴里，我们的身体是空间的一部分，如果没有我们身体的存在，就没有空间可言。具身创造的空间需要的是一个强制性空间事实，如空间大小、范围、距离等，这样我们的社会感知觉、观念以及意识形态才能去创造这个刚性空间，即让空间调整、伸缩、软化等，从而被人的认知系统和创造系统处理成为专属于人的空间知识体系。

1. 具身创造的社会空间逻辑。社会空间是由复杂意识形成的，空间社会化是把空间私有化并做出最有力的辩护，这不仅是自我认识，还是社会认同的需要。社会空间可分为三个层面：物理、功能、空间的语义与表象。

（1）物理层面，只存在各种实体以及实体之间的空间关系。由身体从知觉、意识的生理到心理层面而形成。我们可以从物理空间来理解它。物理空间是人们在特定的科学观念框架里对现实空间的结构性说明，是反映物质客体存在的重要属性。身体本身就可以成为一个空间或成为空间的一部分，从这个层面来看，具身创造的最小单位为人的关节，关节是身体的一部分，是肢体的连接，关节位置移动，各关节协调活动，关节对于空间的感知觉是具身创造密切关注的。如果具有身体空间的人可以解决人际交往的矛盾问题，那么你就会正真理解把空间构想为连接物体的普遍能力的概念。

（2）功能层面（社会），空间的分割和连接功能是由生产方式和社会关系所决定的。空间是诸多功能的集合（空间化的集合），人通过在空间中的身体活动形成了统一的空间知觉。先有身体对环境本能的、无意识的适应，后产生主动的、有意识的动作行为。身体的空间性不仅包括物理性位置空间，还包括社会性情境空间。

（3）空间的语义与表象层面（心理），空间符号化和表象化，形成了人具体活动的环境。空间的表象化构成多重空间文本，使多重叙事与阅读成为可能，由此产生了语义，这是认知空间感的前提。我们可以从数学空间来理解，数学空间是由数学实体构造的理性空间，通常它是以直观抽象的方式来说明物理空间的结构，因此本质上它是一种特殊的概念框架。数学空间可以不涉及客观世界中的现象和关系，并可以在逻辑世界得以发展。但是，数学空间却有着人类对空间的经验性体验,人类通过表象和符号系统来理解现实空间,如平面的空间表现、三维的空间表现。空间的功能语义系统为人们的空间活动提供了最基本的保障,表象和符号会被人赋予深层的含义,空间也就随即被赋予了多种内涵与意义,具身创造也正是在这个空间中进行形成和消亡的不断演绎。

2. 具身创造与空间感。空间感是指对一定区域中具体事物之间空间关系的感受,空间感是人与空间的交互作用形成的体验。空间感不仅包括空间上的知觉,还综合了想象、记忆、习俗传统培养起来的习惯,特别是生产方式所规定的空间经历而形成的空间体验,它是人与空间的交互作用形成的体验。深度(纵深)的知觉发生在知觉者与世界之间,这种纵深感是知觉者与他或她所在的那个地方的关系形成的知觉,这种关系包含着生命和运动,它既不在知觉者这一边,也不在世界那一边,而是跨越两者之间。实用目标所限定的功能化生活往往不是感性的丰富,而是人们空间感的弱化,所以空间感的提高有助于具身创造与创新,同时具身性也在不断充实着空间感的创造性和创新性认知内容。由此可知,人的主体性在发生起源时就将空间纳入人的具身创造中,使人与空间的双重建构与多重交互成为可能。

(三)基于空间感的体育具身创造

1. 基于空间感的具身创造过程分析(如图4.8所示)。下面将探讨体育动作行为的空间感路径创造,以目标为导向,解决体育中空间感的发展、学习和控制三方面问题。空间要求越低,具身创造力就越低。在每个技术环节上根据自己的能力创造出最优或最佳组合,这就属于较高层次的具身创造,这是以发展与控制目的为主的创造。

在具身创造中可能会受空间条件的制约,使得学习难度增大,但要达到有效创造,还需因人制宜、因地制宜。适当加入社会性空间和赛博空间进行尝试和体验,会使得个体空间感逐步提高。身体被当作空间的一部分开始按着要求主动性移动,诸多关节共同参与其中(物理层面);人的感统系统控制身体在空间中移动,经过神经调节主动性地做出相应的动作,并在此过程中伴随复杂心理活动,承受心理刺激,体验心理过程,提高心理素质(心理层面);人自身空间与身外空间共同构成了一个空间,这个空间是功能性的、随机性的,是一个表象,是可以被能指和

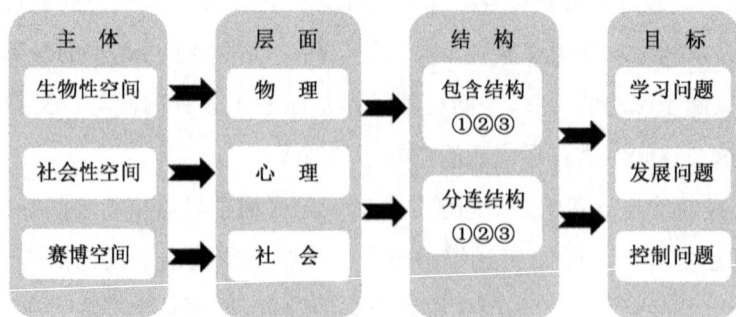

注：①方向或方位；②距离；③联系或相对位置。

图 4.8 具身创造的空间感路径图

所指的(社会层面)。

2. 基于空间感的具身创造规律。空间感是身体的感受,人空间感的形成、发展和运用,就是身体通过行为去感受、去存储、去创造的结果,所以基于空间感的具身创造规律必须先从空间视角下的行为形成规律开始探究。

(1) 身体对环境有本能和无意识的适应。身体体验就是在这个基础上开始的,具体说来包括自身身体或身体某部分在运动中的位移、发生在身体局部的刺激、动作的周期组合、在视觉中枢下的肢体与关节运动痕迹的不断呈现。先有位置的空间性而后有处境的空间性。空间知觉是从局部到整体,从单一到多方面协调发展的。身体不能脱离社会而单独存在,身体逐步融入了空间。对空间秩序的控制,使具身创造成为可能,但社会秩序形成的空间条件则会影响具身创造。身体的能动性就体现在具身创造对各种条件变化的应对上。另外,在具身创造中空间的从属关系与预期存在差异时,需要通过空间再造、空间替换、空间互补、空间重叠等方法进行。从这里我们就可以理解生物性空间、社会性空间和赛博空间的出现,是不以人的意志为转移的,满足了人类探索世界的需要。

(2) 具身创造具有能动性。基于感知觉的体验与认识本身并非目的,把认识与行动相结合,作用于现实,使得具身创造具有能动性。分别在物理层面、心理层面和社会层面去探索具身创造路径,由表及里,由个体内部关系到个体间的关系,由实在到意指。从属关系与边界区分中再对方向或方位、距离、联系与相对位置进行研究,使得具身创造路径更为清晰。基于空间感的具身创造规律与时间观下的具身创造规律一样,都以解决现实问题为导向,先从自身身体出发,探寻具身创造的起源,再按着不断认知空间秩序的制约条件在数量和性质上的变化规律,形成具身创造路径及其改善、重组与反思再造的规律总和。

(四) 具身创造与身体的空间意识

空间意识除了心理在空间上的意义,还有空间观念的意思,是空间观念的代名词。个人的观念和心理都很抽象,但都由个人的言行来表示,虽有区别,但属同一类。

当身体作为主体言说时,经验空间使得身体蕴含文化,身体会自然显现身处环境的文化背景。行为会产生于一定的情境中,肉身感与知的联系、行为与空间的联结关系,可以构建人、环境、空间的关系,以及揭示出隐性的身体观和身体感,使得具身创造在空间中有的放矢(如空间具有传递情感的魔力)。

七、时空融构下的具身创造

康德认为,存在一种有别于经验知识的纯粹知识,它可以离开经验而独立存在。在感性阶段,只有时间和空间这两种知识可以称为纯粹知识。空间是外感官形式,时间是内感官形式。外部世界只提供给我们感觉材料,是我们自身的精神装置把这些材料排列在空间与时间之中,并提供给我们理解经验的各种概念。人通过各种身体活动逐步形成人的基本感觉和时间与空间的知觉,为人的主体性的发展奠定了基本框架。在具身创造时我们可以用时间观来解决空间问题,亦可以用空间感来解决时间问题,即用空间时间化和时间空间化。时空(space-time)概念代替了时间与空间概念。

时间和空间是运动着的物质存在的基本形式,时间和空间存在着有机的内在联系。时空不可分割,空间的距离与时间的长短只能用"间隔"来表示。时空一体观,是利用时间的连续性原则和空间的立体性和系统性原则,从整体内的各要素关系来考察和分析事物的认识规律。时空交叉观,是利用时空纷繁交错来观察、思考并解决问题的理论观点,通过自身的位移,逐步形成实际空间的基本结构,通过身体活动形成空间秩序与时间序列的交织。时空渗透观,是时间与空间的相互渗透,使得此中有彼、彼中有此。时空转换观,是不同时空之间的转换和时与空的转换的理论总称。时空互补观,有利的时间因素会变成有利的空间因素,空间的优势也会变成时间的优势,两者相互反馈、互相补益。在现实与虚拟的空间中可以产生不同的时间感受。

八、结语

（一）具身创造与后现代

后现代是发扬寻求最大自由的创造精神,追求以"不确定性"为基本形式的绝对自由。理解保持创造精神的生命力,就需要感同身受生命中的不自由。

人渺小于生命个体,却伟大于发明创造。人从独占其身的空间出发(生物性空间),怀揣着自信与自卑(心理空间),步入无限的遐想世界(思维空间),勇于成为"跨界者",书写出独一无二的生命史。人类正是在这一基础上展开生命的对话,萌生共情的契机,亦即从现象与表象去言说矛盾或冲突的议题。通过主体间的对话,重视身体,避免忽略,让每个跨越自我者能参照他者生命经验,通过反思与理解,实现人与人的联结。

反思是具身创造能力提高的必然方法,反思的结果就是经验的积累,统一的空间直观又全来自经验,经验不断积累促进具身创造提高。作为一条路径或路径组合,具身创造路径总是倾向保持自身结构的稳定。在遇到新的情境时,它并不是重新设计,而是从已有的模式开始,稍加改变,甚至先保持已有的模式,在出现无法应对或者更便捷的方式时才改变已经习惯的具身结构。在空间领域处理结构不当或习得无助时,则需要进行多空间辅助体验与练习。从赛博空间角度去提高社会层面的分离能力,如在具身创造时录取影像,在虚拟空间中还原各空间所处情境,分析各空间分连状态与合理程度,或者将具身创造的标准与之参照,找出不足或不合理之处,或者推算未来空间将要发生的情境,做出规划或预判。对于一直致力于"出奇制胜""难以想象""异乎寻常"的空间感的出现,需要创造出多种路径或多种组合路径。

（二）体育为具身创造提供独特平台(自然视角)

体育是以利用身体大小肌群协作为主要方式的一种教育活动,其中有别于文本知识的学习的是动作技能知识掌握部分,具身创造贯穿其始终。在体育领域对具身创造的探究就是对运动技能的学习、发展、控制的研究。在现代化程度较高的当今,大谈创造创新时,人类逐渐迷离了自身身体,丢失了创造的本源,无法清楚认知自身与时空的关系。具身创造的研究正是从人的"自然"出发,寻求具身创造路径,而体育则是具身创造最好的"舞台"。

(三) 具身在规约中创造(社会视角)

人体活动能力要通过体适能检测才能获知。在体适能检测中,遵守具身创造潜能的自然发展属性,如果具身创造路径体现为简单易行,则测出来的动作表现自然就会反应检测的体适能能力。因为人的个体差异不可避免,在人的自然与社会属性方面都有弥补个人差异的必要,所以科学把握具身创造潜能的最佳自然发生时间段并进行科学练习是体育的任务,它使得创造能力通过动作行为得以显现。具身创造路径与路径组合会永驻在个人身体里,在生活中适时地为其所用。具身创造力发展受基本能力、时空条件和目的制约,经反复的具身创造路径实践及其有效反馈而获得提升;在具身创造过程中,以经验为基础、目标为导向,反观其制约条件,让具身创造再造成为必然。

对日常生活的诸多个体具身创造进行研究是极其困难的,因为会有太多的不确定因素,如情境、环境、语言等的制约或干扰,很难为我们提供一个质性与量化研究的统一平台,但体育运动却能让具身创造研究更趋科学化。体育运动中的行为来源于生活,是在一定规约基础上的行为的集中,甚至是极端表现方式与形式,是自我创造、挖掘自我创造潜能和自我创造力提升的通道与捷径。

体育本身就是人类针对身体展开的教育,其中蕴含了人类运用身体活动的精华,理性和科学性毋庸置疑。以身体为基础的教育知识随着科技发展被不断注入"新鲜血液",使得我们的认知不断拓宽和加深,让具身创造性的表达成为我们美好生活不可或缺的宝藏。

第五节　从践行观执行"严肃、认真、公正、准确"

"严肃、认真、公正、准确"不仅与认知有关,还与裁判员的行为相关,此八字方针指引着裁判员的行为。当裁判员采取某种行动，受信念指导和支配，其信念执行度也至关重要。裁判员还既可以通过行为推测该信念，亦可以通过该信念预测可能的行为。

一、行为体现信念

马克思强调对世界的改造，如是说："哲学家们只是用不同的方式解释世界，而问题在于改变世界。"主体改变世界的行为无不与他们所持的信念密不可分，人们的行为受他们的信念所指导，并体现着他们的信念。

网球裁判工作提倡的是一种"言必信，行必果"的优良作风。志同道合的"严肃、认真、公正、准确"固然需要言语表达的强调，但更需要身体力行地去做到。对网球裁判员执行此八字方针的言行一致进行考察，其行为以及行为结果是必选项。考察多采用推己及人和以己度人的方法，从诸多行为及其后果中推测裁判员所持信念程度。行为体现此八字方针，在一定程度上间接地归因于该八字方针。因为个人特征影响自身行为，而八字方针又是网球裁判员应具备的信念，所以通过外显的行为去评判裁判员的信念就需要有一定的前提，主要有以下几个方面：①从事网球裁判工作的初心；②明确个人的处事风格和行事特征；③真实呈现裁判员从所思所想到身体力行的全过程。满足此三个条件，我们就有可能根据裁判员行为判断其是否持有此八字方针的信念以及程度如何。

人具有自然和社会双重属性。人以身体为媒介与世界发生联系，通过身体认知自我与世界。身体是我们拥有一个世界的一般方式，身体与动作行为互相依存，身体的动态存在表现形式为动作行为，行为的存在使得身体实存。我们的形体是一种充满了无穷也要求存在的创造物的世界。身体的创造力是人类生存和发展的基础。行为是为了满足一定的愿望，按照一定的预定步骤和遵守一定的公共规范主动做出的举动。预先策划网球裁判相关行为步骤的过程需要启用大量的已有信念（八字方针），涉及他人、环境和自然条件、社会关系、按预定步骤行事等方面。行为者遵守规则的问题，则涉及其道德信念问题。

裁判员行为体现此八字方针的诘难在于，裁判员行为与此八字方针无法做到一一匹配，此八字方针也无法对其行为进行严格限定。由于审视者存在视角和视域的片面性，对被审视的裁判员所持信念的把握必定存在偏差。每个审视者于行为隐蔽和显现的边界要求不尽相同,使得可感知的身体动作寓意深度和广度直接影响到裁判员所持信念以及程度。例如可以通过裁判员直接或间接的言语表述、讨论或执裁结果,能反映裁判员真实想法的举止、日常行事习惯等。可以多视角地去审视裁判员把握此八字方针的效度。另外,对裁判员不作为也可以推测其信念,因为如果对此八字方针信念坚定,自身就会杜绝违背此信念的行为的发生。通过试错,裁判员如果某种行为有意或无意地违背了此八字方针,则此类行为就会被摒弃。网球裁判员从业余级别比赛做起,从少儿的比赛做起,从市区级比赛做起,一步一步通过实践与对理论的掌握,付出自己的时间和精力,从而能做到职业赛,做到成人赛,做到国际级赛事。在这个过程中,"严肃、认真、公正、准确"的信念贯穿始终,坚定不移。如果说从一时一事看不出裁判员对此八字方针的笃信,那么时间成为呈现其信念最关键的因素。信念的牢固程度、信念力量的大小与一个人对未来的期望以及投入与信念相关行为的努力程度相关。

根据华尔特·克拉克对信念层次的划分可知,网球裁判员临场执行能力是随着对八字方针内涵确定性的增强而不断提高的。第一层次是"刺激——反应的言语表现"(重复此八字方针语词),第二层次是"智力理解"(对八字方针的逻辑审视和理解),第三层次是"行为表现"(来自确信或习惯性接受的实际行为),第四层次是"理解性的整合"(力求达到真善美的境界)。

从网球裁判社群来看,如果没有能够成功地为网球裁判员们提供所共同持有的坚定信念,那些必须要求网球裁判员群体共同努力的行为就很难发生;在物质生活较为丰富的社会中就难以形成淡泊无私、慷慨助人的良好风尚;在竞技赛场就难以避免各种形式的不正当竞争事件发生;各级别赛会组织者以空洞的说教就难以号召裁判员克己利他,助益他人。

二、信念指导行为

网球裁判员对于临场情况做适恰的执裁,取决于此八字方针对裁判员的引领及其力度。此八字方针的重要功能就是坚定裁判员的意志,并促进裁判员去顺利完成既定赛事的执裁工作,从而顺利完赛,实现理想的目标。此八字方针的确信程度和感召力越大,执裁的欲求也相应越大。

对"严肃、认真、公正、准确"的确信程度因人而异、因事而异,为了便于理解一般可分为以下几种类型：①"自以为是"的信念确认。持此种信念的裁判员以个人为中心，不考虑理由与证据。②"基于自我理解"的信念确认。持此种信念的裁判员对信念有一定的考察与分析。③"隐蔽信念"是未被裁判员意识到的信念，但已内含于约定俗成中，可能部分被证实或完全未被证实，但无须确证。信仰可视为一种特殊的信念。

网球裁判员所持有的八字方针对其执裁行为会产生极大的影响。不管此信念是否正确（内含真理），是否被裁判员所意识到，是否被确信，是否被经验证实，是基于直接经验还是基于间接经验……八字方针的提出，对主体的行为产生影响是显而易见的，它作为行为指导原则直接指导裁判员的工作行为。

"严肃、认真、公正、准确"作为行为指导原则贯穿于从赛事规划到赛后评价的行为全过程。对临场参赛选手的欲望和诉求，是坚决拒绝还是尽可能满足，是委婉拒绝还是有条件满足，不仅需要基于裁判员对此八字方针的认识，还需要基于裁判员的行为表达。临场参赛者如果有要求，需要得到裁判员的确认或允许，则需要裁判员秉承着此八字方针，依据规则和条款以及工作程序给予积极配合，表现出有条不紊、彬彬有礼、不卑不亢。就算最后参赛选手欲求未达成，裁判员在此过程中表现出的知识（信念）储备、情感处理、行为表达的能力会让整场比赛充满公信力。如图4.7信念背景下的裁判员行为导图所示，裁判员对临场运动员的诉求或愿望进行甄别，若不能满足则采取行动予以拒绝，若能则选择恰当的行为予以解决。"严肃、认真、公正、准确"贯穿于此行为实施过程中的各个环节，由此八字方针来引导行为达到目标，每一环节的行为目标，都是运用此背景信念进行有效组织行为的关键。对于同一行为及其结果，裁判员与临场运动员根据不同的基本信念和信念之网均会产生不同的评价。对行为的评价又能够充盈知识或信念储备。

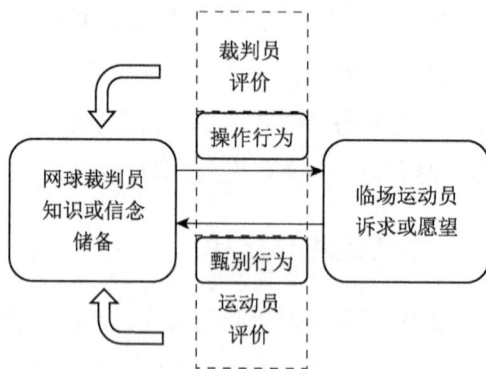

图4.7 信念背景下的裁判员行为导图

综上所述，信念指导行为，"行为的重要动机是信念"。信念指导行为主要表现在：行为前对满足愿望的可能行为的可行性判断,行为的策划、启动、实施,行为过程中引导行为达到目标以及事后对行为进行评价等诸方面。

三、信念预测和说明行为

我们除了可以通过裁判员的行为反推他(她)所持有的信念或者用信念说明的行为之外,还以对他人信念的认识,预测此裁判员在特定的临场情境下可能采取的行为。

在说明裁判员的行为时,我们经常假设某类行为与该裁判员存有某种信念有关,但对"存有某信念"的假设并不完全是基于该裁判员行为做出说明的类比参照。审视与观察相关行为关键不是为了发现裁判员是否持有此信念,而重点在于用此八字方针构建一个说明裁判相关行为的解释模型。此种解释模型根据实际预测结果,并经过逐步修正后,关于裁判员持有何种信念以及不同信念之间的各种关系的内容就会越来越翔实,以至于在网球裁判践行过程中,依此进行的相关行为预测准确性将会大大提高。当某裁判员持有某信念的假设,最后得到的预测结果被反复确证之后,它就成为裁判员共同体或个人关于某裁判员的新信念,如裁判组(长)确信"在某种情境下某裁判员会持有认真负责的信念"。当然,预测裁判员的行为要有一定的背景信念,它们大多来自与心理学和社会学相关的经验、理论和原则等。

自我有两种基本行为预测模式,即以理论为主导的模式(理论预测)和模拟占主导地位的模式(模拟预测)。以理论为主导的模式,是基于一定的理论以及自我应具备的主要相关特征,给定某情境下的若干条件,预测自我刻画行为特征的结果。影响此预测结果的是以下若干因素:理论的完善程度、相关材料的精确程度,以及对于相关的预测来说这些材料是否全面、设定的情况是否符合将要预测的条件等。模拟占主导地位的模式,是假定自我具有某种特征类型,然后将其置于相关目标情境中,预测自我在此人设下将如何行事。影响此预测结果准确性的是以下若干因素:模拟人设与自我特征吻合程度、人为模拟条件与实际行为条件的相似程度等。

预测其他裁判员行为的情况与上述两模式类似。以理论为主导的模式,我们可以将网球裁判相关文本资料的背景理论、规则、条款、操作程序中的主要内容以及临场执裁条件等通过逻辑思维整合，以静态的方式去思考、审视和反省。我们要预测的是人的行为，通过与他人的实际交往获得对他人的了解。在模拟占主导地位的模式下，自我就是在模拟他人，自我可以让自己的一套精神机制暂时从"在线"状态脱离出来，以"离线或脱机"方式工作，在自我的决策系统中输入设想他人的信念或愿望，得出对他人行为的解释或预测。显然，自我能够在多大程度上调整自己的"脱机状态"使之接近于被预测者的实际状态，乃是预测准确性的关键，而充分接近他人的实际内心状态也许比这种理论本身的难度还要大得多。另外，这种心理模拟实验的条件参数的确定也影响到结果。

第五章

自我实现与网球
裁判工作

TENNIS

如果这世界上真有奇迹，那只是努力的另一个名字。 生
命中最难的阶段不是没有人懂你，而是你不懂你自己。

——尼采

TENNIS

当代"自我实现"的哲学基础是浪漫主义运动中出现的"本真性"概念,泰勒关于审美问题的"本真性",是其哲学根源,亦是当代"自我理解"的核心概念。人通过对内的自我阐释理解自我,对外的社会性对话阐释出意义共享,真理性蕴含其中。在泰勒理论中,自我是心理学、社会学和伦理学相互交集中的核心概念。"我"对自己的真实意味着"我"对自己原创情感的真实,在这一过程中"我"定义了自己的存在。

第一节　自我实现者的特质

马斯洛(Abraham H. Maslow)估计,自我实现者大约占人口的1%或2%。马斯洛认为,这些人运作的功能层次,与一般人或正常者的运作层次完全不同。自我实现者很容易满足他们所有的需要,但他们特别关心较高层次的需要。

马斯洛认为自我实现者超越了任何特定文化的限制,他们的人性充分地发展。马斯洛研究了若干自我实现者以后,发现他们具有以下的共同特点。这些自我实现者所具有的特点,可以为我们提供一个使自己尽善尽美的架构。我们每个人或多或少都具有马斯洛所提到的特质,因此可以将马斯洛的模型视为完美个体的画像。

一、认知能力

他们对现实和环境的认知能力较强,并且较能与它们安然相处。马斯洛发现他们具有透视虚伪、表面或掩饰之事物的神秘能力。对艺术、音乐、科学、政治或社会事务,他们的认知都比较清楚与准确,因而提高了解决问题的能力。他们较少受到自己的希求、愿望、恐惧、焦虑、偏见的影响,因而能透视事实的真相。他们非但能忍受暧昧不定的情形,而且喜欢它们。

爱因斯坦(Albert Einstein)说的一句话最能描述此点:"我们能经验到的最美丽事物就是神秘的事物。"他们接受现实,而不空妄地反对它们。当我们与人生必然的经历和谐相处时,我们才能真正更有效地控制展现在我们前面的事物。

二、自我承受能力

他们较能接受自己、他人及自然。对于自己与他人不可避免的优点与缺点，他们能视为理所当然而不抱怨。改变他人以符合自己的愿望时，常会破坏与他人的社会关系，因此，自我实现的人尊重每一个人都有成为其"真我"的固有权利。即使晓得自己有某些缺点，自我实现的人仍然会接受他基本的自我。他不会因未符合文化所界定的理想的美、地位、声誉等等，就产生莫须有的罪恶感和羞耻感，因而也不会受到这些感觉的折磨。

自我实现的人不矫揉造作，不权充派头人物，而且他们可以很快察觉别人的这些虚伪作风。他们接受随成长而发生的生理变化（如衰老），且不会念念不忘往日的欢乐与做事的模式。他们可能偶尔有罪恶感，但是这种感觉只有在自己有某些可改而未改的缺点（如懒惰、脾气暴躁、善妒、充满偏见）时，才会发生。

三、处事风格

他们的内心生活、思想、行为都比较自然、率真。要实现真我需要内心相当的自由，行为也要率真自然。相反的特性则是处处防卫，不敢自我流露，并且经常惧怕他人的批评。他们与人交往时不矫揉造作。他们也较易超脱习俗或惯例的影响而表现纯真的天性。

四、处事原则

他们遇事一般以问题为中心，而不以自我为中心。健康的人比较能心平气和地处置自己的问题。他们把自己的问题视为与其他问题一样。解决问题的活动使他们特别高兴，因而也使他们热心参与自己的职业。马斯洛发现健康者的一项显著特征是热爱一种职业，他感觉他的工作是重要的，他的人生有某种使命待完成，不管这个使命是养育小孩还是经营大公司。

五、享受独处

他们较能够且喜欢独处。许多人发现独处是一项很不愉快的经验，但马斯洛发现健康的人喜欢享受他们自己的经验，并且追寻独处的时刻。

六、独立自主

他们比较独立自主。健康的人较不受环境的影响，而且不是他们无法控制的环境变迁底下的牺牲者。他们即使面临许多挫折、打击，也能保持比较快乐且宁静的心境。他们能自给自足，并依赖自己的潜能和资源来成长并发展。他们不需要他人的好评来支持自己。

七、接受能力

他们比较能够接受与欣赏新奇的事物或经验。对于同一样事物，他们能够一再欣赏而不觉厌烦，好像每一次都可看出一点新的东西，都会有一些新的感受。在日常生活中，一般人视若无睹的生活细节，也会使他们感到愉快、惊奇、敬畏，甚至心醉神迷。对自我实现的人而言：任何一次日落都如第一次那么壮丽；任何一朵花都具有令人屏息观赏的可爱性，即使他已见过一百万次花朵；他见到的第1 000个婴儿，就像他初次看到的婴儿一样是奥妙的杰作。

自我实现者与一般人不同，他不会把生命的种种奥秘视为理所当然。而且，他们也能够从自己已拥有的、过去的成就中吸取灵感。他们不会不眠不休地寻求更新奇的事物和刺激。

八、经历丰富

他们较常经历神秘或高峰经验。马斯洛发现许多自我实现者，曾经经历过很强烈的个人经验，或许可被形容为神秘的或富宗教色彩的。诸如观察一位小孩嬉戏或欣赏音乐等经验，都能完全吸引他们的注意力，且产生高度的愉快状态。自我实现者所描述的欢乐类型，似乎迥异于一般人所谓的"欢乐"。马斯洛从他们对这些经验的描述中，引出高峰经验的概念。这种欢乐不会因为反复发生而削减。我们可以用惊奇、敬畏、心醉神迷、崇敬、灵感、赞叹和其他措辞来描述它。与此种欢乐相对立的是酒会的余兴、游乐公园里的刺激、酒吧里的感官刺激。

高峰经验的另外一些例子是爱的感受，以及四海之内皆兄弟、美、灵感等的感觉，徜徉于自然的经验和宗教性的意识。经验到这类意识状态的人，指出它们是最令人陶醉且最汪洋浩瀚的人类经验。

有些人认为,这些经验是他们人生的高峰时刻。我们可以借助某些情况来助长,而非强迫这些经验的出现。例如,我们可以把某一个人想象为被种种问题干扰,且历尽无数创伤的个体。我们可以回顾自己的生活,并且从已被克服过的许多问题中与已在成长历程中消散掉的许多变化里获取灵感。世界充满着悲伤、痛苦和暴力,但它一样充满着神奇的事件。许多人只看到事情的阴暗面,对他们周遭的种种却视而不见,其实这些正是高峰经验的丰富来源。

九、人际关系

他们较能建立久远的人际关系,而只对其中的少数人培养深厚的感情。真正的友谊需要投入许多心力和时间,因此,一个人事实上不可能有许多亲密的朋友。健康的人把他们的友谊看得很重要且虔心培养它。虽然他们热爱和关怀的对象只有少数几个,但他们几乎对每一个人都较友善、慈悲、喜爱,这种爱并不是毫无区辨性的。他们也会严厉地批评那些罪有应得的人,尤其是那些吹毛求疵、装模作样及狂妄自大人,他们会为了对方好而指责他。由此看来,他们的敌意是情境性的,并不会成为人格特征之一。

十、民主性格

他们具有较强的民主性格特质。他们为人比较谦虚,因为他们觉得,不管是什么种族、家世、性格、职业、性别,每个人都有可取可学之处。他们可以坦然与迥然相异的人交往和学习,这是一种不可多见的特性。他们对任何人都存有几分敬意,就只因为对方是个人。

十一、明辨是非

他们能够清楚地分辨出手段与目的的不同,他们有强烈的道德观念与确定的行为原则,他们的是非与善恶观念比较清楚。不过,他们心目中的是与非、善与恶未必与习俗的观念相同。马斯洛发现,健康的人很清楚自己所要追求的目标,而且知道他们先要完成什么才能达到目标。

大体而言,他们追求的目标较为固定,当达成目标的手段遭遇挫折时,他们也会灵活变通。不过他们手段的变更却是以不违反个人的道德与他人的福利为原则的。同时,对于很多经验和活动,常人只视为不得不尔的手段,而他们却能予以欣赏与享受。即使在做例行性的工作时,他们也会设法稍事变换,以自得其乐。

十二、幽默风趣

他们有着不带敌意而又富于哲理的幽默。表示优越感的幽默(如嘲弄他人的缺点)、带有敌意的幽默(如伤害别人的感情),以及低级的幽默,常是一般人所喜爱的,却不为自我实现的人所欣赏。自我实现者能在有意义的生活事件上找到幽默的题材,譬如事实与自己所预期的不符合时。他们对自己的缺点和独特性也会自我解嘲。

十三、独具创造性

他们比较具有创造性。马斯洛喜欢把自我实现者的生活态度与赤子之心相互比较。他发现两者有许多相同点,譬如对同一样事物,能够一再地欣赏出新鲜的地方。他也发现自我实现者比较具有创造性——并不是他们具有伟大的才华,而是他们的心灵较像小孩子那样纯真自然,对任何事情或游戏,都会因为想出一套新奇方法而兴奋不已。

马斯洛相信,大多数人似乎已经丧失了纯真小孩的新奇眼光。我们可以想象一条受主人宠爱的狗,看到主人走过来时的兴奋模样,或在暖和的春日里,漫步树林时的兴奋和自在的感受。

十四、统整能力

他们较能超越各种对立性而达到统整状态。自我实现者在他们的行为中较能够表现出对立的特性。他们既老成持重又童心未泯,既重视智慧又感情洋溢,既纯真坦率又自我克制,既态度严谨又嬉戏风趣。大多数人都将这些对立的特性予以截然的划分。尤其困难的是同时表现出对立的特性,一个人可能同时游乐和工作吗? 对大多数人而言,只选择其中一种来做,不是更舒服吗?

我们脑中都有一些成熟的人该表现什么样行为的固定观念,例如一种冷静、克制、无情、理智的作风。某些充满生命活力的特性,譬如率真、自发性、自由表露出自己的感受、嬉戏和其他等都必须被压制下来。其实这些是我们天性的一部分,我们应该将之表露出来。对立的特性,常是因为对事情的看法不确定所造成的。一个人可以有长远的目标,但也能专心致力于目前的工作;一个人可以对人生抱以严肃的态度,但不为失败所压倒;一个人可以专心达成某些目标,但也能别出心裁,使达成这些目标的手段颇富趣味。依照马斯洛的看法,一个人的人格存在过多的二分性,并不是好现象。人格内的对立状态是不成熟的一种迹象。

第二节　成为网球裁判工作需要的人

对一份工作,人们都倾向于选择做自己喜欢的。如果能在明确自己喜好的情况下,选择到喜欢的工作,当然是件幸福的事,但很多时候都不能如愿以偿。你可能是在一定的机缘巧合下,误打误撞进入某个工作领域,然后通过自身努力,使得自己渐渐喜欢上了这份工作;或是受他人影响从事了一份工作后,由原来的"无感",甚至抵触,到慢慢喜欢上了这份工作;或是因为工作的报酬很不错,喜欢的就是高薪;抑或是不存在喜欢还是不喜欢的工作,只要通过工作能体现出人生价值,得到他人的认可和尊重,每天都能看到自己的进步,就会情不自禁地流露出喜欢,而且会越来越喜欢……

时代发展,社会分工越来越细化,我们都是因为各种原因正在从事或正准备从事某项工作,每个人都可以定义自己的最爱。我们应懂得取舍、感恩和知足,把自己对工作的付出都刻画在点点滴滴的日常中,伴随自己的成长。唯有勤奋可以铭记,唯有坚持不可辜负,会享受工作就会懂生活,爱生活就会爱工作,这才是积极而又幸福的生活理念。试想一下,如果工作时长超过了与家人相处的时长,如果高薪仅仅是为了满足自己的消费欲望,如果面对的同事人际关系不融洽,那么你还会喜欢这份工作吗?这些都是阻碍你喜欢的外在条件,如果你是发自内心地喜欢这份工作,对工作的热情和积极的心态就不会被外在因素所左右。对工作的创造力不是他人能给予的,高效地完成工作是在自己的意愿下达成的,爱工作其实就是爱自己的一方面。唯有你喜欢这份工作,才不会顾及他人的看法和言论,才愿意去改善工作的环境。就算工作环境最后导致你不能继续从事这份工作,付出的也都会成为自己的阶梯,不会失去真实的自我。唯有真的喜欢这份工作,外在环境才不会动摇自己那份坚定的心。选择更好的工作环境会使你如鱼得水,主动权亦然紧紧在握。乔布斯(Steve Jobs)、扎克伯格(Mark Elliot Zuckerberg)、马斯克(Elon Reeve Musk)这些人提出改变世界的创意是在他们没有富起来的时候,最初,他们都是为了自己的喜欢而孜孜不倦。当我们总是不停地在谈论天赋的力量、教育的力量……的时候,我们可能忽略了喜欢的力量。喜欢所带来的财富不仅仅是物质的,更是精神的。仅凭喜欢就足以支撑你去坚持工作吗?其实,喜欢中蕴含着你认为这份工作有价值,值得自己去做。网球裁判这份工作亦然。

网球裁判工作是很辛苦的,每场比赛没有时间限制;有时要接受地表高温的考验;要在选手激烈对抗中运用好规则,执行好工作程序;要集中注意力看清楚每一个球点;要用恰当的身体和口头语言去面对每一分的裁决;要协调好场上所有的司线员和球童;要管理好场地上的所有器材和设备;在信任制里还要晓之以理、动之以情地和青少年运动员交流判罚问题……有的可以在 ITF、ATP 和 WTA 等国际赛场上一展中国裁判的风采,有的可以上电视直播,有的可以和网球明星同场展现,有的可以上新闻报道……我们不禁要问,我们喜爱网球裁判这项工作,到底是因为要得到才喜欢,还是因为喜欢才得到?少年强则中国强,网球青少年赛事的裁判工作同样值得我们尊敬,当我们目送一张张熟悉又稚嫩的脸庞一批批进入国际赛场为国争光的时候,我们会有些许欣慰,他们的成长路上曾经有我们。网球裁判工作从来就不在于扬名立万,更多的是默默无闻。其价值体现从来就不在于名利,因为任何赛事都不分贵贱。我们只有正视并尊重网球裁判工作,别人才会尊重你的付出,别人才会通过你而尊重网球裁判这个群体。同行的良性竞争的确会促使我们精进,但我们更想成为的是网球赛事工作所需要的人、能体现自我价值的人。我们选择什么样的学习、生活和工作,需要进行自我深层对话。社会理论使我们有方向感,显示出社会理论取向的价值以及自我实现的价值,在自我价值实现过程中,诠释学的批判作用为我们成长之思助力。

第三节　成为一名不冲动的裁判员

网球裁判员是被安排在公正立场上的人,是人就会有情绪的波动,但公正的场景要求裁判员不能被情绪所左右,所以裁判员要避免由冲动而引发的事件。

在网球裁判执裁过程中会发生诸多由事件而诱发的冲动。赛事中会发生来自观众的侮辱;会受到临场运动员的质疑,特别是比赛正处于"胶着"状态时,临场运动员或教练员会言语不恭;会发生裁判团队的关系不融洽;会发生球员罢赛……为应对这一切,我们可以做到以下几个方面:

一、要有边界意识

冲动多数是由心理压力造成的,要避免冲动,就要有效改善激化的矛盾,避免情绪高涨的局面。既要体现出裁判的权威性,又要具备执裁的人性化。坐在高处的裁判应多用肢体语言少用言语,通过放低身体、取下墨镜等方式,增加裁判与球员之间的亲和力。就事论事,解释到位,不做超越职能的事,在职责范围内,在自己能力范围内做到最好。

二、拖延时间,缓解情绪

裁判与球员交流和沟通,言语中不要夹带情绪,哪怕一开始并不是很有效,但随着时间的推移,利用清晰准确的言语引导,就会减少冲动。这样是缓解对方情绪,也是在缓解自己的情绪。当教练员或球员冲裁判发泄时,裁判要保持冷静,学会倾听,并积极安抚他们的情绪,缓解冲突,让执裁过程能更加顺利进行。

三、提前做好心理"功课"

网球裁判员应发挥自身的认知潜能,临场能敏锐地识别并阅读运动员的情绪,把握住其情绪爆发点,集中注意力,提前做好心理建设。管理好情绪,调整好心态,利用好比赛规则,必要时呼叫裁判长来规避和减少冲动事件,进行理性的执裁。

第四节 成为一名会处理矛盾的裁判员

孟子曰:"取诸人以为善,是与人为善者也。故君子莫大乎与人为善。"网球裁判员需要学习别人的优点来提高自己的品德,必须要做有道德的人。裁判员在赛场处理矛盾时要铭记"德以扬善",才能"以德服人",才能"德才兼备"。产生矛盾的底层逻辑是高估自己、低估他人,双方各执一词,站在自己的立场各抒己见是很正常的事。做到以下几个方面可以处理好矛盾:

一、把矛盾问题升级成为价值信念问题

网球裁判员一般会遇到两种矛盾。一是裁判法则和具体情境间的矛盾。这就要裁判员选择最具说服力的法则,把解释逻辑与事实链匹配好,这样才能有效处理好临场问题。二是人与人之间的矛盾。如果矛盾发生在人与人之间,则在评价双方时要有个公平的标准,要有章可循、有法可依,在双方认同的情况下,按一定程序把矛盾逐步化解。关键就在于这个公平的标准需要由裁判员去给双方呈现出来,在双方都认可的情况下才能遵照执行。如果规则冲突,就需要对事件的本真性进行考察和判断,把矛盾问题上升到价值信念层面再解决,即把矛盾双方所抛弃的认知成分重新纳入语义学,建立了一种非描述的二维认知语义学,这不仅可以在语义学框架中认知疑难,做出统一的解释,还可以避免双方关于事件的描述论和直接指称论落入两难境地。

二、构建一个对未来趋势的设想

裁判员可以向矛盾双方提出一些着眼于长远利益的设想,以此来打破双方在各自的格局里考虑问题的框架。

三、从行动成本考虑

在矛盾双方观念冲突但行动一致的情况下,因为行动需要承担成本,观念转变为行动,谁承担行动成本多决策就偏向谁。

四、告知越界的成本

裁判员在处理双方矛盾时,有必要对行动的边界成本给予明示,让双方清楚认知到该成本。如果双方或一方愿意承担越界的成本,那么就是愿意接受相应的判罚和决定。

第五节　成为一名值得信任的裁判员

网球裁判工作本身就具有公信力,裁判员只是作为乘客搭乘了这辆信任的班车而已。每个裁判员是否值得信任,需要用自己的实际行动表达出来,以下几个方面供参考:

一、信任在于争取,不在于给予

作为一个网球裁判员,要利用好临场的每个情境,用行动来争取被信任。行动包括肢体行动、言语行动、表情行动。从行动中体现出执裁的智慧,如果再和美结合起来,执裁的个人艺术就可以逐步树立。

二、行动需要创造力

行动中的创造力根源是创造性思维,涵盖对人如何从客观世界获取信息、利用信息的内容。对创造性思维规律和思维方向多样性的储备是关键。网球裁判员从各类思维(管理学、体育学、艺术学、语言学……)的具体规律及其关系出发寻求符合发展实际需要的创造性思维和能力,从而促使自身突破固有思维限制,创造力得以实现。

三、信任贯穿行动全过程

行动不仅是信任的结果,还是信任的开始。是否被信任不在于给运动员信息反馈的完满程度,而在于行动全过程中是否能带给运动员正确的三观(人生观、世界观、价值观)。因为信任本就关系到的是人的品质问题,而不是事物目标是否达成问题。

四、道歉是种信任

道歉是谦卑品格的体现,它不是犯错的结束,是一种态度的表达,是共情的开始,也是被信任的开始。信任他人,不能利用道歉来贬低他人,更不能试图利用道歉来操纵他人。

五、信任是种领导力

网球裁判的误判、错判、漏判都会导致不同程度的信任度下降,特别是在同一类问题上反复出现失误。研究表明,建立领导力需要重复成功 6 次,并且行动要与逻辑保持一致性,才会被信任或重新被信任。所以信任的补救不是没有可能,但需要投入更多的行动成本。

第六节　成为一名受欢迎的裁判员

如果一名网球裁判员是网球裁判社群中所需要的,是善于处理和解决矛盾的,是值得信任的,那么是不是就是个受欢迎的呢？可能还需要做到以下几个方面:

一、重视他人

真正重视他人是在行动的表达中,而不是仅在言语中。行动中重视他人,就要在"事事有回应,凡事有交代,件件有着落"方面努力,这是增加重视的确定性。行动上的重视还必须诚恳。

二、待人平等

中国网球裁判员来自各行各业,会因不同赛事的需要,在一起工作。为了来自五湖四海的同仁们相处融洽,平等待人是必须的。我们不可能忽略社会资源和身份背景,完全公平公正地对待每一个人,但我们需要关注个人的差异,工作上一视同仁,交流中注重细节,避免因为身份问题带来的交流不畅或沟通受阻。

三、帮忙是把双刃剑

助人为乐会使你受欢迎,但要量力而行,否则会出现帮倒忙的情况。请他人帮助自己,也可以让你受欢迎,因为你提供了一个和他人交流的渠道。放下面子,正视自己的不足,寻求帮助,正是为他人着想的开始。如果经常请他人帮自己,久而久之,可能会令他人对你感到不满。

四、互惠互利

互惠互利是人类的本能冲动之一。不管是等价交换还是不等价交换惠和利都应该从他者的角度去考虑,自以为是的惠和利会导致不良人际关系的建立。

五、审视自我边界

我们往往会认为如果一个人处处受欢迎,就证明他无所不能。事实并非如此,没有十全十美的人。对自我边界要有清楚的认知,做人要有原则,要有边界意识,才会令他人不抵触、不抗拒、有安全感。原则的本质是不可以有例外。人的出格往往会导致他人对其的恐惧与不屑,会导致关系的疏远。

第六章

网球球童在汗水中得到锤炼

人需要一种意义的赋能。 人活着的目的，就是要跟一个让你远大于你自己的意义体系连接起来。 这可能是人类社会最永恒的变量，也是永恒的价值创造方式。

——著者

第一节 球童要求与培训

一、球童概况

球童是在比赛场地上专门负责捡球的工作人员。

1. 球童的作用。在大型或重大网球比赛当中，球童作为在赛场上工作的团队成员之一，是比赛场上非常重要的一个组成部分，为比赛的顺利进行提供了非常有益的帮助。

2. 球童必须具备的条件。所有参加球童培训的学员，应当具备基本的个人素质、必要的网球记分知识、场上礼仪，了解网球运动的基本知识，遵守球童规章制度。

3. 球童的中心任务。在不干扰运动员的情况下，尽可能快地完成捡球、传球和为运动员送球的任务。

二、如何成为球童

1. 如果想成为一个合格的球童，首先必须接受一套完整的课程培训。这个培训课程的每一个步骤都建立在技巧的学习基础上，这对球童在比赛中高效完成工作非常必要。球童有义务花费适当的时间和精力参加整个培训。

2. 在训练阶段，每个球童会通过体能的测试，以确定他们有体质和耐力成为合格的球童。整个过程包括扔球、抓球的技术，健身训练和场上定位的练习，这些练习是为了确保球童更好地履行职责和完成长时间的工作任务。教官会关注每一个学员，以对他们的表现有所了解。

3. 培训期间，学员必须牢记以下要求：

（1）培训课程是实践课，需要学员在场上来回奔跑，必须穿着合适的运动服和合脚的鞋，并且确保鞋子不会在场地划出痕迹。

（2）每个模拟培训课程中，球童会像正式比赛中一样工作，教官会出现在场地上教授相关知识并问一些问题，以便确认学员是否清楚身边发生的事情。

（3）申请成为网球比赛球童的人众多，竞争激烈，这是一件非常光荣的事。

学员们选择参加全部培训,应当清醒地认识到能够成为球童队伍中的一员是高尚的,须尽力去做好培训工作,完成任何对球童这个角色的要求。

(4) 如果有机会成为赛事的球童,那么在整个培训和比赛期间应尊重这个特殊荣誉,并保持一个高标准的行为举止,拥有得体的表现。

4. 只有参加过课程培训,经过测评合格的学员才能参加正式比赛的球童工作。

三、球童的总体要求

1. 技术要求

(1) 在一分比赛期间始终保持观察和警惕性。

(2) 在一分结束时随时准备行动。

(3) 当需要在场上移动时应快速跑动。

(4) 不要让人感觉百无聊赖。

(5) 换边时不要和同伴以及观众聊天。

(6) 不要有特殊的举止,避免自己引起他人关注。

2. 传球注意事项

(1) 球童之间传球:一个球童只能贴着地面,面对要传球的方向,用下手传球给另一个球童,并且只有当接球的一方准备好了,才可以传球。

(2) 球童给运动员传球:将持球的手臂举过头,确保扔出的球落地一次后弹到运动员面前,弹起的高度大约与运动员髋部齐平。另一只手放在身体侧面,掌心对着运动员。

(3) 一发二发之间决不允许传球。

(4) 运动员准备发球时不能传球。

3. 与主裁的配合

(1) 作为球童,要想做好工作就必须注意与主裁判之间的默契配合。球童要注意观察主裁判,留意与主裁判的交流(不论是语言交流还是手势交流),并听从主裁判的指示。

(2) 有时主裁判为了确认比赛球有无丢失,以及球所在的位置,会指示站在球场底端的球童,意思是让球童出示他们手中的球。

（3）如果球童知道比赛用球丢失，应该告知主裁判。

（4）球童不是场上的执法者，他们不可以对主裁判和司线员的判决或争议发表意见。

（5）由于球童站在司线员旁边，对球的落点也会有自己的判断，当对司线员或主裁判的呼报有不同意见时决不可以摇头或以其他方式示意。

4. 球童队长

每组上场的球童中，都会有一名球童被指派为队长，每天的球童队长都有可能更换。球童队长确定球童在场上的位置。不论什么原因，如果球童不能履行职责，要及时通知球童队长，由球童队长与球童主管联络，解决出现的问题。

第二节　球童的工作规范

一、球童的数量

在大型网球比赛中，每场比赛最多可安排 6 名球童（见图 6.1），其中 4 名为底线球童（图中的黑圈），2 名为网前球童（图中的圆圈，要么站在主裁椅两侧，要么站在主裁椅对面网柱两侧）。

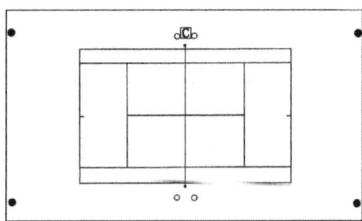

图 6.1　网球赛事中 6 名球童站位图　　　图 6.2　底线球童进入工作状态的姿势

二、底线球童位置、职责及操作规范

（一）底线球童的位置及其站姿

1. 比赛中 4 个底线球童应在网球场地的四个角落，在底线后，边线外，靠近司线员旁边。

2. 底线球童进入工作状态的姿势是保持站立姿态，双脚与肩同宽，双手放在背后（见图 6.2）。

3. 底线球童通常被安排在靠近挡网或场地角落的位置，但在场上任何时候都不允许倚在或靠在挡板上。如果底线球童站在有广告的挡板前面时，应尽量选择不遮挡广告的位置。不能遮挡挡网的标志和摄像机位置。

4. 比赛期间，不用的球要将它们拿在手中并将持球的手藏在背后（如图 6.3）。

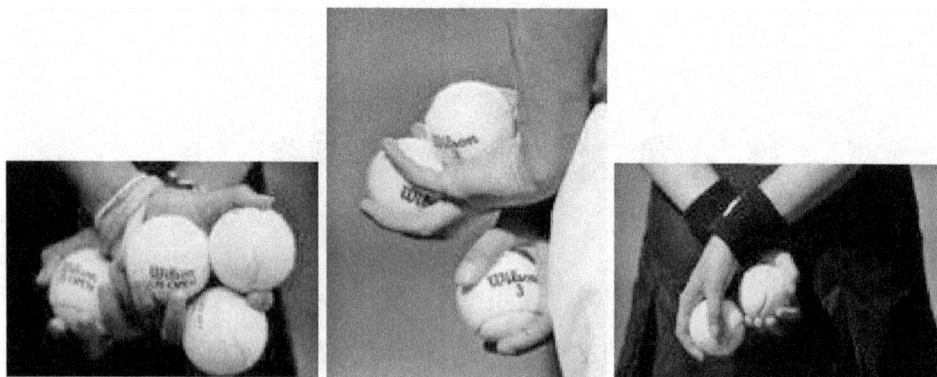

图 6.3　球童拿球示意图

5. 一分结束后，站在发球运动员背后的底线球童要举起一个持球手臂，准备为运动员服务，将另一只手臂放于身体旁边并将手掌面向场地内，以展示手中有多少个球。接球运动员一侧的球童应当将手臂置于身体两侧，同时手掌面向场地内，以示意自己手中是否有球或有多少个球。这样整个场地上的球童就都清楚地知道比赛球在哪里了。

（二）底线球童的职责

1. 当运动员有要求时，准确地投球。

2. 捡起底线附近以及打到底线挡网的死球。

3. 应运动员的要求，为他们提供拿毛巾、饮料或其他服务。

（三）底线球童操作规范

1. 给球员网球（常规给球）。比分结束举起手臂，另一只手放于身旁，掌面向球员。球员要球时,准确给球,将网球抛到空中,弹跳一下,落地后恰巧在球员腰间的位置(如图6.4)。要求:抛球高度适当;观察球员的细微动作,不盲目给球;球员要球,无球时,手掌面向球员示意无球(如图6.5)。

图 6.4　底线球童给球示意图　　　图 6.5　球童手中无球示意图

2. 球员要毛巾、球。双手打开毛巾递给球员→将手中的网球放置于球员的拍子上→再将毛巾送回原处→回位。要求:观察球员,确定球员要什么服务;观察球员的习惯。

提高底线球童工作技巧的提示:

1. 始终关注运动员,只有当他(她)们需要时才掷球给他(她)们。

2. 留心运动员的要球示意,或者需要毛巾的示意。这个示意有时候是眼神交流,有时候是语言的要求,有时可能是肢体语言的要求。

3. 注意有的运动员在发球前只要1个球,有的会要3个球。

4. 如果手中没有网球提供给运动员,大胆地将双手放于身体两侧,手掌心对着运动员。

5. 当网前球童正在传球给底线球童,而此时运动员对底线球童有要求时,球童首先要服务运动员,在满足运动员的需求后再传球或捡球。

6. 观察运动员可能有的任何特殊要求和喜好。

7. 等到球落地两次或是碰到场地周围的物体后再处理它。

8. 当一发失误的球没有滚向网前时,尽可能快速将球捡回,并迅速跑回自己的位置,确认球在你背后的手中并且不会被运动员看到。

9. 每分比赛结束后,将手放在身体两侧示意手中有几个球。

10. 每两局比赛结束后,用眼神与网前球童交流是否传球给他们,以便他们将球送到发球运动员一侧。

11. 当接球运动员一侧的球童手中拿着本应在发球运动员一侧的球时,应该显示给网前球童直到他们知道为止。如果有这样的情况发生,球应当传递给网前球童,从而转给发球运动员一边。如果网前球童在一分开始前没发现这种情况,那接球运动员一边的底线球童就应当拿着这个球,并把手放到背后不让运动员看到,直到这分比赛结束。

12. 当运动员要毛巾时,要主动跑过去取并递给运动员,等运动员用完后再将毛巾送回原处,然后回到自己的位置。如果是一局结束运动员有示意,先把毛巾递给运动员,然后捡球。如果场内没有要捡的球,立即回到工作位置。

13. 适时保持微笑。

14. 如果服务不到位,应说"对不起"。

三、网前球童位置、职责和操作规范

(一) 网前球童的位置及其姿态

每一次比赛开始前及运动员换边后,网前球童都应当站在网前主裁椅(图6.1中字母C)的两边,或者站在主裁椅前面网柱两侧,面向主裁判。当网前球童站在主裁椅旁边时,应始终保持笔直的站姿并且把双手放在背后(如图6.6)。尽量往裁判椅的后面站,防止被打到。

图 6.6　网前球童站姿示意图　　图 6.7　网前球童跪姿示意图

在一分球的比赛期间,球童要单膝跪在网柱两侧,双手触地(类似于蹲踞式起

跑动作），放松，盯球。重心可前后调整，缓解疲劳程度，随时准备捡球（如图 6.7）。要求启动时，迅速蹬地，手臂前后摆动，捡球时眼睛专注在球上。

在整场比赛中，有时候网前球童需要从网旁边穿过场地跑去捡球，这种情况通常发生在一发失误或一分结束的时候。一旦发生这种情况，网前球童会从主裁椅两侧边线外，从一条边线的外侧到另一条边线外侧来回移动。因此，网前球童会交替站在网前场地两侧的位置，直到运动员打完要求的局数换边为止，再回到主裁椅旁边。

网前球童有责任确认比赛用球都在发球运动员那一边，并且在传球后能迅速回到自己的工作位置。

在整场比赛中，网前球童在球员一发失误并挂网时，需迅速积极跑动去捡球，并就近找球童位置就位。一般挂网的球的位置有三种可能：

（1）挂网后距离主裁椅最近。

（2）挂网后距离主裁椅对面摄像机最近。

（3）挂网后弹到距离底线较近的地方。

（二）网前球童的职责和操作规范

1. 负责捡底线至网前之间的任何成为死球的网球，此球可能是发球失误落在网前的，也可能是一分比赛结束落到网前的，或者停留在场地内的球。

2. 确认分与分之间，球传递或补传给了发球运动员一侧的底线球童。

3. 如果运动员需要，为其提供递送饮料、毛巾或其他服务。

4. 日场比赛，若有太阳，球员换边休息时，裁判椅两侧的网前球童应为球员撑起遮阳伞；球员离开后，若有毛巾，另一侧网前球童接毛巾，并将毛巾放在边裁椅背上。注意：若能单手撑起遮阳伞，应将另一只手放在身后。

（三）提高网前球童工作技巧的提示

1. 当发球失误球落向网前时，网前球童应当尽快跑过去捡球，然后继续跑向对面的网前球童应站的位置。除非球距离你移动的位置不到场地的三分之一，网前球童捡完球后跑回原来的位置。

2. 等到球落地两次或是碰撞到场地周围的物体后再去捡。

3. 决不要在一发失误后传球给底线球童，拿着球直到一分比赛完全结束后再传。

4. 如果一发失误的球撞向球网又向底线滚去,此时网前球童应迅速去捡这个球。如果网前球童捡起球时已经到了底线区域,那么最可取的方法是跑到底线球童旁站立,等到该分结束再回到网前位置。如果出现这种情况,那么剩下的另一个网前球童有责任取回任何落在网前两侧的球。

5. 始终关注所有球所处的位置。当传球给发球运动员一侧时,应当给每个底线球童一样多的球,避免只传给一个底线球童。也要留意运动员只从一侧要球,如果遇到这种情况,网前球童就要多给这一侧球。确认在第一分开始前,至少有两个以上的球在这个底线位置。一旦比赛开始,试着尽可能早地查明某些运动员的偏爱,或者上场前询问组长,以便顺利开展工作。

6. 在每一分结束时,观察接球运动员一侧底线球童所有的球。底线球童此时会显示空着的手,或者有几个球需要传给发球运动员一侧。

7. 确认球童无论在场地哪一侧,只有在传球线上时,才可传球给底线球童。球应该沿着边线平行传递,决不能对角传递,可将球穿过场地投送(如图 6.8)。传球时双脚前后分开,重心下降,双手向后,后脚蹬地,随身体重心前移,持球手向前移动到最前面,同时手腕向前加速将网球抛出。

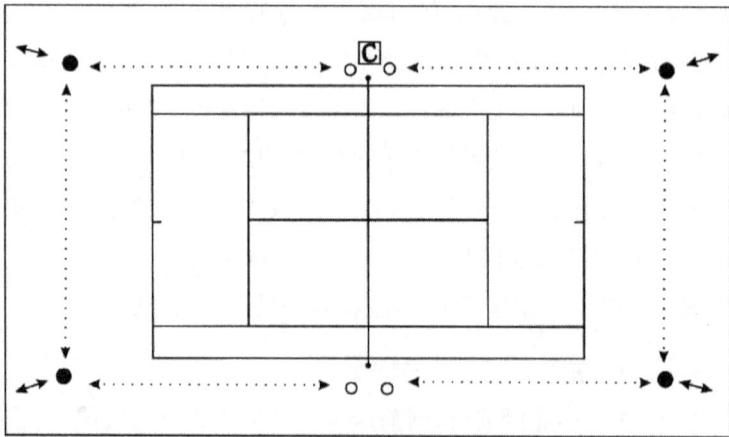

图 6.8 球童传球路线图

8. 同伴传球时,球童要迎前接球,眼睛盯球,双脚自然前后分开,双手分开成网状下蹲接球。

9. 适时保持微笑。

10. 如果服务不到位,应说"对不起"。

四、球童的操作技术要求

(一) 赛前

1. 每天提前30分钟到达赛场听从工作指示,明确每次上场时间、场地和场上的安排。

2. 提前10分钟到达指派的工作场地,穿着工作服,随身携带工作证。

3. 赛前5分钟随司线员一起集体列队入场。

4. 上场工作前,询问球童组长或同伴,将要服务的运动员通常有什么习惯或特殊要求。

5. 不得携带移动电话到赛场上。

(二) 热身

1. 运动员赛前热身期间,应到达预定工作位置,并准备好为运动员服务。

2. 在运动员练习当中,不要捡回网前或场内的球。

(三) 赛中

1. 当运动员准备开始下一分比赛时,确保不要有球遗留在场内。

2. 除了取发球失误的球以外,活球期间决不能触碰比赛中的那个球。

3. 记住比赛分数,认真听主裁判呼报,准确知道何时将球传给场地另一边。运动员换边时,球不换边;运动员不换边,球换边。

4. 知道比赛换球的局数,注意听主裁判对运动员和球童的提醒。换新球时,将旧球全部传给网前球童,由网前球童更换新球。

5. 球童传球必须准确、快速,应当直对着想要传球给场上球童的位置方向,然后再平行于边线把球传出,千万不可穿越场内传球。

6. 运动员重发球时,不要传球。

7. 每次捡球完成后回到自己的工作位置。一旦捡球跑出了一定的距离,可以站到就近的球童位置,等到活球期结束再回到工作位置。

8. 如果比赛因为灯光不好或下雨等原因被迫暂停,主裁判会宣布"比赛暂停"。此时所有的球童都应跑向主裁判,把手中的比赛球交给主裁判,并听从随后的安排。

(四）赛后

1. 网前球童负责收好所有比赛用球。

2. 比赛结束时，如果球停留在场地四处，底线球童负责将其传给网前球童。

3. 球童应当集体列队退场。如果网前球童还没结束给运动员提供毛巾、饮料的服务，或者还在收集比赛球，那么所有底线球童应先集体列队退场。网前球童为运动员服务完后，马上随队退场。

五、决胜局中的操作要求

网球比赛的赛制多为平局决胜制，决胜局期间运动员面临着巨大的压力。决胜局中运动员发球和接发球转换很快，因此需要将球快速地从场地一侧传到另一侧。在此期间，球童保持注意力高度集中非常重要。

1. 整个决胜局中，网前球童扮演着始终能快速将球交替传向两边的关键角色。

2. 在决胜局分与分之间，网前球童应该一直拿着两个球，以便能迅速开始下一分的比赛。应避免不必要的传球，其他球都要尽快传到发球运动员一侧。

3. 由于换发球的转换很快，如果出现运动员向网前球童要球的情况，则网前球童应用与底线球童同样的传球技术为运动员服务。

4. 决胜局结束后，网前球童要与主裁判确认下一盘开始前球应传向哪一边。

六、换球期间的操作要求

当比赛在 7/9 或 11/13 局结束换球时，主裁判会宣报"New balls please"或"Ball change"（更换新球），此时，所有底线球童应立即把手中的球传递给网前球童，然后由网前球童把所有的旧球收好，同时取出新球并传递给发球方一侧场地的球童。与此同时，将有一位司线员协助球童换球。

当主裁判宣布换球时，球童换球动作要迅速。在平局决胜局到来时，不能换新球。

七、比赛暂停或结束时的操作要求

如果比赛被迫暂停，主裁判会宣布"Play is suspended"（比赛暂停），此时，所有球童应跑向主裁判,把手中的比赛球交给主裁判。比赛结束时,球童应收集场地内的所有用球并交给主裁判。

第三节　球童入退场及工作评估

一、球童入退场

(一)列队上场

1. 列队上场前,团队中的 6 名球童必须明确自己在场上的位置,随时保持着装正确、整齐。

2. 列队上场时,球童要保持安静,遵守职业礼节,面带微笑、自然自信地沿着直线和直角走向场上的位置。

3. 如果从主裁判椅子后侧入场(如图 6.9),列队的顺序如下：两个同侧的底线球童走在前面,然后是两个网前球童,最后是两个另一侧的底线球童。

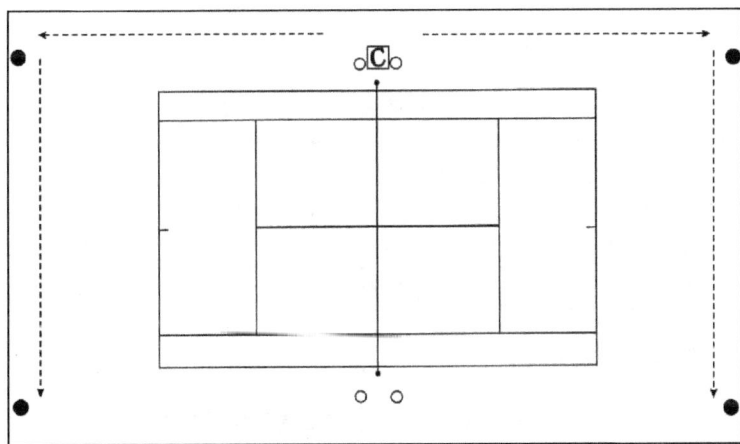

图 6.9　球童上场路线图

4. 球童上场时排在司线员后面,球童换班的时间尽可能与司线员换班时间相同。

（二）列队离场

1. 当每盘结束或盘间换边，外场准备替换的一队球童入场前，场上的这队球童应按照上场时的方式反方向列队退场，并跟在司线员后面。

2. 当运动员一局结束走向休息椅时，新一队球童要立即入场，而非等到场上球童列队走出来再入内。

3. 当网前球童给运动员提供毛巾或饮料而不能马上离开时，4 个底线球童可列队先离场。网前球童服务结束后应立即跟随队伍离场。

二、对球童的评估

所有球童在赛事期间的行为和表现，会不断地受到场上或场下组长们的监督，并被多次评估。随着比赛临近尾声，此前在工作中表现优异的球童将被留下续用到最后。

总之，球童不在场上工作时，也要时刻牢记自己是比赛的工作人员，是赛会的代表，应自始至终展示出自己的水准，以及具有个性魅力的、高雅的行为举止。作为一名球童必须时刻牢记三点：奉献、合作、谦恭有礼。下面是对场上球童进行评估的要点。

（一）整体表现（表 6.1）

表 6.1　底线球童整体表现评估要点

手臂位置	精确的服务	着装
对发生错误的改正	传接球的稳定性和精准性	对分数变化的反应
场上跑动的积极性	对球员要求的理解和传递	场上的精、气、神
入场和退场的状态	对场上突发情况的应变能力	为球员服务的表现

（二）底线球童（表 6.2）

表 6.2　底线球童传接球及决胜局表现评估要点

传接球表现评估要点		
精确性——传、接、抛	动作规范	捡接球的稳定性
连续处理球的能力	头脑清醒	对球员所需服务的理解能力
决胜局表现评估要点		
对分数变化的反应	自信	留一个球给网前球童

（三）网前球童(表 6.3、表 6.4)

表 6.3　网前球童整体表现评估要点

传接球的稳定性	传接球的精准性	着装
对发生错误的改正	理会、注意底线球童	对分数变化的反应
对球员要求的理解和传递	对场地两侧球变换的控制	精确的服务
入场和退场的状态	与另一位网前球童的沟通	场上行为和表现

表 6.4　网前球童传接球及决胜局表现评估要点

传接球表现评估要点		
精确性——传、接	动作规范	捡接球的稳定性
连续处理球的能力	头脑清醒	对球员所需服务的理解能力
决胜局表现评估要点		
对分数变化的反应	自信	留一个球给网前球童

附录

球童项目执行手册

第一部分　筹备阶段

一、执行方须提供的材料

执行方须在×月×日前提交公司资质及介绍文件：

公司名称、公司简介、报名电话、落地活动场地名称及地址、公开课场地名称及地址。

二、各项工作确定可执行性

1. 公开课。执行方须保证针对球童选拔项目的公开课每周一次，每次至少1小时、1名教练，须确定时间、场地以便发布会时宣布。执行方须在合作协议签署后安排具体场地、时间段。公开课场地名称及地址如需变更，执行方须提前一周通知公司。

2. 落地活动。落地活动时间为×月份的某个周末时间，执行方须确定场地位置，活动使用网球场不少于4片，须在协议签署前确定场地，以便发布会时宣布。落地活动场地名称及地址不得变更。

3. 搭建标准。执行方须保证公开课中摆放易拉宝一个，落地活动有一块3米×8米的展示主形象，4个易拉宝展示赛事及执行方信息，4个易拉宝进行选拔项目说明，内容由赛事公司设计。

4. 培训师。执行方安排的培训师人员应固定，在球童项目期间到某地接受一次为期2天的球童培训师培训，带领球童在赛事期间到某地进行服务。

赛事公司提供在某地期间的食宿,交通费执行方自理。签署协议前将培训师个人资料提交给赛事公司,包括姓名、身份证号、职务、电话、电子邮箱、通信地址。

三、工作流程确认

1. 球童报名流程。赛事公司提供报名平台,开放后台端口给各地执行方,执行方须根据报名数据整理资料并汇总,落地活动前与所有报名球童进行电话确认,最后将报名数量、确定到场数量统计完成后提交给赛事公司。赛事公司将提供《球童报名流程手册》。

2. 现场选拔活动流程。执行方须根据赛事公司提供的选拔标准、选拔项目、测试方法、所需人员安排建议、现场搭建等的具体情况进行人员安排,现场规划并提交详细执行手册,选拔结束后进行成绩统计,最终选出正选球童 6 名,候补球童2 名。赛事公司将提供《球童现场选拔流程手册》。

四、签署合作协议

根据沟通情况签署球童项目合作协议,协议模板由赛事公司拟订。

五、熟练使用报名系统

执行方在赛事公司建设好官方网站以及球童报名系统后,将获得测试端口。通过后台管理报名系统,执行方须尽快熟悉报名系统,反复测试,确保对报名系统充分了解,出现问题及时与赛事公司沟通。并且在获得端口用户名及密码后,妥善保管,保证端口信息不泄露。

第二部分　发布信息

一、报名启动

执行方将在赛事公司通过媒体于×月中旬发布球童项目介绍、各地方执行方信息、报名截止日期后,启动球童报名工作,开始正式使用官方报名系统报名。报名将不采用电话直接报名的方式。如需电话报名,执行方须协助报名者在官网上填报报名信息,并提醒报名者记录报名唯一编号,打印报名表格方可到现场参与球童选拔活动。

二、配合地方媒体发布

执行方须在发布会后,各城市落地活动前1~2周,配合各城市媒体进行拍摄、采访等工作,协助赛事公司在各城市的媒体宣传。

三、报名截止

执行方须在各地方报名截止后,对报名球童进行电话确认,统计报名资料,将报名数量、确定到场数量提交给赛事公司。

第三部分　落地活动

一、落地活动前

落地活动前三天,执行方须与赛事公司再次确认执行流程及执行细案,确认现场搭建,确认现场人员安排。

二、落地活动现场

执行方在落地活动前一天完成现场搭建,保证物资到位。选拔过程中严格按照《球童现场选拔流程手册》进行选拔,现场服务人员(包括各项目裁判)应达到赛事要求的标准,确保现场安全、有序,现场收集好参与者的测试表格。赛事公司球童项目负责人在活动现场进行监督。

三、落地活动结束后

执行方须进行活动总结,将总结报告提交给赛事公司,内容须包括城市选拔的6名正选球童以及2名候补球童的详细个人资料(报名表信息)、活动过程中具有代表性的图片资料。

四、公开课

执行方须在报名开始后提供每周一次的网球普及公开课,公开课的时间、地点须提前公布。各地执行方可对参加公开课的青少年进行网球产品介绍或招生培训。

第四部分 培训师培训

一、接到具体时间、地点后及时响应

执行方在接到赛事公司提前 1 周的培训师培训时间及地点的通知后,根据时间安排培训师到某地接受培训。如培训师发生变更,执行方须将新的培训师的具体资料提交给赛事公司。

二、安排培训师接受培训

执行方安排的培训师到某地后赛事公司将发放培训师服装、《球童培训手册》,并安排培训师的食宿。培训师须听从赛事公司的统一安排,认真接受培训。

三、地方球童培训

培训师培训结束后,执行方须在各地方对选拔上的 6 名正选球童、2 名候补球童进行培训,培训次数不得少于 3 次,每次不得少于 2 小时。具体时间、频率可由执行方自行安排,并告知赛事公司。

第五部分 网 球 赛

一、接到具体时间、地点后的响应

执行方须在接到赛事公司提前 1 周通知的参与集中培训及网球赛具体到某

地的时间后,与球童确认到达指定地点。如正选球童不能按时到达,执行方通知候补球童,确认完毕后,将到达的球童的资料提交给赛事公司。赛事公司将按资料安排球童及培训师在该地的食宿。

二、到指定地点后的工作安排

执行方培训师须全程跟随球童培训及实践工作,协助赛事公司管理、组织球童在指定地点的所有事宜。赛事公司在球童到达该地点后,将安排1～2次球童集中培训,网球赛期间安排球童上场实践。

三、总结工作

网球赛实践结束后,各地方培训师须对在实践过程中出现的问题进行总结,细致到每名球童身上出现的问题。回到各城市后进行二次地方培训,进行有针对性的训练和改正,以确保达到球童服务标准。

第六部分 赛事期间

一、接到具体时间、地点后的响应

赛事公司提前1周通知执行方参与集中培训及赛事服务具体到比赛城市的时间,执行方须与球童确认到达。如正选球童不能按时到达,执行方通知候补球童,确认完毕后,将到达的球童的资料提交给赛事公司。赛事公司将按资料安排球童及培训师在赛事期间的食宿。

二、到开赛地后的工作安排

执行方培训师须全程跟随球童培训及实践工作,协助赛事公司管理、组织球童在赛事期间的所有事宜。赛事公司在球童到达指定地点后,将安排1次球童集中培训,开赛期间安排球童上场进行服务。

三、展示工作

执行方须按标准再次提交展示墙中所涉及的公司信息。赛事公司将在赛事现场对各地球童选拔过程中的精彩瞬间进行展示,搭建展示墙对各地执行方进行介绍。

四、评选工作

赛事组委会将邀请专家对球童在服务过程中的表现进行评选。

五、球星签名会

执行方须组织球童参加赛事公司安排的一次网球明星签名会。

六、颁发优秀球童奖

赛事服务结束后,赛事组委会将为优秀球童颁发奖状。

第七部分 赛事赛后

赛事公司将安排好去国外赛事进行球童服务的事宜,具体要求将及时告知执行方。

参考文献

一、中文文献

［1］谢相和.大学网球教程［M］.成都：四川大学出版社,2013.

［2］陆能.网球教学与训练［M］.昆明：云南民族出版社,2007.

［3］孙卫星,张旭.网球规则入门导读［M］.北京：北京体育大学出版社,2006.

［4］王保金.实用网球裁判方法手册［M］.西安：西安交通大学出版社,2013.

［5］孙卫星,张旭.网球裁判双语教程［M］.北京：北京体育大学出版社,2006.

［6］孙卫星.网球竞赛规则问答［M］.北京：北京体育大学出版社,2003.

［7］董杰.网球竞赛裁判工作手册［M］.北京：高等教育出版社,2016.

［8］胡庆兰,胡晓峰.网球［M］.昆明：云南大学出版社,2007.

［9］杨忠令.现代网球教程［M］.杭州：浙江大学出版社,2011.

［10］殷剑巍,万建斌,黄珊.网球裁判法解析［M］.北京：人民体育出版社,2015.

［11］余贞凯,杨文斌,孙剑.网球竞赛规则与裁判法研究［M］.昆明：云南大学出版社,2008.

［12］张百振.体育竞赛裁判学［M］.北京：高等教育出版社,2000.

［13］孟霞.现代网球竞赛概论［M］.北京：中央编译出版社,2015.

［14］宋波,黄怀南,鲁鹏.体育竞赛理论与实践［M］.长春：东北师范大学出版社,2012.

［15］盛文林.网球：体力与意志的结合［M］.北京：台海出版社,2014.

［16］王河镇,陈正,郭雅.网球运动科学训练指导［M］.长春：东北师范大学出版社,2011.

［17］郑培萍.影响网球裁判判罚的心理压力因素及对策研究［J］.运动,2015(8).

［18］中国网球协会.网球竞赛规则(2018)［M］.北京：人民体育出版社,2018.

［19］王泽刚.网球运动实训教程［M］.武汉：武汉大学出版社,2016.

［20］刘锡梅,燕呢喃.体育竞赛裁判学［M］.北京：高等教育出版社,2011.

［21］张伦厚.现代网球运动理论与技战术研究［M］.北京：北京体育大学出版社,2017.

［22］易春燕.中国网球运动发展研究［M］.郑州：河南大学出版社,2014.

［23］成美堂出版社.简明网球规则图解［M］.赵振平,译.北京：人民体育出版社,2004.

［24］郭树理.国际体育仲裁的理论与实践［M］.武汉：武汉大学出版社,2009.

［25］虞力宏,楼兰萍.网球运动［M］.杭州：浙江大学出版社,2015.

[26] 王兴通.网球运动的发展与科学化训练研究[M].北京:中国水利水电出版社,2016.

[27] 陶志翔.网球运动教程[M].北京:北京体育大学出版社,2007.

[28] 王河镇,陈正,郭雅.网球运动科学训练指导[M].长春:东北师范大学出版社,2011.

[29] 张长俊.新时代网球运动文化解读与学练实践指导[M].北京:中国水利水电出版社,2017.

[30] 尤莉蓉.高校网球运动价值挖掘与大学生成长研究[M].北京:中国水利水电出版社,2017.

[31] 黄波,刘琳.网球裁判员临场焦虑及心理调控方法探析[J].体育研究与教育,2015(1).

[32] 杨宁.网球底线技术图解[M].北京:北京体育大学出版社,2003.

[33] 彭永善.我国竞技网球软实力建设研究[M].长春:东北师范大学出版社,2013.

[34] 王希升.网球(软网)规则问答[M].北京:人民体育出版社,1996.

[35] 尹树来,蒋宏伟.网球运动理论与实践指导[M].北京:中国书籍出版社,2018.

[36] 吴丽君,郭新明.我国竞技网球运动可持续发展研究[M].北京:北京体育大学出版社,2012.

[37] 张博.现代网球[M].沈阳:辽宁大学出版社,2011.

[38] 杨领航,安振中,王锐.时尚网球运动执教技法解析[M].长春:吉林大学出版社,2013.

[39] 张永垛,刘积德,段立军.网球运动发展理论研究与学练实践[M].北京:中国时代经济出版社,2014.

[40] 王润平,贺东波,夏卫智.当代网球文化与运动教程[M].北京:人民体育出版社,2008.

[41] 中国网球协会.网球竞赛规则(2013)[M].北京:人民体育出版社,2013.

[42] 胡晓红.文明的进程:埃利亚斯历史社会学的核心议题[J].长安大学学报(社会科学版),2016,18(3):91-96.

[43] 王佳鹏.社会型构、媒介技术与耻感变迁:波兹曼和埃利亚斯之间的思想对话[J].新闻大学,2019(11):96-109,124-125.

[44] 熊欢.论体育现代化[J].体育文化导刊,2011(11):139-143.

[45] 埃利亚斯.文明的进程:文明的社会起源和心理起源的研究[M].王佩莉,袁志英,译.上海:上海译文出版社,2013.

[46] 郭振.埃利亚斯的过程社会学对体育社会学研究的启示[J].体育学刊,2010,17(1):24-27.

[47] 李洋,戴国斌,段丽梅.野蛮与文明:埃利亚斯体育竞技核心理路梳理与价值反思[J].体育与科学,2018,39(1):72-77.

[48] 沙红兵.文明化·体育化·净化[J].读书,2008(8):114-122.

[49] 德瓦尔德.欧洲贵族:1400—1800[M].姜德福,译.北京:商务印书馆,2008.

［50］唐运冠.游戏与法国 11—17 世纪的社会演变［D］.杭州：浙江大学,2013

［51］舒盛芳,王米娜.美国体育文化霸权形成的现实基础及对我国的冲击［J］.上海体育学院学报,2017,41(4)：30-35.

［52］埃利亚斯.宫廷社会［M］.林荣远,译.上海：上海译文出版社,2020.

［53］耿园园.女子网球服饰演变的社会文化审视［D］.南京：南京师范大学,2018.

［54］郭振,友添秀则,刘波.埃利亚斯视野下竞技体育的情感研究［J］.体育学刊,2012,19(6)：46-50.

［55］沙红兵.不为美味 为"体育"：埃利亚斯笔论英国近代猎狐活动与体育起源［J］.博览群书,2008(2)：41-44.

［56］唐运冠.法国中世纪至近代早期的游戏伦理［J］.世界历史,2019(1)：57-69,156-157.

［57］朱文英.游戏规则与体育的社会文明构建意义：《体育与科学》学术工作坊"游戏规则与社会法、社会契约"主题沙龙综述［J］.体育与科学,2016,37(3)：6-12.

［58］杨正联.埃利亚斯的文明进程理论［J］.社会科学家,2013(4)：68-72.

［59］刘仁盛,宋广庆.体育核心价值体系的历史传承与未来发展的初步探索［J］.体育科学,2011(5)：3-13.

［60］王啸.网球裁判员执裁心理压力及应对策略研究［D］.昆明：云南师范大学,2016.

［61］崔君浩.网球裁判员执裁能力的影响因素研究［D］.大连：辽宁师范大学,2014.

［62］张旭辉.影响中国网球裁判发展的个体因素及对策研究［D］.北京：北京体育大学,2007.

［63］高朋.北京市业余网球教练员职业稳定性研究［D］.北京：首都体育学院,2017.

［64］李思龙.职业网球比赛中比赛节奏调控的探讨［D］.成都：成都体育学院,2013.

［65］孙卫星.网球裁判员的甘苦［J］.网球天地,2016(8)：125.

［66］于晓东.网球裁判员临场注意力特征及影响因素分析［J］.重庆工商大学学报(自然科学版),2019,36(4)：118-122.

［67］维特根斯坦.哲学研究［M］.李步楼,译.北京：商务印书馆,1996.

［68］石里克.普通认识论［M］.李步楼,译.北京：商务印书馆,2005.

［69］福柯.知识考古学［M］.谢强,马月,译.2 版.北京：生活·读书·新知三联书店,2003.

［70］李秀林,王于,李淮春.辩证唯物主义和历史唯物主义原理［M］.5 版.北京：中国人民大学出版社,2004.

［71］刘放桐.新编现代西方哲学［M］.北京：人民出版社,2000.

［72］徐向东.怀疑论、知识与辩护［M］.北京：北京大学出版社,2006.

［73］张帆.信念论［M］.西安：陕西人民出版社,2001.

［74］喻佑斌.信念论［D］.武汉：武汉大学,1998.

[75] 陈嘉明.知识与确证:当代知识论引论[M].上海:上海人民出版社,2003.

[76] 张晓玲.西方哲学中的信念概念研究[J].哲学动态,1988(1):28-32.

[77] 李奕,李传新.信念之我见[J].贵州大学学报(社会科学版),2005,23(4):7-12.

[78] 毛平.对信念的认识论思考[J].武汉大学学报(哲学社会科学版),1999,52(2):18-20.

[79] 高岸起.论信念在认识中的作用[J].南京政治学院学报,2002,18(3):34-37.

[80] 陈力军,张学军.信念的形成[J].西北师范大学学报(社会科学版),2001,38(6):89-93.

[81] 喻佑斌.信念与知识[J].哲学动态,1999(10):25-27.

[82] 鲍宗豪.信念的思考[J].哲学动态,1991(6):17-20.

[83] 魏长领.信念与信仰的异同[J].河南师范大学学报(哲学社会科学版),2007,34(5):54-56.

[84] 罗中枢.论信、信念、信仰、宗教信仰的特征及意义[J].宗教学研究,2007(2):128-131.

[85] 包利民.公共理性、信仰与信念:从罗尔斯的宗教观谈起[J].哲学研究,2003(5):70-75.

[86] 陈嘉明.信念与知识[J].厦门大学学报(哲学社会科学版),2002(6):34-42.

[87] 陈嘉明.信念、知识与行为[J].哲学动态,2007(10):53-59.

[88] 雷红霞.西方哲学中知识与信念关系探析[J].哲学动态,2004(1):49-52.

[89] 贺善侃.信念、知识与真理:现代西方哲学主题综述之四[J].探索与争鸣,1991(6):59-62.

[90] 张践明."知识—信念—行为"关系之研究[J].湘潭大学学报(哲学社会科学版),2009,33(5):130-134.

[91] 马士岭.知识的概念分析与信念[J].山东大学学报(哲学社会科学版),2005(2):90-97.

[92] 张浩.论理想和信念及其在认识中的功能:主体认识结构中的非理性要素研究[J].广西师范大学学报(哲学社会科学版),2007,43(2):1-5.

[93] 韩高良.论信念在认识活动中的双重作用[J].温州大学学报(社会科学版),2010,23(1):105-110.

[94] 李章昌.论信念及其在认知中的作用[J].重庆科技学院学报(社会科学版),2008(11):25-26.

二、外文文献

[1] ABERDARE L. The story of tennis[M]. London:Stanley Paul,1959.

[2] ABERDARE L, et al. The royal and ancient game of tennis[M]. London:Wimbledon Lawn Tennis Museum,1977.

[3] ABERDARE L. The Willis Faber book of tennis and rackets[M]. London:Quiller Press,1980.

［4］CLERICI G. The ultimate tennis book：500 years of the sport［M］. Chicago：Follett Publishing Company，1975.

［5］GILLMEISTER H. "History of tennis"，Stadion［J］. Journal of the History of Sport and Physical Education，1977，3(2)：187-229.

［6］MORGAN R. The silver ball of rattray：a note on an early form of tennis［J］. The International Journal of the History of Sport，1991，8(3)：420-425.

［7］MORGAN R. Tennis：the development of the European ball game［M］. Oxford：Ronaldson Publications，1995.

［8］FRANK R H. Choosing the right pond：human behavior and the quest for status［M］. Oxford：Oxford University Press，1985.

［9］KRZNARIC R. The first beautiful game：stories of obsession in real tennis［M］. Oxford：Ronaldson Publications，2015.

［10］MCLEAN T. The English at play in the middle ages［M］. Windsor：Kensal Press，1985.

［11］WARREN V. Tennis fashions：over 125 years of costume change［M］. London：Wimbledon Lawn Tennis Museum，1993.

［12］RONALDSON C. Tennis：a cut above the rest［M］. Oxford：Ronaldson Publications，1985.

［13］HAN Y J，NUNES J C，DRÈZE X. Signaling status with luxury goods：the role of brand prominence［J］. Journal of Marketing，2010，74(4)：15-30.

［14］HILLER G G. The bandies of fortune：perceptions of real tennis from medieval to modern times［M］. Oxford：Ronaldson Publications，2009.

［15］MALCOLM D. Cricket and civilizing processes［J］. International Review for the Sociology of Sport，2002，37(1)：37-57.

［16］MALCOLM，D. The emergence，codification and diffusion of sport：theoretical and conceptual issues［J］. International Review for the Sociology of Sport，2005，40 (1)：115-118.

［17］MALCOLM D. A response to vamplew and some comments on the relationship between sports historians and sociologists of sport［J］. Sport in History，2008，28(2)：259-279.

［18］STOKVIS R. Sports and civilization：is violence the central problem? ［C］//DUNNING E，et al. Sport and leisure in the civilizing process. London：Palgrave Macmillan，1992.

［19］STOKVIS R. The civilizing process applied to sports［J］. International Review for the Sociology of Sport，2005，40(1)：111-114.

[20] VAMPLEW W. Empiricist versus sociological history: some comments on the "civilizing process" [J]. Sport in History, 2007,27(2): 161-171.

[21] LUKIN R. A treatise on tennis (1822) [M]. London: Printed for Rodwell and Martin, 1991.

[22] DANZIG A. The royal and ancient game of tennis[M]. New York: Cornell Alumni Association,1974.

[23] HENRICKS T. Sport and social hierarchy in medieval England[J]. Journal of Sport History, 1982,9 (2): 20-37.

[24] SCAINO A. Treatise on the game of the ball [M]. London: Strangeways Press,1951.